U0804754

走进民法典

——青少年学习民法典知识一百问

编著　丁　文　冯义强
编委　戴　凯　程子扬　陈源媛　石昊天　张馨月
　　　孙　悦　陶克勤　刘嘉欣　刘　璇　叶子曦
　　　魏慕颖　陈　瑶

长江出版传媒 | 湖北教育出版社

图书在版编目(CIP)数据

走进民法典——青少年学习民法典知识一百问/丁文,冯义强编著.
—武汉:湖北教育出版社,2021.1(2024.3 重印)
ISBN 978-7-5564-4233-1

Ⅰ.①走…
Ⅱ.①丁… ②冯…
Ⅲ.①民法-法典-中国-青少年读物
Ⅳ.①D923.05

中国版本图书馆 CIP 数据核字(2020)第 269197 号

走进民法典——青少年学习民法典知识一百问
ZOUJIN MINFADIAN —— QINGSHAONIAN XUEXI MINFADIAN ZHISHI YIBAIWEN

出品人	方 平		
责任编辑	方 倍	责任校对	李庆华
装帧设计	牛 红	责任督印	刘牧原

出版发行	长江出版传媒	430070	武汉市雄楚大道 268 号
	湖北教育出版社	430070	武汉市雄楚大道 268 号
经 销	新 华 书 店		
网 址	http://www.hbedup.com		
印 刷	武汉市新华印刷有限责任公司		
地 址	武汉市江夏区大桥新区邢远长街 18 号		
开 本	787mm×1092mm 1/16		
印 张	23		
字 数	316 千字		
版 次	2021 年 1 月第 1 版		
印 次	2024 年 3 月第 2 次印刷		
书 号	ISBN 978-7-5564-4233-1		
定 价	48.00 元		

版权所有,盗版必究
(图书如出现印装质量问题,请联系 027-83637493 进行调换)

前　言

2020年5月28日，十三届全国人大三次会议审议通过了《中华人民共和国民法典》。这是新中国成立以来第一部以“法典”命名的法律，是新时代我国社会主义法治建设的重大成果。民法典系统整合了新中国成立70多年来长期实践形成的民事法律规范，汲取了中华民族5000多年优秀法律文化，借鉴了人类法治文明建设有益成果，是一部体现对生命健康、财产安全、交易便利、生活幸福、人格尊严等各方面权利平等保护的法典。

《中华人民共和国民法典》共7编1260条、10万多字，是我国法律体系中条文最多、体量最大、篇章结构最复杂的一部法律。民法典要实施好，就必须让民法典走到群众身边、走进群众心里。青少年是国家的未来和民族的希望，故习近平总书记指出：“要把民法典纳入国民教育体系，加强对青少年民法典教育。”

为了配合民法典的学习、宣传和实施，帮助广大青少年理解和熟悉民法典的内容，本书采取青少年更易接受的“以案说法”方式，根据民法典的结构体例顺序，选取了100个真实案例为雏形进行加工和诠释：首先是案例分析，旨在让青少年了解案例的基本事实、解决结果以及法律关系；其次是法条解析，旨在让青少年理解本案涉及的民法典法条的基本含义；最后是知识扩展，旨在让青少年了解与本案所涉法条相关的基本知识，触类旁通。

感谢华中师范大学中央高校基本科研业务费优势学术领域项目（CCNU20YS003）的资助。受时间和水平所限，若有疏漏之处，敬请读者批评指正。

丁　文

2020 年 12 月

目 录

第一编 总则

第二编 物权

第三编 合同

第四编　人格权

第五编　婚姻家庭

第六编　继承

第七编 侵权责任

第一编 总则

“总则”是《民法典》的第一编。该编确立了《民法典》的基本制度与框架，规定了民事活动的基本原则和一般规则，蕴含了《民法典》的基本精神。青少年可以进行哪些民事法律行为，青少年享有哪些民事权利，青少年在什么情况下需要承担民事责任等均为“总则”所规范。除此之外，“总则”中的多种法律制度也与青少年的日常生活密切相关，例如监护制度、“好人”保护制度、诉讼时效制度等。本编将重点讲解“总则”中青少年应当掌握的法律知识。

1 小明能独立购买手机吗？
——未成年人的民事行为能力

案例分析

十岁的小明拿着自己积攒的2000元压岁钱，到手机店购买了一部智能手机，但在购买当天就被爸爸发现。第二天，小明的爸爸来到手机店要求商家退钱。小明的爸爸认为，小明年龄尚小，不懂手机的质量、功能、性价比，没有能力做出正确判断，商家不应将这样贵重的商品销售给未成年人。商家则表示，他没有强迫小明购买手机，也不存在欺诈的行为。而且手机已经被拆封，会影响二次销售，故商家拒绝退款。于是小明的爸爸将该纠纷诉至法院，要求商家退款。

法院审理后认为，小明与商家因买卖手机成立了买卖合同，但该合同效力待定。其能否生效取决于小明爸爸的态度。本案中，小明的爸爸不同意小明购买该手机，即拒绝追认，故该买卖合同无效。经法院调解，小明的爸爸向商家退还了手机，商家也退还了2000元购机款。①

本案例涉及三个民事主体，即小明、小明的爸爸与商家。根据《民法典》

① 本案例改编自《未成年人购买手机　商家调解终退款》，中国消费者协会投诉和解监督平台，http://hjxt.cca.cn/cases/853.jhtml。

第十九条的规定，十岁的小明属于限制民事行为能力人。无论小明使用自己的压岁钱还是父母的钱购买手机，都需要经过他的法定代理人的同意或追认。在本案例中，小明的爸爸作为小明的法定代理人以明示的方式不同意小明购买手机，即对手机的买卖合同拒绝追认。所以小明与商家的买卖合同无效。

法条解析

上述案例主要涉及《民法典》的以下法条：

第十九条 八周岁以上的未成年人为限制民事行为能力人，实施民事法律行为由其法定代理人代理或者经其法定代理人同意、追认；但是，可以独立实施纯获利益的民事法律行为或者与其年龄、智力相适应的民事法律行为。

本条含义为，我国采用年龄作为民事行为能力分类的一般标准。民事行为能力是指民事主体依自己的意志独立实施民事法律行为而取得权利或者承担义务的资格。根据《民法典》第十八条、第十九条、第二十条的规定：

(1) 不满八周岁的未成年人为无民事行为能力人。

(2) 已满八周岁且未满十八周岁的未成年人为限制民事行为能力人。

(3) 成年人为完全民事行为能力人。

(4) 十六周岁以上的未成年人，以自己的劳动收入为主要生活来源的，视为完全民事行为能力人。

民事行为能力分类的目的在于明确各类民事主体实施民事法律行为的后果。已满八周岁且未满十八周岁的未成年人，属于限制民事行为能力人，也就是说大多数青少年属于限制民事行为能力人。

限制民事行为能力人能够独立进行哪些民事法律行为呢？

限制民事行为能力人可以独立进行两种民事法律行为且不需要经其法定代理人的同意或追认：

（1）纯获利益的民事法律行为。例如，小明接受姑姑赠与的手表；小明因成绩优异获得老师奖励的文具；小明在过年时接受爷爷的红包。

（2）与其年龄、智力相适应的民事法律行为。具体来说，行为人可以实施与其生活密切关联的行为，例如购买日常使用的铅笔、橡皮等文具。行为人实施的行为应当是自己能够理解的行为，并能预见相应的行为后果。行为人所购买物品的价值也应适当，与其日常开支或花销应相当。

第一百四十五条 限制民事行为能力人实施的纯获利益的民事法律行为或者与其年龄、智力、精神健康状况相适应的民事法律行为有效；实施的其他民事法律行为经法定代理人同意或者追认后有效。

相对人可以催告法定代理人自收到通知之日起三十日内予以追认。法定代理人未作表示的，视为拒绝追认。民事法律行为被追认前，善意相对人有撤销的权利。撤销应当以通知的方式作出。

本条第一款的含义为，限制民事行为能力人可以独立进行的两种民事法律行为，一经实施即为有效。当限制民事行为能力人实施了不能独立进行的民事法律行为时，该行为的效力处于待定状态，需要其法定代理人在其实施该行为前表示同意或者事后对该行为进行追认，此行为才有效。

本条第二款的含义为，民事法律行为的相对人也可以催告限制民事行为能力人的法定代理人在三十日内追认该行为。法定代理人对催告未作回应的，视为拒绝追认，限制民事行为能力人实施的民事法律行为不发生效力。本案例中，商家在小明购买手机后，可以催告小明的爸爸在三十天内对小明购买手机的行为进行追认。在小明的爸爸追认前，商家还可以采用通知的方式撤销双方之间的买卖合同。

知识扩展

小明的年龄是决定其民事行为能力的关键因素，所以小明年龄的变化也会导致民事法律行为后果的不同。

（1）如果小明今年七岁，他可以在爸爸同意后独立购买手机吗？

《民法典》第二十条规定："不满八周岁的未成年人为无民事行为能力人，由其法定代理人代理实施民事法律行为。"第一百四十四条规定："无民事行为能力人实施的民事法律行为无效。"七岁的小明作为无民事行为能力人，即使得到爸爸的同意，他购买手机的行为也是无效的，只能由其法定代理人代为购买。

（2）如果小明今年十七岁，且以自己打工所得作为生活来源，他可以独立购买手机吗？

《民法典》第十八条规定："成年人为完全民事行为能力人，可以独立实施民事法律行为。十六周岁以上的未成年人，以自己的劳动收入为主要生活来源的，视为完全民事行为能力人。"在这种情况下，小明应当被视为完全民事行为能力人，可以独立购买手机。

2 谁能担任小明的监护人？
——未成年人监护人的范围

案例分析

小明十三岁时，母亲因病去世，而父亲正在狱中服刑。小明的祖父母早已去世，外祖父母年事已高，无法承担监护职责。为了小明能够健康成长，小明的叔叔小亮希望由其抚养小明。于是，小亮向法院提起诉讼，申请变更其为小明的监护人。

法院审理后认为，父母是未成年子女的监护人，但未成年人的父母已经死亡或者没有监护能力的，由下列人员中有监护能力的人按顺序担任监护人：祖父母、外祖父母；兄、姐；其他愿意担任监护人的个人或者组织。对监护人的确定有争议的，有关当事人也可以向人民法院申请指定监护人。申请人小亮系未成年人小明的叔叔，是小明父母之外列于第三顺序具有监护能力的人。小明为独生子女，无成年兄姐，且祖父母均已过世。因小明的外祖父母缺乏监护能力，经征得小明本人意愿，法院对申请人小亮的意见予以采纳，依法支持了小亮要求将其变更为小明监护人的请求。①

① 本案例改编自“唐某、吴某申请变更监护人特别程序案”［（2020）浙 0702 民特 1942 号民事判决书］。

本案例为申请变更监护人的特别程序，被申请人为小明的父亲，即小明的原监护人。小明的母亲去世后，小明的父亲正在服刑，其已丧失对小明的监护能力和条件。而小明的外祖父母身体状况欠佳，无能力担负监护之责。小明成为事实上无人抚养的未成年人。申请人小亮考虑到小明尚未成年，作为有劳动能力的亲属，主动担负起对小明的抚养责任。依据《民法典》第二十七条、第三十一条的规定，人民法院可以根据小亮的申请变更监护人。

法条解析

上述案例主要涉及《民法典》的以下法条：

第二十七条 父母是未成年子女的监护人。

未成年人的父母已经死亡或者没有监护能力的，由下列有监护能力的人按顺序担任监护人：

（一）祖父母、外祖父母；

（二）兄、姐；

（三）其他愿意担任监护人的个人或者组织，但是须经未成年人住所地的居民委员会、村民委员会或者民政部门同意。

本条第一款的含义为，一般情况下，父母是未成年子女的法定监护人，不需要经法院指定，也不需要居民委员会、村民委员会或者民政部门同意。

本条第二款的含义为，当未成年人的父母已经死亡或者没有监护能力，未成年人处于事实无人监护的状态时，由有监护能力的人按顺序担任监护人。第一顺位为有监护能力的祖父母、外祖父母；第二顺位为有监护能力的兄、姐；第三顺位为其他有监护能力且愿意担任监护人的个人或者组织，但须经未成年人住所地的居民委员会、村民委员会或者民政部门同意。

第三十一条 对监护人的确定有争议的，由被监护人住所地的居民委员会、村民委员会或者民政部门指定监护人，有关当事人对指定不服的，可以向人民法院申请指定监护人；有关当事人也可以直接向人民法院申请指定监护人。

居民委员会、村民委员会、民政部门或者人民法院应当尊重被监护人的真实意愿，按照最有利于被监护人的原则在依法具有监护资格的人中指定监护人。

依照本条第一款规定指定监护人前，被监护人的人身权利、财产权利以及其他合法权益处于无人保护状态的，由被监护人住所地的居民委员会、村民委员会、法律规定的有关组织或者民政部门担任临时监护人。

监护人被指定后，不得擅自变更；擅自变更的，不免除被指定的监护人的责任。

本条第一款的含义为，对监护人的确定有争议时，可以采取两种解决途径：

（1）由被监护人住所地的居民委员会、村民委员会或者民政部门指定监护人。如果指定监护人后，有关当事人仍有异议，可以向法院申请指定监护人。

（2）为了及时保护被监护人的权益，有关当事人也可以直接向法院申请指定监护人，无需等待居民委员会、村民委员会或者民政部门指定。

本条第二款的含义为，指定监护人时应当尊重被监护人的真实意愿，遵循最有利于被监护人的原则。指定监护人的范围仅限于依法具有监护资格的人。

本条第三款的含义为，在监护人的确定有争议时，应当由被监护人住所地的居民委员会、村民委员会、法律规定的有关组织或者民政部门担任临时监护人，临时承担监护职责，避免被监护人处于无人监护的事实状态。

本条第四款的含义为，监护人一经指定，非经法定程序，不得擅自变更。擅自变更监护人的，不免除原被指定的监护人的责任。

知识扩展

监护制度是对未成年人的监督和保护制度，用以保障未成年人的财产权与人身权等。在监护制度中，监护人的确定是保障未成年人健康成长的关键。监护人的确定除了可以由法院指定或由居民委员会、村民委员会、民政部门指定外，还有以下几种情形：

（1）遗嘱指定监护人。《民法典》第二十九条规定：“被监护人的父母担任监护人的，可以通过遗嘱指定监护人。”例如，在本案例中，小明的母亲可以在病逝前留下遗嘱，直接指定小亮为监护人。

（2）协议确定监护人。《民法典》第三十条规定：“依法具有监护资格的人之间可以协议确定监护人。协议确定监护人应当尊重被监护人的真实意愿。”例如，在本案例中，小明的父亲、外祖父母、叔叔小亮可以直接通过协商，协议确定小亮作为小明的监护人。

（3）由民政部门、居民委员会、村民委员会担任监护人。《民法典》第三十二条规定：“没有依法具有监护资格的人的，监护人由民政部门担任，也可以由具备履行监护职责条件的被监护人住所地的居民委员会、村民委员会担任。”例如，在本案例中，如果没有其他人可以担任小明的监护人，则由其住所地的居民委员会、村民委员会或民政部门担任。

3 小明的作品受法律保护吗？
——未成年人享有知识产权

案例分析

八岁的小明在写作方面很有天赋。小明每年都投稿参加各种少儿征文比赛并多次获奖。某日，小明的爸爸在书店看到《青少年寓言故事选集》一书收录了小明发表在学校网站上的一篇寓言故事。于是，小明的爸爸联系出版社询问稿费。但出版社表示，小明属于未成年人，不享有知识产权，收录小明的作品是一种鼓励，不能支付稿费。小明的爸爸不认可出版社的说法，遂将该纠纷诉至法院，要求出版社支付稿费。

法院审理后认为，小明虽是未成年人，但其作为民事主体依法享有知识产权。本案中，小明对其所著的寓言故事享有知识产权。小明享有的知识产权可由其监护人代为行使。故法院对小明的爸爸的请求予以支持，判决出版社依据其出版相关图书所得支付稿费。①

本案例中，小明虽然是未成年人，但是根据《民法典》第一百二十三条的规定，小明可以依法享有知识产权。小明创作的寓言故事原发表在学

① 本案例改编自《未成年人是否享有著作权？》，《法制时报》2016 年 9 月 6 日。

校网站上，可以证明其为该作品的作者，故小明对该作品享有知识产权。小明虽属于限制民事行为能力人，但小明的爸爸可以作为其监护人代为行使其享有的知识产权。出版社未经小明爸爸的同意就收录小明的作品，并公开出版、发售，侵犯了小明的知识产权。故法院对小明的爸爸向出版社主张支付稿费的诉求予以支持。

法条解析

上述案例主要涉及《民法典》的以下法条：

第一百二十三条 民事主体依法享有知识产权。

知识产权是权利人依法就下列客体享有的专有的权利：

（一）作品；

（二）发明、实用新型、外观设计；

（三）商标；

（四）地理标志；

（五）商业秘密；

（六）集成电路布图设计；

（七）植物新品种；

（八）法律规定的其他客体。

本条第一款的含义为，民事主体可以依法享有的民事权利中包含知识产权。知识产权是指民事主体就其智力劳动成果所依法享有的专有权利。根据《民法典》第二条的规定，民事主体包括自然人、法人、非法人组织。这些民事主体均可以依法取得知识产权。本案例中，小明作为自然人，可以依法享有知识产权。

本条第二款的含义为，知识产权的客体主要包括作品，发明、实用新型、外观设计，商标，地理标志，商业秘密，集成电路布图设计，植物新品种，法律规定的其他客体。本案例中，小明创作的寓言故事属于作品。

知识扩展

《民法典》第一百二十三条对知识产权的常见客体进行了列举。我国现行的法律规范中，《著作权法》《专利法》《商标法》《植物新品种保护条例》《集成电路布图设计保护条例》《地理标志产品保护规定》等对知识产权的不同客体进行了专门的规定。结合这些法律规范的规定，我们可以进一步了解知识产权各种客体的具体内涵。以下便是生活中最常见的三种知识产权客体：

（1）作品。

《著作权法》第三条规定："本法所称的作品，包括以下列形式创作的文学、艺术和自然科学、社会科学、工程技术等作品：（一）文字作品；（二）口述作品；（三）音乐、戏剧、曲艺、舞蹈、杂技艺术作品；（四）美术、建筑作品；（五）摄影作品；（六）电影作品和以类似摄制电影的方法创作的作品；（七）工程设计图、产品设计图、地图、示意图等图形作品和模型作品；（八）计算机软件；（九）法律、行政法规规定的其他作品。"

作品的种类繁多，既是青少年日常生活中接触最多，也是青少年创作较多的知识产权客体。

（2）发明、实用新型、外观设计。

《专利法》第二条规定："本法所称的发明创造是指发明、实用新型和外观设计。发明，是指对产品、方法或者其改进所提出的新的技术方案。实用新型，是指对产品的形状、构造或者其结合所提出的适于实用的新的技术方案。外观设计，是指对产品的形状、图案或者其结合以及色彩与形状、图案的结合所作出的富有美感并适于工业应用的新设计。"

简单来说，发明与实用新型是一种新的技术方案，而外观设计则是对产品外形的新设计。一种发明创造可能同时符合多种专利申请的条件，但只能授予一项专利权，即申请人只能申请并取得发明专利、实用新型专利、外观设计专利中的一种。

（3）商标。

《商标法》第八条规定："任何能够将自然人、法人或者其他组织的商品与他人的商品区别开的标志，包括文字、图形、字母、数字、三维标志、颜色组合和声音等，以及上述要素的组合，均可以作为商标申请注册。"

简单来说，商标最重要的特点是具有显著特征并便于识别。不仅常见的图形、文字等可以注册成为商标，声音也可以。例如，北京市高级人民法院判决认定腾讯公司申请的"QQ 提示音"声音商标具有显著特征，支持"QQ 提示音"注册商标。这是我国经司法判决的首例声音商标案件。

4 小明被强迫购物该怎么办?
——可撤销的民事法律行为

案例分析

十五岁的小明是一名中学生。某日，小明在篮球场与社会人员小亮发生口角时，踢脏了小亮的篮球。在小亮的恐吓和威胁之下，小明以三倍的价格购买了该篮球。小明的爸爸得知后，要求小亮退还价款，但遭到拒绝。于是，小明的爸爸将该纠纷诉至法院。

法院审理后认为，小明年满十五周岁，购买篮球属于与其年龄、智力相适应的民事法律行为。但在本案中，小明受小亮胁迫，其购买篮球的行为违背了自己的真实意思，因此，该买卖行为属于可撤销的民事法律行为。经小明爸爸请求，法院判决撤销小明与小亮之间的买卖合同。买卖合同撤销后，小明需返还篮球给小亮，而小亮则需返还小明全部价款。[①]

本案例主要涉及小明与小亮间关于买卖合同的民事法律行为。根据《民法典》第一百五十条的规定，小亮胁迫小明在违背其真实意思的情况下实施了该买卖行为，是一种可撤销的民事法律行为。所以，小明有权请求人

① 本案例由编者编写。

民法院或者仲裁机构予以撤销，而小明的爸爸作为小明的法定代理人，可以代其行使撤销权。同时，根据《民法典》第一百五十七条的规定，小明与小亮的买卖法律行为被撤销后，双方应当返还因买卖取得的财产。故法院判决小明返还篮球，小亮返还全部价款。

法条解析

上述案例主要涉及《民法典》的以下法条：

第一百五十条 一方或者第三人以胁迫手段，使对方在违背真实意思的情况下实施的民事法律行为，受胁迫方有权请求人民法院或者仲裁机构予以撤销。

本条含义为，受胁迫实施民事法律行为时，受胁迫方可以行使撤销权，请求人民法院或者仲裁机构撤销该民事法律行为。本条规定的实施胁迫的人，既可以是民事法律行为的相对方，也可以是第三人。例如，在本案例中，小凯若作为第三人，胁迫小明以三倍价格向小亮购买篮球，那么，小明也享有撤销权。根据本条的规定，受胁迫方应当以法定形式行使撤销权，即请求人民法院或者仲裁机构予以撤销。

第一百五十七条 民事法律行为无效、被撤销或者确定不发生效力后，行为人因该行为取得的财产，应当予以返还；不能返还或者没有必要返还的，应当折价补偿。有过错的一方应当赔偿对方由此所受到的损失；各方都有过错的，应当各自承担相应的责任。法律另有规定的，依照其规定。

本条含义为，民事法律行为无效、被撤销或者确定不发生效力后，应当恢复到该民事法律行为发生之前的状态。取得财产的，应予以返还；不能返还或者没有必要返还的，应折价补偿。遭受损失的，由过错方予以赔偿；

各方都有过错的，各自承担相应的责任。例如，在本案例中，小明与小亮间的买卖行为被撤销后，双方应返还各自取得的财产。

知识扩展

《民法典》中可以被撤销的民事法律行为除了因受胁迫实施的民事法律行为外，还有以下情形：

（1）基于重大误解实施的民事法律行为。

《民法典》第一百四十七条规定："基于重大误解实施的民事法律行为，行为人有权请求人民法院或者仲裁机构予以撤销。"重大误解是指行为人对民事法律关系的主体、客体或内容在理解上有重大错误。

（2）受欺诈的民事法律行为。

《民法典》第一百四十八条规定："一方以欺诈手段，使对方在违背真实意思的情况下实施的民事法律行为，受欺诈方有权请求人民法院或者仲裁机构予以撤销。"实施民事法律行为的一方欺诈另一方时，受欺诈方可以行使撤销权。

（3）被第三人欺诈而民事法律行为相对人是恶意的，受欺诈人可以行使撤销权。

《民法典》第一百四十九条规定："第三人实施欺诈行为，使一方在违背真实意思的情况下实施的民事法律行为，对方知道或者应当知道该欺诈行为的，受欺诈方有权请求人民法院或者仲裁机构予以撤销。"本条是关于第三人欺诈的规定。第三人欺诈是指合同当事人之外的第三人所实施的欺诈行为。一般而言，为保护善意相对人的利益，在第三人欺诈的情形下，受欺诈人不能主张撤销合同。但是如果相对人知道或应当知道该欺诈行为的，即相对人是恶意的，此时，法律就允许受欺诈人请求法院或者仲裁机构予以撤销。

（4）显失公平的民事法律行为。

《民法典》第一百五十一条规定："一方利用对方处于危困状态、缺乏判断能力等情形，致使民事法律行为成立时显失公平的，受损害方有权请求人民法院或者仲裁机构予以撤销。”例如，面对落入井中的人，小明乘机要求其支付一千万元的酬金才予以救助。此时，双方达成的合同已经超出了公平合理的范畴，属于显失公平的民事法律行为。

当出现可以被撤销的民事法律行为时，权利人应当及时行使自己的撤销权。《民法典》规定了不同情形下的撤销权的行使时限。《民法典》第一百五十二条规定：“有下列情形之一的，撤销权消灭：（一）当事人自知道或者应当知道撤销事由之日起一年内、重大误解的当事人自知道或者应当知道撤销事由之日起九十日内没有行使撤销权；（二）当事人受胁迫，自胁迫行为终止之日起一年内没有行使撤销权；（三）当事人知道撤销事由后明确表示或者以自己的行为表明放弃撤销权。当事人自民事法律行为发生之日起五年内没有行使撤销权的，撤销权消灭。”

5 父母不当使用小明的压岁钱该怎么办?

——监护人的履职原则

案例分析

十六岁的小明每年都会将压岁钱存进自己的银行账户，并将银行卡交给爸爸保管。某日，小明在网购时发现银行卡内余额为零，遂向派出所报警。民警调查后发现，小明银行卡中的钱被爸爸全部取出，用于偿还个人债务。民警便对小明的爸爸进行了批评教育，责令其返还并妥善保管小明的压岁钱。[①]

本案例涉及的主要问题：小明的爸爸能否保管小明的压岁钱？能否使用小明的压岁钱呢？

本案例中，小明是未成年人。根据《民法典》第三十四条第一款的规定，小明的爸爸作为小明的监护人，可以代理小明实施民事法律行为。为保护小明的财产权益，小明的爸爸可以帮助小明保管压岁钱。根据《民法典》第三十五条的规定，小明的爸爸应当按照最有利于被监护人的原则保护小明的财产权益。小明的爸爸除为维护小明的利益外，不得随意处分小明的财产。因此，小明的爸爸仅能在为了维护小明的利益的情况下，处分小明的压岁钱，但不能用于偿还自己的债务。

① 本案例由编者编写。

法条解析

上述案例主要涉及《民法典》的以下法条：

> **第三十四条第一款** 监护人的职责是代理被监护人实施民事法律行为，保护被监护人的人身权利、财产权利以及其他合法权益等。

本条第一款的含义为，监护人的职责主要有两种，即代理被监护人实施民事法律行为和保护被监护人的各种合法权益。具体来讲，被监护人不满八周岁时，属于无民事行为能力人，应当由其监护人代理实施所有的民事法律行为。被监护人为已满八周岁而未满十八周岁的未成年人时，属于限制民事行为能力人，可以独立实施纯获利益的民事法律行为或者与其年龄、智力相适应的民事法律行为。而其他的民事法律行为仍需要由监护人同意、追认或代理实施。

> **第三十五条** 监护人应当按照最有利于被监护人的原则履行监护职责。监护人除为维护被监护人利益外，不得处分被监护人的财产。
>
> 未成年人的监护人履行监护职责，在作出与被监护人利益有关的决定时，应当根据被监护人的年龄和智力状况，尊重被监护人的真实意愿。

本条第一款的含义为，最有利于被监护人是监护人的履职原则。本款严格限制了监护人处分被监护人财产的权利，即只有为维护被监护人利益，监护人才可以处分被监护人的财产。例如，在本案例中，小明的爸爸可以用小明的财产支付其医疗费用、学习费用等，但不能用于偿还自己的债务。

本条第二款的含义为，未成年人的监护人履行监护职责时，应当根据被监护人的年龄和智力状况，尊重被监护人的真实意愿。例如，监护人以“有利于未成年人成长”为由，为未成年人安排课外课程时，应当根据未成年人的实际年龄和智力状况，听取未成年人的真实意愿。

知识扩展

监护人应当遵循最有利于被监护人的原则履行监护职责，但是当其未能尽职监护时，会有何种法律后果呢?

（1）承担相应的法律责任。

《民法典》第三十四条第三款规定：“监护人不履行监护职责或者侵害被监护人合法权益的，应当承担法律责任。”监护人消极履职或侵害被监护人合法权益时，应当依照相关法律的规定承担责任。例如，本案例中，小明的爸爸擅自使用小明的压岁钱，已经侵害了小明的财产权，应当依法返还财产或赔偿损失。

（2）撤销监护人资格，重新指定监护人。

《民法典》第三十六条第一款规定：“监护人有下列情形之一的，人民法院根据有关个人或者组织的申请，撤销其监护人资格，安排必要的临时监护措施，并按照最有利于被监护人的原则依法指定监护人：（一）实施严重损害被监护人身心健康的行为；（二）怠于履行监护职责，或者无法履行监护职责且拒绝将监护职责部分或者全部委托给他人，导致被监护人处于危困状态；（三）实施严重侵害被监护人合法权益的其他行为。”

6 小明与小亮、小凯嬉闹时受伤，小明可以向谁索赔？

——连带责任

案例分析

十二岁的小明是一名中学生。某日，小明与同龄的小亮、小凯一起拿着树枝嬉闹。打闹中，小亮与小凯的树枝脱手，其中一根戳伤小明的眼睛。小明的爸爸赶来将小明送医后，随即向派出所报了案。派出所民警对小明、小亮、小凯三人进行了询问，但三人对小明受伤的经过陈述均不相同。小明称，是小亮、小凯两人手持的树枝脱手将其戳伤。小亮、小凯称，当时在距离小明不远的地方玩耍，未戳伤小明，但均认可事发前一起在树林中玩耍。小明的爸爸遂向法院提起诉讼，要求小亮、小凯承担赔偿责任。

法院审理后认为，根据公安机关的调查笔录，三人均有一起手持树枝嬉闹的行为。在场三人均为未成年人且系在校学生。三人放学后一起玩耍嬉戏，符合常理。虽然，三人拣拾树枝相互打闹的行为具有危险性，但三人均智力正常，具有一定的认知能力。因此，其对手持树枝打闹的危险行为可能产生的后果应当可以预见。在手持树枝相互打闹造成小明受伤的过程中，参与者主观上都存在过错。侵权行为与损害事实之间也存在因果关系。所以，三人均应对小明受到的损害承担责任。根据《民法典》第一百七十八条、第一千一百七十条的规定，小亮、小凯在打闹过程中致使小明受到伤害，构成共同侵权，应对小明的损失承担连带赔偿责任。因无法确定责任大小，故法院判决小明自身承担 1/3 的过错责任，小亮、小凯各承担 1/3 的赔偿责任。①

本案例中，三人在打闹中造成小明受到伤害，因无法确定具体的侵权人，根据《民法典》第一千一百七十条的规定，小亮、小凯需承担连带责任。但因无法查明实际侵害人，小亮、小凯应各承担 1/3 的赔偿责任。而小明主动参与具有危险性的嬉闹玩耍行为，其主观上具有过错，也应承担相应的过错责任。

法条解析

上述案例主要涉及《民法典》的以下法条：

第一百七十八条 二人以上依法承担连带责任的，权利人有权请求部分或者全部连带责任人承担责任。

连带责任人的责任份额根据各自责任大小确定；难以确定责任大小的，平均承担责任。实际承担责任超过自己责任份额的连带责任人，有权向其他连带责任人追偿。

连带责任，由法律规定或者当事人约定。

本条第一款的含义为，连带责任是多个责任人就同一责任各负全部给付的一种责任形式。即权利人可以向责任人中的一人请求全部给付，也可

① 本案例改编自“徐某、冉某与张某 1、张某 2、盛某生命权、健康权、身体权纠纷案”［新疆维吾尔自治区高级人民法院（2020）新民申 657 号民事裁定书］。

以向所有责任人请求全部给付。例如，在本案例中，小明既可以向小亮、小凯中的一人请求全部赔偿数额，也可以向两人共同请求全部赔偿数额。

本条第二款的含义为，连带责任人承担全部责任后，连带责任人之间还应确定具体的责任份额。责任份额根据各自责任大小确定，难以确定责任大小的，平均承担责任。例如，在本案例中，小亮、小凯难以确定责任大小，所以二人需平均承担责任，即均承担 1/3 的责任。连带责任人承担超出自己责任份额的给付部分后，有权向其他连带责任人追偿。例如，在本案例中，若小亮向小明支付了全部赔偿的 2/3，则小亮有权向小凯请求其多承担的 1/3 的责任份额。

本条第三款的含义为，连带责任除法律规定外，还可以由当事人约定。例如，合同当事人为了保障合同的顺利履行，可以约定合同中的多方当事人在一方当事人不能完成给付时，承担连带责任。

第一千一百七十条 二人以上实施危及他人人身、财产安全的行为，其中一人或者数人的行为造成他人损害，能够确定具体侵权人的，由侵权人承担责任；不能确定具体侵权人的，行为人承担连带责任。

本条含义为，多人实施侵权行为造成损害后果，能够确定具体侵权人的，由其承担责任；不能确定具体侵权人的，行为人承担连带责任。例如，在本案例中，若最终查明小亮戳伤小明，则应当由小亮承担赔偿责任。

知识扩展

民事主体应依照法律规定或者按照当事人约定，履行民事义务，承担民事责任。根据各责任人之间的关系，民事责任类型可以分为按份责任、连带责任和补充责任。

（1）按份责任。

《民法典》第一百七十七条规定：“二人以上依法承担按份责任，能够确定责任大小的，各自承担相应的责任；难以确定责任大小的，平均承担责任。”按份责任指多个责任人按照法律规定或者合同约定，各自承担一定份额的民事责任形式。法律没有规定或当事人没有约定的，推定各责任人承担相同的责任份额。

（2）连带责任。

《民法典》第一百七十八条第一款规定：“二人以上依法承担连带责任的，权利人有权请求部分或者全部连带责任人承担责任。”连带责任指多个责任人因合同约定或法律规定，就同一责任各负全部给付的民事责任形式。连带责任最主要的特征是，各个责任人对外都要不分份额、不分先后次序地根据被侵权人的请求承担责任。

（3）补充责任。

《民法典》第一千一百九十八条、第一千二百零一条规定了补充责任。补充责任指在责任人的财产不足以承担民事责任时，由补充责任人对不足部分依法予以补充的责任。而补充责任人在承担补充责任后，可以向责任人追偿。

7 小明在防卫过程中将小亮打伤，应当赔偿吗？

——民事责任免责事由

案例分析

十五岁的小明放学后，在学校附近的餐馆就餐。社会人员小亮因与餐馆老板有债务纠纷，发生口角后，扭打在一起。小明拿出手机准备报警。小亮见状，上前欲抢夺小明的手机。小明为摆脱小亮的抢夺行为与其发生拉扯。争执中，小亮撞到桌角上，腰部严重受伤。随后，小亮向法院提起诉讼，要求小明支付医疗费用。

法院审理后认为，本案中，小明与小亮的拉扯行为致使小亮撞到桌角并受伤。但小亮寻衅滋事在先，并对小明实施了抢夺手机等行为。小明的反抗行为属于正当防卫，且未明显超过必要限度。根据《民法典》第一百八十一条的规定，小明不应承担民事赔偿责任，故法院驳回了小亮的诉讼请求。①

本案例主要涉及两个民事主体，即小明与小亮。小明与小亮争执时造成小亮的腰部受到损害，即小明的行为与小亮受到损害之间存在因果关系。但因争执发生时，小亮具有抢夺手机等侵权行为，而小明为保护其个人合

① 本案例改编自“徐皓、陶清英生命权、健康权、身体权纠纷案”［安徽省高级人民法院（2020）皖民申 374 号民事裁定书］。

法权益进行了反抗，且没有超过必要限度。所以，小明的行为符合正当防卫的构成要件。根据《民法典》第一百八十一条的规定，小明无需承担民事赔偿责任。

法条解析

上述案例主要涉及《民法典》的以下法条：

第一百八十一条 因正当防卫造成损害的，不承担民事责任。

正当防卫超过必要的限度，造成不应有的损害的，正当防卫人应当承担适当的民事责任。

本条第一款的含义为，正当防卫属于民事责任的免责事由之一。行为人因正当防卫而造成损害的，不承担民事责任。正当防卫的构成要件一般包括：存在正在进行的不法侵害；行为人主观具有防卫意识；针对侵害人实施防卫行为；防卫行为未超过必要的限度。

本条第二款的含义为，正当防卫有一定的限度，若行为人超过必要的限度，造成不应有的损害，属于防卫过当。此时，行为人应承担适当的民事责任。

知识扩展

《民法典》中规定的民事责任免责事由，除了正当防卫外，还包括不可抗力、紧急避险、紧急救助等。

（1）不可抗力。

《民法典》第一百八十条规定："因不可抗力不能履行民事义务的，不承担民事责任。法律另有规定的，依照其规定。不可抗力是不能预见、不能避免且不能克服的客观情况。"不可抗力一般包括：自然灾害，如台风、地震、洪水；政府行为，如征收、征用；社会异常事件，如罢工、骚乱。

例如，小明与小亮约定三日后交付货物，因突发洪水，小明无法按时交货。因不可抗力无法履行交货义务，小明无需承担违约责任。

（2）紧急避险。

《民法典》第一百八十二条规定：“因紧急避险造成损害的，由引起险情发生的人承担民事责任。危险由自然原因引起的，紧急避险人不承担民事责任，可以给予适当补偿。紧急避险采取措施不当或者超过必要的限度，造成不应有的损害的，紧急避险人应当承担适当的民事责任。”紧急避险是指为了保护公共利益、本人或者他人的人身财产权益免受正在发生的危险，不得已而实施的损害较小一方的合法利益，以保护较大的合法利益的行为。因紧急避险行为造成损害的，由引发危险的民事主体承担民事责任。危险由自然原因引起的，紧急避险人不承担民事责任，但可以给予适当补偿。紧急避险不适当造成不应有的损害的，紧急避险人应当承担适当的民事责任。

（3）自愿实施的紧急救助行为。

《民法典》第一百八十四条规定：“因自愿实施紧急救助行为造成受助人损害的，救助人不承担民事责任。”本条规定的是善意救助者的民事责任豁免制度。救助人自愿实施紧急救助行为，造成受助人损害的，无论是否存在重大过失，无需承担民事责任。本规定旨在鼓励民众善意救助紧急伤病的行为。与自愿实施的紧急救助行为相对应的是因先行义务、职务行为等实施的救助行为。在此种情况下，若救助者存在重大过失，造成受助人损害的，不能免除其民事责任。例如，小明骑车撞伤小亮，在救助过程中，因小明存在重大过失造成小亮伤情加重，则小明应对加重的伤情承担民事责任。

8 小明因救人身亡，该由谁进行赔偿？

——“好人”保护制度

案例分析

小明从小在河边长大，擅长游泳。某日，小亮在途经某水库时，因水库边未设置护栏，失足落入水中。小明恰巧路过，第一时间跳入水中施救。在将小亮救到岸边后，小明因体力不支，溺水身亡。小明的爸爸将该水库管理局与小亮一同诉至法院，要求其支付死亡赔偿金、丧葬费等费用。

法院审理后认为，事故发生的区域为该水库管理局所管辖的蓄水池。该蓄水池临路而建，且未设置任何安全警示标志，亦未设置任何防护措施。上述问题是导致小亮落水，继而引发小明救人溺水身亡的主要原因。经调查，该水库管理局是事故发生道路的管养维护主体。因此，水库管理局作为事故发生地段的管理者，有义务对存在安全隐患的道路采取设置警示标志等措施，并在路基毗邻水库一侧按照标准及规范设置安装护栏。但该水库管理局未尽到安全保障和管理义务，令该路段存在明显的安全隐患。根据《民法典》第一百八十三条规定，该水库管理局应承担赔偿责任。另外，小明的爸爸与小亮达成调解协议，由小亮支付一定数额的补偿金。[1]

本案例主要涉及三个民事主体，即小明、小亮及水库管理局。小明因对小亮进行施救，随后溺水身亡。根据《民法典》第一百八十三条的规定，小明因保护小亮的民事权益致使自己溺水死亡，应由侵权人承担民事责任，而小亮作为受益人可以给予适当补偿。在本案例中，水库管理局作为该事故路段的管理者，未尽到妥善管理义务，致使该路段的行人存在跌落水库的危险，是引发小明溺水身亡的主要原因。所以，水库管理局应承担赔偿责任。

法条解析

上述案例主要涉及《民法典》的以下法条：

第一百八十三条 因保护他人民事权益使自己受到损害的，由侵权人承担民事责任，受益人可以给予适当补偿。没有侵权人、侵权人逃逸或者无力承担民事责任，受害人请求补偿的，受益人应当给予适当补偿。

本条含义为，行为人因保护他人民事权益使自己受到损害时，存在侵权人的，由侵权人承担民事责任，受益人可以给予适当补偿；没有侵权人、侵权人逃逸或者无力承担民事责任的，受害人请求补偿的，受益人应当给予适当补偿。本条是《民法典》对“见义勇为”的法律规制或者说是“好人”保护条款。一般而言，行为人是不负有法定职责或者义务的自然人。为了保护国家、集体利益或者他人的人身、财产免受正在发生的危险，行为人不顾个人利益，积极采取措施，而导致行为人受到损害的，原则上由侵权

① 本案例改编自“张泽亮、陈大秀见义勇为人受害责任纠纷案”［云南省高级人民法院（2019）云民申 2068 号民事裁定书］。

人予以赔偿，受益人可以予以适当补偿。这体现出了《民法典》保护“好人”，鼓励人们互相帮助的价值导向。

知识扩展

保护“好人”的价值导向除了在《民法典》第一百八十三条有所体现，在无因管理制度与善意救助者责任豁免制度中同样也有所体现：

（1）无因管理制度。

《民法典》第九百七十九条第一款规定：“管理人没有法定的或者约定的义务，为避免他人利益受损失而管理他人事务的，可以请求受益人偿还因管理事务而支出的必要费用；管理人因管理事务受到损失的，可以请求受益人给予适当补偿。”无因管理是指没有法定或约定义务的人，为了避免他人的利益受到损失而为他人管理事务的行为。

（2）善意救助者责任豁免制度。

《民法典》第一百八十四条规定：“因自愿实施紧急救助行为造成受助人损害的，救助人不承担民事责任。”善意救助者责任豁免制度是指救助人自愿实施紧急救助行为造成受助人损害的，无论是否存在重大过失，救助人均无需承担民事责任。

9 小明抹黑英烈要承担责任吗？

——“英烈”保护制度

案例分析

小明一心想成为网红，便在某短视频应用程序上注册了账号，发布娱乐视频。某日，小明在该短视频应用程序上公开发布了一段短视频。该短视频内容为，在国防主题公园，小明面对将军雕像作扭胯状，行为举止轻佻不雅，且配音为相声选段。该短视频播放数为 5000 余次，点赞 500 余次，评论与分享 100 余次。检察机关在履行职责过程中发现，小明在短视频手机应用程序上发布的视频，存在丑化和亵渎爱国将军形象的情形，侵害了该将军的名誉和荣誉，损害了社会公共利益。于是，检察机关决定立案调查。随后，检察机关提起民事公益诉讼，要求小明依法承担侵权责任。

法院审理后认为，英雄烈士是国家崇高理想和民族精神的体现，是中华民族的脊梁。英烈精神是弘扬社会主义核心价值观和爱国主义精神的体现。全社会都应当认识到对英雄烈士合法权益保护的重要意义，全体中华儿女都有责任自觉维护英雄烈士的名誉和荣誉。本案所涉及的国防主题公园是庄严、肃穆、清净的爱国主义教育基地，该将军是著名的爱国将领。小明以烈士的雕像为背景拍摄内容低俗、动作不雅的短视频，并在社交网络上公开传播，且播放时间较长，观阅人数较多，有损烈士的英雄形象和人格利益。同时，这也对善良风俗和社会公共利益构成了损害。法院根据《民法典》第一百八十五条判决小明在本市市级以上的媒体公开赔礼道歉并消除影响。[①]

本案例中，小明在社交媒体上发布有辱英烈形象的视频，产生了恶劣的影响。这既侵害了烈士的肖像等人格利益，又损害了社会公共利益。而检察机关作为可以提起民事公益诉讼的主体，对于损害社会公共利益的行为，应当依职权向法院提起民事公益诉讼。根据《民法典》第一百八十五条的规定，小明的行为已经侵害了英雄烈士的肖像与名誉，有损社会公共利益，应当公开赔礼道歉并消除不良影响。

法条解析

上述案例主要涉及《民法典》的以下法条：

第一百八十五条 侵害英雄烈士等的姓名、肖像、名誉、荣誉，损害社会公共利益的，应当承担民事责任。

本条含义为，英雄烈士的人格权益受法律保护。英雄烈士事迹和精神是中华民族的共同历史记忆和社会主义核心价值观的重要体现。全社会都应当崇尚、学习、捍卫英雄烈士。任何组织和个人不得在公共场所或区域，以侮辱、诽谤或者其他方式侵害英雄烈士的姓名、肖像、名誉、荣誉。

---

① 本案例改编自“辛某名誉权纠纷案”［山西省忻州市中级人民法院（2020）晋 09 民初 7 号民事判决书］。

知识扩展

我国不仅在《民法典》中规定了英雄烈士的保护制度，还专门颁布了《英雄烈士保护法》。本案例也涉及其中多条规定。

（1）《英雄烈士保护法》第二十二条第一款、第二款规定："禁止歪曲、丑化、亵渎、否定英雄烈士事迹和精神。英雄烈士的姓名、肖像、名誉、荣誉受法律保护。任何组织和个人不得在公共场所、互联网或者利用广播电视、电影、出版物等，以侮辱、诽谤或者其他方式侵害英雄烈士的姓名、肖像、名誉、荣誉。任何组织和个人不得将英雄烈士的姓名、肖像用于或者变相用于商标、商业广告，损害英雄烈士的名誉、荣誉。"《英雄烈士保护法》对英雄烈士的保护作出了更为具体的规定，同时也强调了对英雄烈士事迹和精神的保护。

（2）《英雄烈士保护法》第二十五条第一款、第二款规定："对侵害英雄烈士的姓名、肖像、名誉、荣誉的行为，英雄烈士的近亲属可以依法向人民法院提起诉讼。英雄烈士没有近亲属或者近亲属不提起诉讼的，检察机关依法对侵害英雄烈士的姓名、肖像、名誉、荣誉，损害社会公共利益的行为向人民法院提起诉讼。"对侵害英雄烈士人格利益的行为，英雄烈士的近亲属、检察机关均可依法向法院提起诉讼。

（3）《英雄烈士保护法》第二十六条规定："以侮辱、诽谤或者其他方式侵害英雄烈士的姓名、肖像、名誉、荣誉，损害社会公共利益的，依法承担民事责任；构成违反治安管理行为的，由公安机关依法给予治安管理处罚；构成犯罪的，依法追究刑事责任。"如果行为人侵害英雄烈士人格利益的行为违反了《治安管理处罚法》或《刑法》，那么行为人还需承担相应的行政责任与刑事责任。

10 父亲“死而复生”，小明与收养人的关系能否自动解除？

——宣告死亡被撤销后的法律后果

案例分析

小明的母亲早年因病去世，其一直由父亲抚养。某日，小明的父亲在一次意外事故中下落不明。小明的姑姑膝下无子，遂于两年后向法院申请宣告小明的父亲死亡并办理了小明的收养手续。多年后的某天，小明的父亲突然出现。原来，小明的父亲在那次意外事故中并未死亡。在得知小明被收养后，小明的父亲立即向法院申请撤销死亡宣告，并请求恢复其与小明的父子关系。

法院审理后认为，被宣告死亡的自然人重新出现，经本人申请，应当撤销死亡宣告。小明在其父亲被宣告死亡期间被姑姑依法收养，收养关系受法律保护。在宣告死亡被撤销后，小明的父亲不得主张收养行为无效而单方解除收养关系。只有经过小明和姑姑的同意，收养关系才可以解除。[①]

本案例涉及三个民事主体，即小明、小明的父亲、小明的姑姑。在小

① 本案例由编者编写。

明的姑姑向法院申请宣告小明的父亲死亡并办理了收养手续后，小明成为被收养人，小明的姑姑成为收养人。根据《民法典》第五十条的规定，经被宣告死亡的小明的父亲的申请，人民法院应当撤销死亡宣告。但根据《民法典》第五十二条的规定，虽然小明的父亲已被撤销死亡宣告，但其不得以未经本人同意为由主张小明与其姑姑之间的收养关系无效。因此，小明的父亲若想抚养小明，应当经小明同意后，与小明的姑姑协议解除收养关系。

法条解析

上述案例主要涉及《民法典》的以下法条：

第四十六条 自然人有下列情形之一的，利害关系人可以向人民法院申请宣告该自然人死亡：

（一）下落不明满四年；

（二）因意外事件，下落不明满二年；

因意外事件下落不明，经有关机关证明该自然人不可能生存的，申请宣告死亡不受二年时间的限制。

本条第一款的含义为，宣告自然人死亡有两种情形：第一种是自然人下落不明满四年；第二种是因发生意外事件，下落不明满二年。法律上的宣告死亡只是法律上的推定死亡。推定的死亡与生理意义上的死亡不同。如果被宣告死亡的人确实活着，那么其所实施的民事法律行为只要符合生效要件，则该民事法律行为依然有效。该制度的设置目的是为维护社会稳定，避免各方的权利义务关系处于不稳定的状态。

本条第二款的含义为，因意外事件下落不明，经有关机关证明该自然人不可能生存的，申请人可以自有关机关作出证明之日起申请宣告死亡，不受二年的限制。例如，某人在游玩时，不慎坠崖，经多日搜救仍未找到。搜救部门作出了其不可能生存的证明。那么，利害关系人无需等待两年，可以直接向法院申请宣告死亡。

第五十条 被宣告死亡的人重新出现，经本人或者利害关系人申请，人民法院应当撤销死亡宣告。

本条含义为，撤销死亡宣告的条件是本人出现，且经本人或者利害关系人的申请。被法院宣告死亡的人不一定真正死亡。当自然人再次出现时，就应该由本人或者利害关系人申请，撤销其死亡宣告。利害关系人包括配偶、父母、子女、兄弟姐妹、祖父母、外祖父母、孙子女、外孙子女以及其他有民事权利义务关系的人。

第五十二条 被宣告死亡的人在被宣告死亡期间，其子女被他人依法收养的，在死亡宣告被撤销后，不得以未经本人同意为由主张收养行为无效。

本条含义为，撤销死亡宣告并不导致收养行为自然无效。在进行死亡宣告后，被宣告死亡之人的子女被他人合法收养的，该收养关系应受法律保护。被宣告死亡的人不同意该收养行为的，不能作为收养关系无效的理由。

知识扩展

《民法典》第一千一百一十一条规定：“自收养关系成立之日起，养父母与养子女间的权利义务关系，适用本法关于父母子女关系的规定”。即收养关系成立时，养父母与养子女之间就产生拟制的直系血亲关系。养子女获得与婚生子女完全相同的法律地位。同时，养子女与生父母之间的权利义务关系随之消除。上述规定有利于维护收养关系的稳定，保障养子女在新的环境下能与养父母建立良好、和睦的家庭关系。因此，收养关系非以法律之规定不能解除。法律规定的收养关系解除限于依当事人协议解除和法定情形解除两种类型。法定情形一般是指养父母与养子女之间存在关系破裂，不适宜继续生活的情形。

本案例中，如果小明的姑姑、小明都同意解除收养关系，那么收养期间产生的抚养费应由谁承担？

根据《民法典》第一千一百一十八条的规定，生父母要求解除收养关系的，养父母可以要求生父母适当补偿收养期间支出的抚养费。也就是说，如果小明的姑姑和小明都同意解除收养关系，那么小明的姑姑有权就收养期间产生的抚养费向小明的父亲主张适当的补偿。

11 小明在十岁时被性侵，她在成年后还可以向法院提起民事诉讼吗？

——未成年人被性侵的诉讼时效期间的起算

案例分析

十岁的留守女童小明经常在放学后一个人回家。某日放学后，小明行走至一偏僻处时，被李某拉进一间小屋。在李某的威胁下，李某强行与小明发生了性关系。事发之后，小明因受到惊吓，并未将此事告诉父母。直到上大学后，小明才鼓起勇气将自己被强奸的事告诉了父母，并打算向李某要求赔偿。李某认为，小明今年已年满二十岁，本案已过诉讼时效，自己无需承担赔偿责任。在咨询相关法律人士后，小明决定向法院提起民事诉讼。但在审理过程中，被告李某仍主张诉讼时效抗辩。

法院审理后认为，根据《民法典》第一百八十八条的规定，诉讼时效期间原则上自被害人知道或应当知道自己的权益遭受损害以及义务人之日起计算，为三年。由于性侵未成年人案件的特殊性，根据《民法典》第一百九十一条的规定，诉讼时效期间自受害人年满十八周岁之日起计算。本案中，虽然小明被性侵之日至今时隔十年，但本案是关于未成年人遭受性侵的案件，所以小明行使损害赔偿请求的诉讼时效期间，应自小明年满十八周岁之日起计算。自小明年满十八周岁至今未超过三年。

因此，法院认为小明的损害赔偿请求权未过诉讼时效，被告李某的抗辩不成立。[①]

本案例主要涉及性侵未成年人案件诉讼时效的起算时间点。由于性侵未成年人的案件具有特殊性，《民法典》对此类案件的诉讼时效期间的起算作了特别的规定。《民法典》第一百九十一条规定：“未成年人遭受性侵害的损害赔偿请求权的诉讼时效期间，自受害人年满十八周岁之日起计算。”本案例中，虽然小明是在十岁时遭受性侵但小明行使损害赔偿请求权的诉讼时效期间并非从其十岁时开始计算，而应当从其年满十八周岁起计算。小明今年二十岁。因此，其享有的损害赔偿请求权未过诉讼时效，有权向李某主张民事损害赔偿。

法条解析

上述案例主要涉及《民法典》的以下法条：

第一百九十一条 未成年人遭受性侵害的损害赔偿请求权的诉讼时效期间，自受害人年满十八周岁之日起计算。

本条含义为，在未成年人遭受性侵的案件中，受害人的损害赔偿请求权的诉讼时效期间自其年满十八周岁之日起计算。根据《民法典》第一百八十八条第二款的规定，一般情况下，诉讼时效期间的起算点是从权利人客观上有权利被侵害的事实，主观上知道或者应当知道权利被侵害之日起计算。而未成年人遭受性侵的案件具有特殊性。因此，《民法典》特别规定该类案件中的受害人的损害赔偿请求权的诉讼时效期间自其年满十八周岁之日起计算。之所以这样规定，是考虑到未成年人在成年前心智

---

① 本案例改编自“关锐强奸罪二审刑事判决书”［山西省阳泉市中级人民法院（2019）晋03刑终210号刑事判决书］。

尚不成熟，在事情发生时往往不能准确判断性侵害的性质和后果。通常，受害人直至成年以后才有相应的能力、勇气、意识去维护自己的合法权益。因此，《民法典》作出该特殊规定，体现了给予未成年人特殊保护的立法理念以及人文关怀。

知识扩展

民事主体的权利受到侵害时，其应当在诉讼时效期间内向法院提起诉讼。《民法典》第一百八十八条规定："向人民法院请求保护民事权利的诉讼时效期间为三年。法律另有规定的，依照其规定。诉讼时效期间自权利人知道或者应当知道权利受到损害以及义务人之日起计算。法律另有规定的，依照其规定。但是，自权利受到损害之日起超过二十年的，人民法院不予保护，有特殊情况的，人民法院可以根据权利人的申请决定延长。"诉讼时效制度是指权利人在法定期限不行使权利，当时效期间届满时，权利人的胜诉权归于消灭的制度。我们可以从以下几点了解诉讼时效：

（1）诉讼时效期间的起算点。第一，诉讼时效期间原则上从权利人的权利被实际侵害时开始计算。第二，权利被侵害的时间以权利人知道或应当知道为起点。第三，权利人知道或应当知道的内容包括被侵害的事实和侵权人。第四，法律另有规定的，依照其规定。比如，《民法典》关于性侵未成年人案件的特殊规定。这类案件的诉讼时效期间不是从受到实际侵害之日，而是自成年之日起计算。

（2）诉讼时效期间的长度。诉讼时效期间依据时间的长短和适用范围分为普通诉讼时效和特殊诉讼时效。普通诉讼时效是指一般案件普遍适用的诉讼时效，时长三年。特殊诉讼时效是针对某些特殊情况制定的。特殊诉讼时效又分为短期诉讼时效、长期诉讼时效、最长诉讼时效，分别指时长少于三年、大于三年小于二十年、超过二十年的诉讼时效。特殊诉讼时效优先于一般诉讼时效适用。

（3）诉讼时效制度是法律保护权利人的时间界限。《民法典》之所以规定诉讼时效，一方面是为了避免“权利人在权利上睡觉”，以提倡、鼓励权利人积极维权；另一方面是基于公共利益的考量：如果权利人明知权利被侵害但一直不维权，历经久远，侵权状态便会成为稳定的事实状态为社会所信赖而不宜随意破坏。此外，时间久远也会导致证据灭失，当事人难以举证，也不利于法院正确地裁判。因此，诉讼时效制度有利于及时处理纠纷，维护社会稳定，实现社会高效运转。

12 小明表示想用10元钱购买小亮的文具盒，小亮沉默不语，两人之间的购买合同是否成立？

——意思表示的方式

案例分析

小明和小亮是同学。某天，小亮向小明抱怨自己新买的文具盒不合心意。小明随即提出愿意用10元钱购买小亮的文具盒。小亮没有回答。小明见小亮沉默不语，误以为小亮已经同意。于是，小明趁小亮不在时，拿走了抽屉里的文具盒，并把钱放在小亮的书桌里。小亮发现后，要求小明返还自己的文具盒。小明则以小亮已经默认同意为由拒绝。[①]

本案例涉及的主要问题：小亮沉默不语，是否属于作出出售文具盒的意思表示？小亮和小明之间的买卖合同是否成立？

根据《民法典》第一百三十四条第一款、第一百三十五条以及第一百四十条第一款的规定，合同需要双方的意思表示一致才能成立。而意思表示的作出方式一般包括明示和默示。沉默只有在特殊的情形下，才可以视为作出意思表示。特殊的情形主要包括法律规定、当事人约定、当事

① 本案例由编者编写。

人间的交易习惯。本案例中，小明以口头方式作出购买的意思表示，但小亮的“沉默不语”不能视为意思表示。因此，因小亮没有作出承诺，小明和小亮之间的买卖合同不成立。

法条解析

上述案例主要涉及《民法典》的以下法条：

第一百三十四条第一款 民事法律行为可以基于双方或者多方的意思表示一致成立，也可以基于单方的意思表示成立。

本条第一款的含义为，民事法律行为包括单方民事法律行为、双方民事法律行为和多方民事法律行为。单方民事法律行为是指基于一方民事主体的意思表示就可以成立的民事法律行为。比如，合同的解除、债务的免除等。双方民事法律行为是指基于两个民事主体的意思表示一致才能成立的民事法律行为。比如，买卖合同。多方民事法律行为是指基于三方及以上的民事主体的意思表示一致才能成立的民事法律行为。比如，合伙协议。

第四百六十九条第一款 当事人订立合同，可以采用书面形式、口头形式或者其他形式。

本条第一款的含义为，合同的订立既可以采用书面形式，也可以采用口头形式或其他形式。书面形式包括合同书、信件、数据电文等形式。口头形式是指以说话且不被记录的方式。

第一百四十条 行为人可以明示或者默示作出意思表示。

沉默只有在有法律规定、当事人约定或者符合当事人之间的交易习惯时，才可以视为意思表示。

本条第一款的含义为，意思表示的作出通常有两种方式：明示和默示。

明示是指民事主体以文字语言等方式直接将其意思予以表达，为外界所知。默示是以行为推知其表达的意思。

本条第二款的含义为，沉默只有在三种情况下可被视为意思表示。单纯的不作为，属于沉默，而非默示。沉默是指未作出任何表示，故一般不构成意思表示。只有在有法律规定、当事人约定或者符合当事人之间的交易习惯时，才能将沉默视为意思表示。

沉默原则上不得视为意思表示的原因在于，民事法律行为不同于一般的行为，其作为法律事实，能够产生设立、变更、消灭民事法律关系的后果。因此，需要从一个人去做某件特定的事情来判断其意思，而不是从某人不做某件特定的事情来判断其意思。如果沉默可以直接视为意思表示，这对任何一个民事主体而言都会是极其危险的，也必然会侵害民事主体的行为自由。因此，法律对沉默作为意思表示的情况作了严格限制。

知识扩展

意思表示的方式主要是明示和默示。沉默这一不作为的方式，不仅原则上不具有意思表示的意义，而且应当严格限定其构成意思表示的条件。意思表示生效是发生表意人意欲产生的法律效果的前提。那么意思表示何时生效呢？

（1）有相对人的意思表示的生效时间。

《民法典》第一百三十七条规定，有相对人的意思表示的生效时间因是否以对话方式作出而不同。以对话方式作出的意思表示，相对人知道其内容时生效。以非对话方式作出的意思表示，到达相对人时生效。对话方式是指能够即时知道讯息内容的方式，比如面对面交谈等。非对话方式是指意思表示的发出和送达不能在同一时间内实现的交流方式，比如邮寄信件等。

（2）无相对人的意思表示的生效时间。

《民法典》第一百三十八条规定：“无相对人的意思表示，表示完成时生效。法律另有规定的，依照其规定。”没有相对人时，意思表示不需要被理解或传达到相对人，即意思表示完成时就生效。比如小亮将自己的文具盒扔掉，就属于无相对人的意思表示。这里的“表示完成”是指表意人以可供辨认的方式将其意思最终表达出来，将内在意思外在定型化。

第二编 物权

“物权”是《民法典》的第二编。该编包括物权通则、所有权、用益物权、担保物权以及占有这五个部分。本编通过对与青少年的日常生活密切相关的物权制度的讲解，一方面，帮助青少年更好地认识自身所享有的物上权利，例如基于所有权产生的返还原物请求权以及恢复原状请求权等；另一方面，也为青少年明确了其与物相关的义务履行及责任承担，例如对业主义务的规定、侵害他人所有权的责任承担等。物权制度调整因物的归属和利用产生的民事法律关系，是最重要的民事基本制度之一。本编将引导青少年深入学习物权的相关法律制度，为青少年涉及物权的行为提供规范指引。

13 小明送给小亮一个篮球，小明反悔后可以要回篮球吗？

——动产物权的变动

案例分析

小明和小亮是从小一起长大的好朋友。小明知道小亮很喜欢打篮球，便买了一个篮球送给小亮。小亮收到篮球后十分开心，并多次对小明表示感谢。小明见小亮没有回礼的打算，便心生悔意。于是，小明找到小亮，声称自己只是将篮球借给小亮玩一下，并要求小亮归还篮球。但小亮认为小明已经将篮球赠送给了他，故拒绝了小明的请求。①

本案例涉及的主要问题：篮球的所有权是否已转移给小亮？小明和小亮之间成立的是借用合同还是赠与合同？

本案例中，小明将篮球交给小亮时明确表示是“送”，这是赠与的意思表示。小亮收下篮球则表明接受赠与。所以，二人之间成立的是赠与合同。“借”只是小明反悔后的借口。同时，篮球属于动产，交付时所有权便发生转移。因此，小亮已经取得了该篮球的所有权，小明无权要求小亮返还篮球。

---

① 本案例由编者编写。

根据《民法典》第二百二十四条的规定，动产物权的转让自交付时发生效力。在本案例中，小明将篮球这一动产交付到小亮手里时，该篮球的所有权就发生了转移。所以，小亮取得了该篮球的所有权。根据《民法典》第六百五十八条第一款及第六百六十五条的规定，赠与人在赠与财产的权利转移之前可以撤销赠与。撤销权人撤销赠与的，可以向受赠人请求返还赠与的财产。在本案例中，该篮球的所有权在交付后已经发生转移。因此，小明无权撤销赠与，也无权请求小亮返还该篮球。

法条解析

上述案例主要涉及《民法典》的以下法条：

第二百二十四条　动产物权的设立和转让，自交付时发生效力，但是法律另有规定的除外。

本条含义为，动产物权的设立和转让以交付为生效要件。交付是指权利人将自己占有的物移转给他人占有的行为。简言之，交付意味着占有的移转。在这里，交付是一种公示手段，强调受让人占有动产的事实状态。

本条中“法律另有规定”，主要指以下两种情况：（1）动产抵押权的设定。动产抵押自抵押合同生效时设立。（2）所有权保留制度中标的物所有权的变动。当事人可以约定，出卖人交付标的物后仍然保留对该物的所有权。

第二百零八条　不动产物权的设立、变更、转让和消灭，应当依照法律规定登记。动产物权的设立和转让，应当依照法律规定交付。

本条含义为，物权的设立、变动必须依据法定的公示方法予以公开，使第三人能够及时了解物权的变动情况。一般而言，不动产物权变动的公示方式是登记，动产物权变动的方式是交付。

本条是关于物权公示原则的规定。确立物权公示原则的目的在于，保护第三人的利益，维护交易的安全和稳定。物权是对世权、支配权。除权利人外的所有人都是义务人，都负有不作为的义务，即不得侵害物权的义务。当事人设立、转移物权时，都会涉及第三人的利益。因此，就需要确立公示原则，将物权设立、转移的事实通过一定的公示方法向社会公开，以使第三人知晓。

不动产和动产的物权变动采用的公示方式不同，这由其自身的物理性质决定。不动产采用登记的公示方式是因为，不动产附着于土地且通常价值较高，需要有形载体加以记录，才能最大限度地保护交易安全。动产天然地处于流动之中，并且不同的动产之间价值差异较大，要求统一登记不仅不可行，也没必要。

第六百五十八条第一款 赠与人在赠与财产的权利转移之前可以撤销赠与。

本条第一款的含义为，在赠与合同中，赠与人在赠与财产的权利转移前享有任意撤销权。如果赠与的是不动产，则赠与人可以在登记之前撤销。如果赠与的是动产，则赠与人可以在交付之前撤销。否则，一经交付或者登记，物权就发生转移，不得撤销赠与。

知识扩展

不动产和动产都属于民事法律关系中的物。

《民法典》第一百一十五条规定：“物包括不动产和动产。法律规定权利作为客体的，依照其规定。”物作为民事法律关系的客体，是指人体之外，能为人力所支配并能独立满足人类社会生活需要的有体物。物具有以下特征：

（1）存在于人体之外。（2）能为人力所支配。（3）具有独立性。

（4）具有价值。

物包括动产和不动产。不动产是指依照其物理性质不能移动或者移动会严重损害其经济价值的有体物。比如，土地、房屋、林木等。动产是指性质上能移动，并且移动不会损害其经济价值的物。比如，篮球、电视、书本等。

14　小明将书交给小亮保管，小明还可以将该书出售给小凯吗？

——指示交付

案例分析

小明趁搬家之际对旧图书进行整理，并打算出售。但因一时未找到买家，小明便委托住在同一小区的小亮暂为保管。小亮还承诺，可以为小明保管图书到小明找到合适的买家为止。半年后，同校的小凯向小明表示愿意购买这批图书，并支付了价款。收到价款后，小明便告知小凯，该书目前由小亮保管，请其前往小亮家取书。随后，小明联系小亮，让其将书交给小凯。但小亮却在小凯到他家搬运图书时，拒不交出图书。小凯遂诉至法院，要求小亮将图书交给自己。

法院审理后认为，小明与小亮之间成立保管合同。小明基于保管合同有权取回保管物，即享有返还原物请求权。而小明与小凯之间基于同一标的物成立了买卖合同。买卖合同成立后，小明将其对小亮享有的返还原物请求权转让给了小凯，以履行交付义务。根据《民法典》第二百二十七条之规定，小明与小凯之间交付指示成立。因此，小凯享有该书的返还原物请求权，有权请求小亮返还该书。[①]

① 本案例由编者编写。

本案例涉及三个民事主体，即小明、小凯和小亮。根据《民法典》第八百八十八条第一款以及第八百九十九条的规定，保管合同是保管人保管寄存人交付的保管物，并返还该物的合同。寄存人可以随时领取保管物。在保管合同关系中，小明是寄存人，享有随时领取保管物的权利，而小亮是保管人，负有返还保管物的义务。根据《民法典》第二百二十七条中关于指示交付的规定，动产物权设立和转让前，第三人占有该动产的，负有交付义务的人可以通过转让请求第三人返还原物的权利来代替交付。在买卖合同关系中，小亮是占有该书的第三人。而小明已将该书的返还原物请求权转让给小凯。所以，小凯享有该书的返还原物请求权，小亮应当把书返还给小凯。

法条解析

上述案例主要涉及《民法典》的以下法条：

第八百八十八条第一款 保管合同是保管人保管寄存人交付的保管物，并返还该物的合同。

本条第一款的含义为，保管合同是指寄存人将保管物交付给保管人，保管人依照约定对保管物进行保管，并在约定期限内或根据寄存人的请求，返还保管物的合同。在保管合同中，保管人负有返还保管物的义务。寄存人将保管物交给保管人时，保管人并没获得保管物的所有权，仅是暂时地占有保管物。

第二百二十七条 动产物权设立和转让前，第三人占有该动产的，负有交付义务的人可以通过转让请求第三人返还原物的权利代替交付。

本条含义为，出卖人可以将其对第三人的返还原物请求权让与给买受人以代替现实交付。此种动产物权交付方式即为指示交付。指示交付须符合三个条件：

（1）动产物权设立和转让前，第三人占有该动产。第三人是指能够对动产进行直接支配和控制的民事主体。比如，承租人、保管人、质权人。

（2）转让人对第三人享有返还原物请求权。转让人转让的返还原物请求权应当是对特定第三人的返还请求权，即第三人因保管、仓储、租赁、借用、行纪、质押等合法原因占有该动产，并负有返还该物的义务。

（3）转让人与受让人之间形成了有关转让返还原物请求权的协议。

在买卖合同中，当标的物由第三人直接占有时，出卖人是无法进行现实交付的。在此种情况下，若仍要求出卖人先取回标的物再交付给买受人，会大大增加交易的成本。因此，法律便设立指示交付，以满足客观经济生活所需，促进交易便捷、提高交易效率。

知识扩展

通常情况下，动产物权变动以交付为要件。采用现实交付的，以占有转移为交付。当选择指示交付时，动产物权何时变动?

当事人以指示交付的方式交付动产的，转让人与受让人之间有关转让返还原物请求权的协议生效时为动产交付之时。指示交付就是通过让与返还原物请求权的方式来代替现实交付。也就是说，出卖人与买受人之间达成让与返还原物请求权的协议时，动产即完成交付，动产物权也完成转移。本案例中，小明将其对小亮享有的返还原物请求权让与小凯时，该动产即为交付，该图书的所有权也转移给了小凯。因此，小明已经履行了交付义务，不构成违约。而小凯则可以行使返还原物请求权，要求小亮返还图书。

15 小亮未经同意使用小明的自行车，小明该怎么办？

——返还原物请求权

案例分析

小明过生日时，爸爸送给他一辆自行车作为生日礼物。但小明因在踢球时扭伤了脚，该自行车便被闲置在小区的停车棚一个多月。小亮看到这辆自行车放置很久却无人使用，便将自行车骑走。小明的脚伤痊愈后，他发现自行车一直被小亮占用。小明便找到小亮，要求小亮返还自行车。不料，小亮认为，自己长期持续地占有和使用该自行车，已经在事实上取得了自行车的所有权。因此，小亮拒不返还。协商未果之后，小明将该纠纷诉至法院。

法院审理后认为，权利人对无权占有或侵夺其物的人，有权请求返还占有物。本案中，小明的自行车虽闲置一个多月，但小明并未对自行车进行事实或法律上的处分，小明仍然享有自行车的所有权。而小亮在没有合法原因的情况下占有自行车，属于无权占有。因此，根据《民法典》第二百三十五条的规定，小明可以行使返还原物请求权，请求小亮返还自行车。[①]

① 本案例由编者编写。

本案例主要涉及返还原物请求权。返还原物请求权是指，物权人在其物被他人无权占有或侵夺时所享有的请求无权占有人返还原物的权利。根据《民法典》第二百三十五条的规定，权利人可以请求无权占有人返还原物。在本案例中，小亮的占有没有合法的原因，属于无权占有。所以，小明作为自行车的所有权人有权要求小明返还自行车。

法条解析

上述案例主要涉及《民法典》的以下法条：

第二百三十五条 无权占有不动产或者动产的，权利人可以请求返还原物。

本条含义为，当他人无权占有或侵夺权利人的财产时，权利人可以行使返还原物请求权以恢复物权的圆满状态。返还原物请求权是所有权派生的请求权。返还原物请求权的适用条件：（1）行使返还原物请求权的主体是失去对物的占有的物权人，包括所有权人、他物权人。（2）须有他人无权占有或侵夺物权人的物的事实。“无权占有”是指缺乏占有的本源（法律或合同依据）而占有他人的物。“侵夺”是指违背物权人的意思强行取得物的占有。（3）须有无权占有物的相对人，即现在的占有人，包括直接占有人和间接占有人。（4）须以原物的存在为前提。行使返还原物请求权的目的在于恢复物权的圆满状态，如果物已灭失，则行使返还原物请求权就失去了意义。

知识扩展

小亮未经小明同意就使用其自行车的行为构成无权占有。小明作为自行车的所有权人，在行使返还原物请求权可能会面临以下问题：

（1）小明行使返还原物请求权是否适用诉讼时效？

根据《民法典》第一百九十六条的规定，不动产物权和登记的动产物权的权利人请求返还财产不适用诉讼时效。小明的自行车属于动产，如果未进行登记，则小明需要在三年的诉讼时效内行使返还原物请求权。

（2）如果小亮造成自行车部分损坏，是否应当承担赔偿责任？

《民法典》第四百五十九条规定：“占有人因使用占有的不动产或者动产，致使该不动产或者动产受到损害的，恶意占有人应当承担赔偿责任。”无权占有致使占有物损害的，需分情况处理。无权占有分为善意的无权占有和恶意的无权占有。善意的无权占有是指无权占有人不知道或不应知道其不具有占有的权利。比如，在不知情的情况下以合理的价格买入了卖家无权处分的财产。恶意的无权占有是指明知占有无本权仍然占有。当恶意占有造成占有物损害时，恶意占有人应当承担赔偿责任。本案中，小亮明知道自行车属于小明但仍然占有使用，属于恶意占有，其应当承担赔偿责任。

16 小明的手机被小亮摔坏，他可以要求小亮赔偿吗？

——物权损害赔偿请求权

案例分析

周五放学后，小明在公交站牌处一边玩手机一边等公交车。在公交车即将驶进站台之际，小亮从小明的身后蹿出，撞掉了小明的手机。上车后，小明发现手机的后置摄像头被摔坏。于是，小明找到小亮，要求其赔偿损失。但小亮认为，手机被摔坏是小明没有拿好手机造成的，故拒绝承担赔偿责任。[①]

本案例涉及的主要问题：小明作为手机的所有权人，在手机被小亮摔坏时，其应当如何维护自己的合法权益？

本案例涉及两个主体，即小明和小亮。小明是手机的所有权人，而小亮是实施侵害物权行为的侵害人。首先，小亮撞掉小明的手机，致使手机被摔坏。即侵害物权的行为已存在。其次，小明的手机被摔坏，无法正常使用。即损害已客观存在。再次，由于小亮从小明身后蹿出时，没注意到小明在玩手机，才导致手机摔坏。即小亮在手机被摔坏的过程中存在过错。根据《民法典》第二百三十八条的规定，小明可以行使物权损害赔偿请求权，

① 本案例改编自“易大为与张群财产损害赔偿纠纷案”［（2019）鄂0102民初6846号民事判决书］。

要求小亮承担损害赔偿责任。

法条解析

上述案例主要涉及《民法典》的以下法条：

第二百三十八条 侵害物权，造成权利人损害的，权利人可以依法请求损害赔偿，也可以依法请求承担其他民事责任。

本条含义为，物权遭受侵害时，给权利人造成损害的，权利人可以请求损害赔偿，也可以请求侵害人承担其他民事责任。本条是关于“物权损害赔偿请求权”的规定。物权损害赔偿请求权是我国物权保护的基本方式之一。物权损害赔偿请求权的行使要件主要包括三点：

（1）须有侵害物权的行为发生。即侵害人已经实施了侵害物权的行为。

（2）须有损害事实的存在。即物权遭受的损害已经发生，物权人的财产损失客观存在。

（3）侵害人有过错。即在主观上，侵害人存在故意或过失。遭受物权损害的权利人须对侵害人有过错承担举证责任。如果权利人不能证明加害人有过错，则侵害人不承担损害赔偿责任。

根据本条规定，权利人除了可以请求赔偿损失以外，还可以请求侵害人承担其他民事责任。而根据《民法典》第一百七十九条的规定，承担民事责任的方式：停止侵害；排除妨碍；消除危险；返还财产；恢复原状；修理、重作、更换；继续履行；赔偿损失；支付违约金；消除影响、恢复名誉；赔礼道歉。因此，本条中的“其他民事责任”具体包括：

（1）物权正受妨碍的，权利人可以请求侵害人停止侵权行为、排除妨碍。

（2）物权可能受妨碍的，权利人可以请求消除危险。

（3）无权占有动产或者不动产的，权利人可以请求返还原物。

（4）造成物毁损的，权利人可以请求修理、重作、更换或者恢复原状。

知识扩展

在不同情形下，权利人可采取不同的物权保护方式。

例如，当物的归属、内容发生争议时，权利人可以请求确认物权；当侵害人无权占有动产或者不动产时，权利人可以请求返还原物；当侵害人造成财产毁损的，权利人可以请求修理、重作或者恢复原状；当存在妨碍物权或者可能妨碍物权的行为时，权利人可以请求排除妨碍或者消除危险；当侵害物权，造成权利人损害时，权利人可以请求损害赔偿。

《民法典》第二百三十九条规定："本章规定的物权保护方式，可以单独适用，也可以根据权利被侵害的情形合并适用。"也就是说，这几种物权保护方式并不是相互排斥的。权利人根据物权遭受侵害的具体情况，可以选择单独适用一种物权保护方式，也可以选择适用多种物权保护方式。当然，如果物权人择一适用即可实现物权保护的目的，就无需合并适用多种物权保护方式。

17 小明可以捐赠小亮送给自己的毛衣吗？

——所有权的处分权能

案例分析

小明与小亮是同班同学，关系较好。小明过生日时，小亮精心挑选了一件毛衣送给小明。一年之后，由于小明已经明显长高，无法再穿上这件毛衣。为了使毛衣能够发挥最大的价值，小明打算把这件毛衣清洗好之后捐赠给希望小学。小亮得知后，不同意小明将自己送给他的毛衣捐赠给别人。但小明则认为该毛衣已经属于自己，自己有权处分。两人争执不休。[①]

本案例涉及的主要问题：小亮将毛衣赠与小明后，小明是否取得该毛衣的所有权？若小明享有该毛衣的所有权，其是否可以不经过小亮的同意将毛衣捐赠给希望小学？

根据《民法典》第二百二十四条的规定，动产物权的设立和转让，自交付时发生效力。本案例中，在小亮将该毛衣交与小明时，小明就取得了毛衣的所有权。且根据《民法典》第二百四十条的规定，所有权人对自己的动产，依法享有占有、使用、收益和处分的权利。即小明在取得该毛衣的所有权后，有权对该毛衣行使处分，他人无权干涉。因此，小明将该毛

① 本案例由编者编写。

衣捐赠给希望小学，无需经过小亮的同意。

法条解析

上述案例主要涉及《民法典》的以下法条：

第二百四十条 所有权人对自己的不动产或者动产，依法享有占有、使用、收益和处分的权利。

本条含义为，所有权的权能包括占有、使用、收益和处分，即所有权人有权占有、使用、收益和处分自己的动产和不动产。

所有权四项权能的具体含义如下：

（1）占有，即所有权人对物的实际掌握、控制。占有是发挥其他权能的前提。所有权人天然地可以实现占有，也可以通过合法的原因使得他人实现有权占有。

（2）使用，即对物进行利用，以实现该物的价值。使用以占有为前提，但占有不一定能使用。比如，质权人、保管人就不能使用占有物。

（3）收益，即收取物产生的经济价值，包括物产生的孳息、利润等。

（4）处分，即依法对物进行处分，包括事实上的处分与法律上的处分。法律上的处分指依照所有权人的意愿，对物进行的处置。比如，出卖、赠与、抛弃。事实上的处分指对物的形态进行变更或消灭。比如，拆除房屋、吃掉食物。

知识扩展

小亮将该毛衣交付给小明时，小明就已取得毛衣的所有权。作为所有权人，小明对该毛衣享有占有、使用、收益和处分的权利，而无需经过他人的同意。本案例中，小明除可以将毛衣捐赠给希望小学外，还能进行其他的处分行为。

《民法典》第二百四十一条规定："所有权人有权在自己的不动产或者动产上设立用益物权和担保物权。用益物权人、担保物权人行使权利，不得损害所有权人的权益。"根据本条规定，所有权人在自己的不动产或者动产上设立用益物权和担保物权，是其行使所有权的具体表现。用益物权是指对他人所有的动产和不动产，依法享有占有、使用和收益的权利。例如，集体土地所有权主体在土地上为农户设立土地承包经营权，那么土地承包经营权人便对该土地享有占有、使用和收益的权利。担保物权是指在债务人不履行到期债务或者发生当事人约定的实现担保物权的情形，债权人依法享有就担保财产优先受偿的权利。例如，小明向小亮借了100元，并约定小明将其所有的价值200元的篮球交给小亮作为抵押物。若小明无法按期返还借款，小亮可以将篮球变卖，并优先获得100元。

根据《民法典》第二百四十一条的规定，用益物权人、担保物权人可以依法对他人所有的动产和不动产享有用益物权、担保物权。但用益物权人、担保物权人行使权利，不得损害所有权人的权益。例如，在小明将篮球交给小亮作为借款债务的抵押物后，小亮应当妥善保管该篮球，不应故意损坏篮球。

18 小明发现一处金矿，他可以将其宣布为个人所有吗？

——国家所有权

案例分析

小明在参加学校组织的春游活动时，无意间发现了一处废弃已久的旧矿址。经相关专家鉴定，该矿实际为一处未开采完的古代金矿。但由于年代久远，该矿先前的开采者已不可考。小明认为这是自己发现的金矿，理应归自己所有。但学校认为，虽然小明是金矿的发现者，但并不能对金矿享有所有权。[①]

本案例涉及的主要问题：小明作为金矿的发现者，他能否基于先占取得该金矿的所有权？若小明不能取得所有权，那么该金矿的所有权应归属谁？

从表面上看，金矿属于无人管理、占有的无主物。但根据《民法典》第二百四十七条的规定，矿藏、水流、海域属于国家所有。即金矿作为矿藏的一种，其所有权应当归属国家。且根据《民法典》第二百四十二条的规定，法律规定专属于国家所有的不动产和动产，任何组织或者个人不能取得所有权。即虽然小明发现了该处金矿，但小明依然无法取得该处金矿

① 本案例由编者编写。

的所有权。该金矿的所有权只能归属于国家。

法条解析

上述案例主要涉及《民法典》的以下法条：

第二百四十二条 法律规定专属于国家所有的不动产和动产，任何组织或者个人不能取得所有权。

本条含义为，法律规定专属于国家所有的不动产和动产的所有权只能由国家享有，其他任何组织或个人均不能以任何理由取得所有权。法律规定专属于国家所有的动产和不动产主要包括：矿藏、水流、海域；城市的土地，以及法律规定属于国家所有的农村土地和城市郊区的土地；法律规定属于国家所有的文物；无线电频谱资源；国防资产；法律规定属于国家所有的野生动植物资源；森林、山岭、草原、荒地、滩涂等自然资源，但法律规定属于集体所有的除外；铁路、公路、电力设施、电信设施和油气管道等基础设施中依照法律规定为国家所有的。国家所有权本质上是社会主义全民所有制在法律上的表现。

第二百四十七条 矿藏、水流、海域属于国家所有。

本条含义为，国家对矿藏、水流、海域享有所有权，即国家所有权。矿藏是由地质作用形成的，具有利用价值的，呈固态、液态、气态的自然资源。由于矿藏资源的稀缺性和不可再生性，只有国家这一特殊主体才能对其进行合理的利用和保护。如果该类财产为私人所有，个人必然会为追求经济利益最大化而浪费、破坏资源。水流包括地下水和地表水。水是人类生存和发展必不可少的自然资源。水资源短缺、水环境恶化已经成为不容忽视的问题。因此，需要国家对水资源进行统一的管理和保护。海域指中华人民共和国的内水、领海的水面、水体、海床和底土。

第二百五十八条 国家所有的财产受法律保护，禁止任何组织或者个人侵占、哄抢、私分、截留、破坏。

本条含义为，归属于国家所有的财产受法律保护，任何组织或者个人不得侵占、哄抢、私分、截留、破坏。侵占是指非经国家的授权或国家机关的同意，而占有国有财产。哄抢是指故意以非法手段强行抢夺国有财产。私分是指违反国家有关国有财产分配的规定，将国有财产分配给个人或者组织所有。截留是指违反国家有关国有资金管理的规定，将国有资金保留在自己手中或挪作他用。破坏是指以非法手段直接损害国有财产。如滥伐林木、捕杀珍稀野生动物、毁损国家文物等。上述行为都侵害了国家所有权，行为人将被追究民事责任，甚至是刑事责任。

知识扩展

既然法律规定了国家所有权及国有财产，那么具体由谁行使国家所有权呢?

《民法典》第二百四十六条第二款规定：“国有财产由国务院代表国家行使所有权。法律另有规定的，依照其规定。”根据本款的规定，在我国，是由国务院代表国家行使国有财产的所有权。由国务院代表国家行使国家所有权，有利于对国有财产进行统一管理。当然，依照法律规定，国有财产也可以由地方人民政府等被授权的主体行使所有权。

19 小明家的农地被征收，他能获得相应的补偿吗？

——土地征收补偿制度

案例分析

小明是一名高一学生，家住在城市周边的一个小镇上。小明家承包有一块农地，爸爸、妈妈都以务农为业。近几年，随着城镇化进程的加快，小明家所在的城市周边的交通基础设施建设也随之增多。市政府为了修建高铁，决定对该镇的一部分农地进行征收。市政府在依照法定程序审查报批并得到批准后，公开了征收土地方案。小明家的农地全部被划入了征收范围。征地补偿款支付后，小明家所在的农村集体经济组织决定将土地补偿费提留一部分后直接分配给被征地农户。①

本案例涉及的主要问题：小明一家作为农村集体土地的承包方，在土地征收中能否获得相应的补偿？如果可以获得补偿，主要包括哪些补偿？

《土地承包法》第十七条第四项规定：“（四）承包地被依法征收、征用、占用的，有权依法获得相应的补偿。”根据该条可知，承包的农地被征收后，小明一家作为承包方有权获得相应的补偿。

---

① 本案例由编者编写。

根据《民法典》第二百四十三条第二款的规定，《民法典》对被征收土地的一方可以获得哪些补偿是有明确规定的。其补偿范围，不但包括对征收土地所有权的补偿，即土地补偿费，还包括安置补助费，以及对农地上的农业设施等附着物、小麦和玉米等青苗的补偿费。并且，政府还需要安排被征地农民的社保费用，以保障被征地农民的生活水平不因征收而降低。本案例中，小明一家的户口都在村集体内，具有集体经济组织成员资格，在其承包的土地被征收后，有权获得安置补助费、地上附着物和青苗等的补偿费用、被征地农民的社会保障费用以及经村集体经济组织提留后的土地补偿费。

法条解析

上述案例主要涉及《民法典》的以下法条：

第二百四十三条 为了公共利益的需要，依照法律规定的权限和程序可以征收集体所有的土地和组织、个人的房屋以及其他不动产。

征收集体所有的土地，应当依法及时足额支付土地补偿费、安置补助费以及农村村民住宅、其他地上附着物和青苗等的补偿费用，并安排被征地农民的社会保障费用，保障被征地农民的生活，维护被征地农民的合法权益。

征收组织、个人的房屋以及其他不动产，应当依法给予征收补偿，维护被征收人的合法权益；征收个人住宅的，还应当保障被征收人的居住条件。

任何组织或者个人不得贪污、挪用、私分、截留、拖欠征收补偿费等费用。

本条第一款的含义为，国家为了公共利益的需要，可以以征收的方式取得他人财产的所有权。首先，国家征收集体所有的土地和组织、个人的房屋以及其他不动产，必须是为了公共利益的需要。这与我国宪法的规定也是一致的。《宪法》第十条第三款规定：“国家为了公共利益的需要，可以依照法律规定对土地实行征收或者征用并给予补偿。”其次，政府的征收行为应当按照法律规定的权限和程序进行。《土地管理法》第四十六条对征收集体所有的土地的权限和程序作了明确规定。

本条第二款的含义为，为了保护集体和农民个人的权益，征收集体所有的土地应进行相应的补偿。根据《土地管理法》第四十八条的规定，征收农用地的土地补偿费、安置补助费标准由省、自治区、直辖市通过制定公布区片综合地价确定。征用农用地以外的其他土地、地上附着物和青苗等的补偿标准，由省、自治区、直辖市制定。被征地农民的社会保障费用主要用于符合条件的被征地农民的养老保险等社会保险缴费补贴。

本条第三款的含义为，为了保障组织、个人的权益，征收组织、个人的房屋及其他不动产，应当依法给予征收补偿。

本条第四款的含义为，征收补偿费用属于集体、有关组织或个人所有。为了避免现实生活中出现征收补偿费用不到位、侵占补偿费用等行为，任何组织或个人不得贪污、挪用、私分、截留、拖欠征收补偿费等费用。

知识扩展

国家在征收农村集体所有的农地时，会进行补偿。补偿费用主要包括土地补偿费、安置补助费以及农村村民住宅、其他地上附着物和青苗等的补偿费用。

其中，根据《土地管理法实施条例》第二十六条的规定，土地补偿费归农村集体经济组织所有。土地补偿费的分配属于村民自治的范畴，由农村集体经济组织决定。在实践中，农村集体经济组织既可以在提留一部分后将剩余的土地补偿费分配给被征地农户，也可以将土地补偿费全部用于对被征地农户的补偿。

在我国，农地资源十分有限。不仅征收农地要谨慎，利用农地也需妥当。特别是农地中的耕地作为人类赖以生存和利用的基础性资源，是社会永续发展的命脉。因此，国家对耕地规定了特殊的保护措施。《民法典》第二百四十四条规定："国家对耕地实行特殊保护，严格限制农用地转为建设用地，控制建设用地总量。不得违反法律规定的权限和程序征收集体所有的土地。"

20 因疫情防控需要，小明的自行车被紧急征用，他可以请求返还吗？

——征用制度

案例分析

小明的家乡所在的地区较为偏僻，交通不便。在新冠肺炎疫情防控期间，为了运输防控物资，当地政府征用了小明上学所用的自行车。几个月以后，当地的疫情得到了有效控制。于是，小明向当地政府提出归还自行车的请求。①

本案例涉及的主要问题：小明作为自行车的所有人，政府能否征用他的自行车？疫情得到有效控制之后，当地政府是否应当及时将自行车归还给小明？如果因当地政府对自行车的使用，造成自行车毁损或者灭失的，当地政府是否应当给予小明相应的补偿？

根据《民法典》第二百四十五条的规定，当地政府可以依法征用小明的自行车。但政府在使用过后，应当及时将自行车归还给小明。如果小明的自行车在征用期间遭到损毁或者灭失，政府则应当给予相应的补偿。上述规定，与我国《宪法》中的规定具有高度的一致性。我国《宪法》第十三条第三款规定："国家为了公共利益的需要，可以依照法律规定对公

① 本案例由编者编写。

民的私有财产实行征收或者征用并给予补偿。”

法条解析

上述案例主要涉及《民法典》的以下法条：

第二百四十五条 因抢险救灾、疫情防控等紧急需要，依照法律规定的权限和程序可以征用组织、个人的不动产或者动产。被征用的不动产或者动产使用后，应当返还被征用人。组织、个人的不动产或者动产被征用或者征用后毁损、灭失的，应当给予补偿。

本条含义为，国家因抢险救灾、疫情防控等紧急需要可以依法强制使用组织、个人的不动产或者动产，但在使用后应当及时返还。如果不动产或动产出现毁损、灭失的，还应当给予被征用人补偿。依据本条规定，征用具有以下特征：

（1）征用是国家行使行政权对组织和个人的财产权所进行的限制。由于征用发生的前提是国家因抢险救灾、疫情防控等紧急需要，征用他人的财产不需要征得权利人的同意，但这实际上是对权利人财产权的限制。

（2）征用的目的是抢险救灾、疫情防控等紧急需要。在抢险救灾、疫情防控等紧急状态下，国家需要动用一切人力、物力进行救助。因此，法律允许国家以行政命令征用组织、个人的不动产或者动产。

（3）征用必须符合法律规定的权限和程序。一方面，为防止损害被征用人的利益，必须强调要遵循法定的程序，通过程序来保障财产权人的合法权益。另一方面，遵循法定程序有利于政府依法行政，避免政府滥用职权。

（4）被征用人有获得补偿的权利。由于征用的实施可能造成被征用的财产毁损和灭失，本条规定组织、个人的不动产或者动产被征用或者征用后毁损、灭失的，应当给予补偿，以保护被征用人的权益，维护社会稳定。

知识扩展

除征用外，法律还规定了征收制度。征收与征用的不同之处在于，征收将导致所有权转移，即征收人取得被征收财产的所有权；而征用仅引起使用权的转移，主要表现为对所有权的限制，而不发生所有权的转移。

此外，关于征用的规定不仅存在于《民法典》中，我国《土地管理法》《传染病防治法》等法律也对征用作了规定。

《土地管理法》第二条第四款规定："国家为了公共利益的需要，可以依法对土地实行征收或者征用并给予补偿。"《传染病防治法》第四十五条规定："传染病暴发、流行时，根据传染病疫情控制的需要，国务院有权在全国范围或者跨省、自治区、直辖市范围内，县级以上地方人民政府有权在本行政区域内紧急调集人员或者调用储备物资，临时征用房屋、交通工具以及相关设施、设备。紧急调集人员的，应当按照规定给予合理报酬。临时征用房屋、交通工具以及相关设施、设备的，应当依法给予补偿；能返还的，应当及时返还。"由以上法条可知，无论是对土地还是对公民私有财产的征用，都必须基于公共利益的需要，并且在征用后，能返还的应及时予以返还，不能返还的则应当给予相应的补偿。

21 小明在消防通道乱堆杂物，他需要承担法律责任吗？

——业主的义务

案例分析

小明的父母为了方便十二岁的小明上学，举家搬进了位于“阳光花苑”的学区房。该房屋登记在小明的爸爸名下。经过一天的打扫，小明将整理出的杂物堆放到了楼层的消防通道中。当晚，小明的邻居小亮从消防通道上楼时，因未看到楼道中堆放的杂物而被绊倒摔伤。小亮在医院治疗后支付了医药费、护理费等各项费用合计 2000 元。一周后，小亮要求小明及其父母承担相应的赔偿责任。[①]

本案例涉及的主要问题：小明的爸爸是房屋的所有权人，是业主，而小明作为业主的家属，能否任意行使业主的相关权利？小明在行使权利的同时应当履行哪些属于业主的义务？如果小明的行为违反了业主的义务，是否应承担相应的法律责任？

根据《民法典》第二百七十三条第一款的规定，小明的爸爸作为“阳光花苑”的业主，对属于共有部分的消防通道享有使用权，但也应承担维护、

① 本案例由编者编写。

管理等义务。而小明作为业主的亲属，同样负有不能损害其他业主合法权益的义务。《民法典》第二百八十六条所规定的业主或其他行为人侵害他人合法权益的行为，其中就包括“侵占通道”。

在本案例中，一方面，小明与其父母可以对属于共有部分的消防通道行使使用权并受到法律的保障。另一方面，小明将杂物堆放在消防通道的行为已经损害了邻居的合法权益，超出了正当行使权利的范围。因此，小明应当对其行为造成的损害后果承担相应的赔偿责任。但由于小明是未成年人，最终的赔偿责任将由其父母来承担。

法条解析

上述案例主要涉及《民法典》的以下法条：

第二百七十三条第一款 业主对建筑物专有部分以外的共有部分，享有权利，承担义务；不得以放弃权利为由不履行义务。

本条第一款的含义为，业主对建筑物共有部分在享有权利的同时也要承担义务。共有部分一般包括电梯、楼梯、走廊、消防通道、天然气管道、水管、公共绿化及道路等。业主对以上共有部分享有占有、使用、收益、处分的权利。同时，业主也承担对共有部分进行维护、管理等义务。业主不能以放弃对共有部分的权利为由，拒不履行相应的义务。在本案例中，小明一家可以对消防通道进行合理的使用。但小区的业主多处于相邻关系中，因此在使用共有部分上具有密切的联系。业主在行使自己的权利时，不得侵害其他业主的合法权益，更不得以放弃自己的权利为由不履行义务。

第二百八十六条 业主应当遵守法律、法规以及管理规约，相关行为应当符合节约资源、保护生态环境的要求。对于物业服务企业或者其他管理人执行政府依法实施的应急处置措施和其他管理措施，业主应当依法予以配合。

业主大会或者业主委员会，对任意弃置垃圾、排放污染物或者噪声、违反规定饲养动物、违章搭建、侵占通道、拒付物业费等损害他人合法权益的行为，有权依照法律、法规以及管理规约，请求行为人停止侵害、排除妨碍、消除危险、恢复原状、赔偿损失。

业主或者其他行为人拒不履行相关义务的，有关当事人可以向有关行政主管部门报告或者投诉，有关行政主管部门应当依法处理。

本条第一款的含义为，业主的行为应当符合法律、法规以及管理规约的相关规定，同时不得与绿色原则相违背。例如，业主应当节约资源，爱护环境，不应在小区随意丢弃垃圾，踩踏花草。

本条第二款的含义为，对于损害他人合法权益的行为，业主大会或者业主委员会有权请求行为人承担相应的责任。任意弃置垃圾、排放污染物或者噪声、违反规定饲养动物、违章搭建、侵占通道等行为都是损害他人合法权益的行为。一旦行为人实施了上述行为，就应承当相应的责任。

本条第三款的含义为，有关行政主管部门应当对拒不履行相关义务的业主或其他行为人进行依法处理。当业主或者其他行为人拒不履行相关义务，给他人的合法权益造成损害时，当事人可以向有关行政主管部门报告或投诉。有关行政主管部门则应依法对该行为进行处理。

知识扩展

日常生活中，我们在使用自己的房屋时，可能会对邻居造成影响。为了调和相邻的不动产权利人之间的利益关系，《民法典》规定了处理相邻关系时所应当遵循的原则。

《民法典》第二百八十八条规定：“不动产的相邻权利人应当按照有利生产、方便生活、团结互助、公平合理的原则，正确处理相邻关系。”一方面，不动产权利人可以在最有利于生产、生活的条件下正当行使权利，从而保证自己的利益得以实现。另一方面，不动产权利人在行使权利的同时，应避免侵害他人的合法权益，避免给他人的生活造成麻烦和损失。相邻不动产权利人之间产生纠纷时，应本着团结互助、公平合理的原则，对因他方行使权利而受有损害的一方给予必要的赔偿。

22 小亮未经同意将小明的篮球卖给不知情的小凯，小明能向小凯追回吗？

——善意取得

案例分析

小明和小亮是同班同学。某天，两人约好放学后一起去操场试试小明花 200 元购买的新篮球。但放学时下起了大雨，小明便请小亮将自己的篮球带回家保管。第二天，小凯去找小亮玩时看到小明的新篮球后，误以为是小亮新买的，便问小亮是否愿意以 200 元的价格出售。小亮欣然同意，立即将篮球交给了小凯。后来，小明得知自己的篮球被小亮卖给小凯，便要求小凯返还自己的篮球。①

本案例涉及的主要问题：小明将篮球交给小亮保管后，小亮便是篮球的合法占有人，那么小凯在不知情的情况下购买了属于小明的篮球，小明是否可以向小凯要回自己的篮球？如果不可以，小明可以通过什么方式来维护自己的合法权益？

根据《民法典》第三百一十一条的规定，小凯的行为符合善意取得的三项构成要件，小凯取得了篮球的所有权。其一，小凯在购买该篮球时，

① 本案例由编者编写。

并不知道篮球属于小明。并且，购买行为发生在小亮的家中，小亮也未直接向小凯表示过该篮球不属于自己。小凯在对篮球的所有权人的认定上并不存在重大过失。因此可以认为小凯在受让该篮球时是善意的，这符合善意取得的第一个构成要件。其二，小凯以 200 元的价格购买篮球，而该篮球的市场价格也为 200 元。因此，可以认为小亮是以合理的价格转让了该篮球，符合善意取得的第二个构成要件。其三，篮球属于动产，其转让不需要登记，只需交付即可。因此，在小凯通过交付的方式直接拿到该篮球时，就满足了善意取得的第三个构成要件。因此，小凯的行为符合善意取得。根据《民法典》第三百一十一条第一款的规定，小凯已经取得该篮球的所有权，小明不能向小凯追回原属于自己的篮球。但是根据《民法典》第三百一十一条第二款的规定，小明可以向无权处分人小亮请求损害赔偿，以维护自己的合法权益。

法条解析

上述案例主要涉及《民法典》的以下法条：

第三百一十一条 无处分权人将不动产或者动产转让给受让人的，所有权人有权追回；除法律另有规定外，符合下列情形的，受让人取得该不动产或者动产的所有权：

（一）受让人受让该不动产或者动产时是善意的；

（二）以合理的价格转让；

（三）转让的不动产或者动产依照法律规定应当登记的已经登记，不需要登记的已经交付给受让人。

受让人依据前款规定取得不动产或者动产的所有权的，原所有权人有权向无处分权人请求损害赔偿。

当事人善意取得其他物权的，参照适用前两款规定。

本条第一款的含义为，无权处分中的受让人可以通过善意取得制度，取得不动产或者动产的所有权。善意取得需要满足以下三个构成要件：（1）受让人受让该不动产或者动产时是善意的。善意取得的标的物，可以是动产，也可以是不动产。受让人受让不动产或者动产时，不知道转让人无处分权，且无重大过失时，应当认定受让人为善意。受让人受让动产时，交易的对象、场所或者时机等不符合交易习惯的，应当认定受让人具有重大过失。（2）以合理的价格转让。这里的价格应当根据转让标的物的性质、数量以及付款方式等具体情况，参考转让时交易地市场价格以及交易习惯等因素综合认定。（3）转让的不动产或者动产依照法律规定应当登记的已经登记，不需要登记的已经交付给受让人。

本条第二款的含义为，一旦符合善意取得的构成要件，受让人便可以取得动产或者不动产的所有权。而动产或者不动产的原所有权人在受让人善意取得动产或不动产的所有权之后，可以向无处分权人请求损害赔偿。

本条第三款的含义为，善意取得制度不仅适用于所有权，当事人善意取得其他物权，例如抵押权、动产质权、留置权等，也可以参照适用。

知识扩展

小凯要取得篮球的所有权必须满足善意取得的构成要件，但如果小凯事先知道篮球属于小明或者小亮直接将篮球赠送给小凯，都会引起不同的法律后果。

（1）如果小凯事先知道这是小明的篮球，仍然以200元的价格向小亮购买并拿到该篮球，小明还可以向小凯追回篮球吗?

根据《民法典》第三百一十一条的规定，若小凯事先知道该篮球不属于小亮而属于小明，其仍向小亮提出购买请求，就不能认为小凯在受让篮球时是善意的。因此，小凯无法取得篮球的所有权，小明可以向小凯追回篮球。

（2）如果小亮直接将篮球赠送给小凯，小明还可以向小凯追回篮球吗?

根据《民法典》第三百一十一条的规定，若小亮直接将篮球赠与小凯，小凯并未支付合理的价格，也不符合善意取得的构成要件。小明可以向小凯追回篮球。

23 小明捡到一块手表，他在向失主归还时，可以索取报酬吗？

——拾得遗失物

案例分析

小明在小区里玩耍时，捡到一块手表。在原地等待了一个小时后，仍然无人认领，他便将手表带回了家。第二天，小明在小区的告示栏上发现了小亮张贴的寻表启事。小亮承诺，若有人拾得该手表并归还，他愿支付 200 元表示感谢。小明便按照上面的联系方式找到了小亮，并要求小亮按照寻物启事上的承诺支付 200 元的报酬。[①]

本案例涉及的主要问题：小亮是手表的所有权人，小明在捡到小亮遗失的手表后，他是否可以直接取得手表的所有权？如果小明将手表返还给小亮，他能否按照小亮在寻物启事上的承诺请求获得相应的报酬？

根据《民法典》第三百一十四条的规定，小明在拾得手表后，应将手表交还给小亮。但在生活中，拾得人在拾得遗失物后很难及时联系到失主。因此，该条还规定拾得人也可以选择将遗失物送交公安等有关部门。同时，拾金不昧作为一项优良传统，一直在社会中被广泛提倡并发扬。但是，拾

① 本案例由编者编写。

金不昧并不意味着拾得人不应该取得任何形式的报酬。如果权利人通过寻物启事等自愿承诺给予拾得人一定的报酬，那么，权利人在拿回遗失物时，就应按照寻物启事中的承诺，给予拾得人报酬。《民法典》第三百一十七条第二款也对此进行了明确规定，即“权利人悬赏寻找遗失物的，领取遗失物时应当按照承诺履行义务”。在本案例中，小亮在张贴的寻物启事中已经承诺了对拾得人给予一定的报酬。因此，小明可以向小亮索取200元报酬。

法条解析

上述案例主要涉及《民法典》的以下法条：

第三百一十四条 拾得遗失物，应当返还权利人。拾得人应当及时通知权利人领取，或者送交公安等有关部门。

本条含义为，拾得遗失物是一种发现并占有遗失物的行为，但遗失物的所有权仍归属于原所有权人，拾得人应履行如下法定义务：（1）返还义务。权利人认领遗失物时，拾得人应将遗失物返还给权利人，不能据为己有。拾得人将遗失物据为己有的，按照不当得利或侵权处理。（2）通知义务。遗失物的拾得人应当及时通知权利人领取。（3）送交义务。在遗失物的权利人不明的情形下，拾得人应将遗失物送交公安等有关部门。

第三百一十七条 权利人领取遗失物时，应当向拾得人或者有关部门支付保管遗失物等支出的必要费用。

权利人悬赏寻找遗失物的，领取遗失物时应当按照承诺履行义务。

拾得人侵占遗失物的，无权请求保管遗失物等支出的费用，也无权请求权利人按照承诺履行义务。

本条第一款的含义为，拾得人或者有关部门支出了必要费用时，有权请求遗失物的权利人偿还。这里的必要费用，主要包括保管遗失物的费用、公告费以及其他必要费用。

本条第二款的含义为，如果权利人通过悬赏寻找遗失物，拾得人有权要求其按照承诺履行义务。拾金不昧是我国的优良传统。如果法律规定拾得人一律享有报酬请求权，便与这一传统相违背，不利于弘扬传统美德。同时，这也会使一些贪图私利的人在拾得遗失物后，向权利人索要高额的报酬。因此，本条并没有规定遗失物的拾得人有报酬请求权。但是权利人通过悬赏寻找遗失物的，其在领取遗失物时应当按照承诺履行义务。

本条第三款的含义为，在拾得人拾得遗失物后据为己有、拒不返还时，拾得人便丧失了请求保管遗失物等支出的费用和请求权利人按照承诺履行义务的权利。若拾得人侵占遗失物后仍享有本条前两款所规定的权利，不仅不符合公平原则，而且纵容了拾得人在拾得遗失物后拒绝返还的不当行为。

知识扩展

如果小明拾得手表后既没有将手表返还给小亮，也没有将其交给公安等有关部门，那么他的行为就构成了对小亮所有权的侵犯。小亮发现小明隐匿手表的事实后，可以请求小明返还。此时，小明就丧失了请求保管遗失物等支出的费用和请求小亮按照承诺履行义务的权利。

在生活中，人们容易将遗忘物和遗失物混淆。如果物主是无意识遗失了动产并且难以准确回忆起遗失发生的具体时间和地点，则该物为遗失物。而如果物主有意识将动产放置某地，因疏忽忘记拿走而暂时失去控制，则该物为遗忘物。在这两种情形下，拾得人对所拾得之物据为己有的主观恶性不同。其中，侵占遗忘物的主观恶性较大，需要由《刑法》加以调整。

《刑法》第二百七十条规定："将代为保管的他人财物非法占为己有，数额较大，拒不退还的，处二年以下有期徒刑、拘役或者罚金；数额巨大或者有其他严重情节的，处二年以上五年以下有期徒刑，并处罚金。将他人的遗忘物或者埋藏物非法占为己有，数额较大，拒不交出的，依照前款的规定处罚。本条罪，告诉的才处理。”由本条可知，如果遗忘物的价值数额较大，且拾得人拒不交出或退还的，拾得人可能构成侵占罪，并承担相应的刑事责任。

24 小明拾到小亮的钢笔后，故意将其丢弃，是否应承担赔偿责任？

——遗失物灭失的责任承担

案例分析

小亮的爸爸在小亮生日时，送给他一支新钢笔。某日，小亮在放学回家的路上不慎将钢笔丢失。小亮发现钢笔丢失后沿路寻找了很久，但没有找到。小明在回家的路上正巧捡到了小亮丢失的钢笔。这几天他正和小亮闹矛盾，所以小明一怒之下直接将钢笔丢进了路边的垃圾桶里。后来小亮从同学口中得知钢笔被小明拾得并丢弃，便要求小明赔偿自己一支新钢笔。①

本案例涉及的主要问题：小明在拾得小亮遗失的钢笔后，负有返还钢笔的义务吗？如果小明没有返还钢笔，而是故意将钢笔丢弃，小亮能否要求小明承担赔偿责任？

根据《民法典》第三百一十六条的规定，小明在拾得小亮的钢笔后，在将钢笔返还给小亮或者送交有关部门之前，负有妥善保管的义务。如果小明故意将钢笔丢弃，则小明承担相应的赔偿责任。为什么小明没有将钢笔据为己有，依然要承担相应的赔偿责任呢？这是因为小明拾得钢笔后又

① 本案例由编者编写。

丢弃的行为，可能导致钢笔被丢弃到其他的位置。本来小亮很可能会在原来的位置找到钢笔，但如果钢笔的位置发生变化，他就很难找回自己的钢笔。

但是，并不是在所有情况下，小明都要为自己的丢弃行为承担责任。法律规定只有在小明“因故意或者重大过失致使遗失物毁损、灭失的”，小明才需要承担相应的民事责任。这是因为小明作为钢笔的拾得人，并不负有十分小心、谨慎保管钢笔的义务。如果对所有拾得人都苛以严格的义务，可能导致更多的拾得人选择隐匿拾得的遗失物，而不是将其交还给失主。这显然不利于弘扬拾金不昧的优良传统。因此《民法典》第三百一十六条规定，只有在拾得人出于故意或者重大过失的情况下，才需要承担民事责任。如果拾得人只是出于一般过失而致使遗失物毁损、灭失的，是无需承担民事责任的。本案例中，小明明知捡拾到的钢笔是小亮的，还故意将其丢弃，导致小亮无法找到钢笔，应当承担民事责任。

法条解析

上述案例主要涉及《民法典》的以下法条：

第三百一十六条 拾得人在遗失物送交有关部门前，有关部门在遗失物被领取前，应当妥善保管遗失物。因故意或者重大过失致使遗失物毁损、灭失的，应当承担民事责任。

本条含义为，拾得人拾得遗失物后，负有妥善保管遗失物的义务。公安等有关部门在遗失物被领取前，也负有妥善保管遗失物的义务。对于易腐烂变质或保管需要费用过大的遗失物，公安机关可以拍卖、变卖，保管所得的价款。但拾得人或有关部门因故意或重大过失造成遗失物毁损、灭失的，应向遗失物的权利人承担民事责任。

知识扩展

拾得遗失物的民事主体，即使在没有人认领遗失物的情况下，也不能成为遗失物新的所有权人。

《民法典》第三百一十八条规定："遗失物自发布招领公告之日起一年内无人认领的，归国家所有。"公安等有关部门在收到遗失物后，应发布招领遗失物的公告。自发布招领公告之日起一年内无人认领的，遗失物的所有权应归属于国家。该规定有利于尽快确定遗失物的所有权归属，充分发挥物的价值和效用。因此，从该条可知，无主的遗失物最终应由国家取得所有权，而非拾得人。并且，该条也没有规定遗失物归国家所有后，拾得人享有报酬请求权。

但是，实践中有另一种情形，即以垃圾为代表的抛弃物的所有权取得问题。虽然立法没有明文规定拾得人可以通过先占取得此类抛弃物的所有权，但是拾得人取得该类物品的所有权已经作为一种习惯被大众广泛承认。

25 小明无意间发现他人埋藏的古董，他可以据为己有吗？

——发现埋藏物

案例分析

小明在自家田地里挖红薯时，无意间发现一个装有一枚玉佩的瓦罐。除玉佩之外，瓦罐里没有任何能证明该玉佩所有权人的物件。于是，小明将瓦罐和玉佩带回家。小明的父母查看后表示，不曾听老人提起过家中有这个玉佩。由于无法确定玉佩的所有权人，小明认为是自己最先发现玉佩，想将其据为己有。[①]

本案例涉及的主要问题：小明能不能直接取得该枚玉佩的所有权？

根据《民法典》第三百一十九条的规定，发现埋藏物，要参照适用拾得遗失物的规定。因此，小明不能取得该玉佩的所有权。由于无法确定玉佩的所有权人，小明应当将该玉佩送交公安，由公安发布招领公告。若一年内无人认领，则该玉佩归国家所有。以上是关于发现埋藏物的一般规定。但是，若该玉佩属于文物，就不能依照上述一般规定处理。

《文物保护法》第三十二条规定："在进行建设工程或者在农业生产

① 本案例由编者编写。

中，任何单位或者个人发现文物，应当保护现场，立即报告当地文物行政部门，文物行政部门接到报告后，如无特殊情况，应当在二十四小时内赶赴现场，并在七日内提出处理意见。文物行政部门可以报请当地人民政府通知公安机关协助保护现场；发现重要文物的，应当立即上报国务院文物行政部门，国务院文物行政部门应当在接到报告后十五日内提出处理意见。依照前款规定发现的文物属于国家所有，任何单位或者个人不得哄抢、私分、藏匿。”因此，如果小明发现的玉佩属于文物，则其应当报告当地文物行政部门，由文物行政部门进行妥善处理。

法条解析

上述案例主要涉及《民法典》的以下法条：

第三百一十九条 拾得漂流物、发现埋藏物或者隐藏物的，参照适用拾得遗失物的有关规定。法律另有规定的，依照其规定。

本条含义为，关于拾得漂流物、发现埋藏物或者隐藏物的处理方式，应当参照适用拾得遗失物的规定。

（1）关于拾得漂流物。漂流物是漂流于江、河、湖、海、溪、沟上的物品，也包括随山洪等水流运动而漂流发生位移的物。漂流物的拾得人应当将漂流物归还给权利人。同时，漂流物的拾得人支出的必要费用应由漂流物的权利人偿还。

（2）关于发现埋藏物。埋藏物是埋藏于土地之中，其所有权归属不明的动产。埋藏物应符合以下要件：①埋藏物须为动产。只有动产才可能埋藏于他物之中。②须为埋藏的物。埋藏是指包藏于他物之中，不易由外部目睹或窥见的状态。他物又称为包藏物，一般是土地。至于埋藏的原因，则在所不问。③须为所有权归属不明的物。所有权归属不明是指发现人在发现埋藏物之后，无法通过其他途径知悉该埋藏物的所有权人，该埋藏物的所有权归属处于不明晰的状态。埋藏物所有权不明的，参照适用拾得遗失物的规定，在不能确定权利人时应送交公安等有关部门，并由其发布招领公告，自发布招领公告一年内无人认领的，埋藏物的所有权归属于国家。

关于发现隐藏物。隐藏物是隐藏于他物之中的物。如隐藏于墙壁之中的物品。发现隐藏物的，同样适用拾得遗失物的相关规定。

知识扩展

生活中还存在很多发现埋藏物的情形：

（1）如果小明发现瓦罐里不仅有一枚玉佩，还有一块注明了玉佩所有人的棉布。经查证，这块玉佩是同村小亮的曾祖父埋藏之物。那么，小明还需要将玉佩上交给国家吗？

由于发现埋藏物是参照拾得遗失物的规定，《民法典》第三百一十四条规定："拾得遗失物，应当返还权利人。拾得人应当及时通知权利人领取，或者送交公安等有关部门。"如果可以证明该玉佩的原所有权人确为小亮的曾祖父，则该玉佩应当由小亮取得所有权，不需上交给国家。

（2）如果小明在发现玉佩后就将其转卖给小凯。之后经证明，小亮才是玉佩的所有权人。那么小亮是否可以向小凯要回该玉佩？如果不能，他是否可以向小明主张相应的损害赔偿？

《民法典》第三百一十二条规定："所有权人或者其他权利人有权追回遗失物。该遗失物通过转让被他人占有的，权利人有权向无处分权人请求损害赔偿，或者自知道或者应当知道受让人之日起二年内向受让人请求返还原物；但是，受让人通过拍卖或者向具有经营资格的经营者购得该遗失物的，权利人请求返还原物时应当支付受让人所付的费用。权利人向受让人支付所付费用后，有权向无处分权人追偿。"由此可知，小亮既可以向小明请求损害赔偿，也可以自知道或应当知道小凯之日起二年内向小凯请求返还玉佩。

26 小明上学的必经之路被邻居阻断，小明可以要求通过吗？

——相邻关系

案例分析

为上学方便，小明每天都需要经过邻居小亮家承包地上的小路。某天，小明在放学回家时，发现小亮用障碍物将小路阻断。于是，小明找到小亮理论。但小亮认为这是自己家承包的土地，自己有权利决定是否开放小路以供大家通行。而小明并不认可小亮的说法。他坚持要求小亮清除障碍物，重新开放道路。[①]

本案例涉及的主要问题：小亮将小路阻断后，小明是否有权要求小亮将道路重新开放？小亮作为承包地的权利人，是否负有为他人提供通行便利的义务？

本案例中，小明与小亮之间存在相邻关系。小明上下学必须经过该条小路。根据《民法典》第二百九十一条的规定，小亮在相邻权利人小明因通行必须利用其承包地上的小路时，应当提供必要的便利。如果一方必须在相邻一方使用的土地上通行的，应当予以准许；因此造成损失的，应当给予适当补偿。所以，小亮应当准许小明在自家承包的土地上通行。但是，

① 本案例由编者编写。

若因保障小明的通行而给小亮的田地耕作造成不利影响，小亮可以请求小明给予适当的补偿。对于一方所有的或者使用的建筑物范围内历史形成的必经通道，所有权人或者使用权人不得堵塞。因堵塞影响他人生产、生活的，他人要求排除妨碍或者恢复原状的，应当予以支持。但有条件另开通道的，可以另开通道。

法条解析

上述案例主要涉及《民法典》的以下法条：

第二百九十一条 不动产权利人对相邻权利人因通行等必须利用其土地的，应当提供必要的便利。

本条含义为，一般而言，不动产权利人有权禁止他人利用其土地通行，但相邻权利人因通行等需要必须利用其土地的，不动产权利人应当提供必要的便利，不得阻挠。相邻关系中通行权的成立，应具备以下要件：

（1）土地与公共道路没有适宜的联络。在土地与公路之间不能直达，或者虽有他路可通至公路，但所需费用过大甚至具有危险时，均构成“没有适宜的联络”。如本案例中，若不通过此路上学则需要绕较远的路时，就符合土地与公共道路之间没有适宜的联络。

（2）相邻权利人有使用邻地通行的必要。判断是否有使用邻地通行的必要，除了应考虑土地的位置、面积、形状、地势等因素之外，还应考虑土地的用途。对土地用途的考虑，应以合法的利用为限。若将土地作违法使用，则不得主张必要通行权。以上学为由使用邻地进行通行的情形即属于对土地的合法利用。

（3）相邻权利人必须使用邻地通行并非其故意为之。如果相邻权利人故意毁坏土地与公路之间的桥梁、道路等，致使其无适当通路的，不得主张相邻必要通行权。

本条除了规定相邻关系中的通行权之外，还要求不动产权利人对相邻权利人因其他原因必须利用其土地的，应当提供必要的便利。例如，物品失落于他人使用的土地时，应允许进入他人的土地取回。

知识扩展

相邻的不动产权利人在处理相邻关系时，主要涉及两方面内容：（1）不动产权利人应当为相邻权利人提供必要的便利；（2）不动产权利人不得损害相邻不动产权利人的合法权益。

除了《民法典》第二百九十一条规定的不动产权利人应当为相邻权利人因通行等必须利用土地而提供必要的便利，《民法典》第二百九十条以及第二百九十二条还规定了其他不动产权利人应为相邻权利人提供的便利。《民法典》第二百九十条规定："不动产权利人应当为相邻权利人用水、排水提供必要的便利。对自然流水的利用，应当在不动产的相邻权利人之间合理分配。对自然流水的排放，应当尊重自然流向。"《民法典》第二百九十二条规定："不动产权利人因建造、修缮建筑物以及铺设电线、电缆、水管、暖气和燃气管线等必须利用相邻土地、建筑物的，该土地、建筑物的权利人应当提供必要的便利。"

在不动产权利人不得损害相邻不动产权利人的合法权益方面，根据《民法典》第二百九十三条的规定，建造建筑物不得妨碍相邻建筑物的通风、采光和日照。根据《民法典》第二百九十四条的规定，不动产权利人不得违反国家有关规定排放大气污染物、水污染物、土壤污染物、噪声、光辐射、电磁辐射等有害物质。根据《民法典》第二百九十五条的规定，不动产权利人在挖掘土地、建造建筑物、铺设管线以及安装设备等时，不得危及相邻不动产的安全。根据《民法典》第二百九十六条的规定，不动产权利人在因用水、排水、通行、铺设管线等利用相邻不动产时，应当尽量避免对相邻的不动产权利人造成损害。

第三编　合同

“合同”是《民法典》的第三编。该编包括合同的通则、典型合同、准合同这三个内容。本编通过对与青少年日常经济生活紧密相关的合同制度进行讲解，帮助青少年更好地认识自身在合同关系中享有的权利及应履行的义务。例如，在发现买到的商品有瑕疵时应如何主张自己的权利，答应赠与他人物品后能否反悔，违反合同义务未及时支付分期价款时应如何承担责任等。合同是平等主体之间达成合意所签订的协议，而青少年往往因缺乏法律知识，在其权益受到损害时不能及时保护自己的权利。本编的讲解，将进一步促进青少年法律意识的提高，使其学会如何妥善处理合同中的权利义务关系。

27 校外培训班与小明签订的格式合同中规定，学生在学习期间受到任何人身损害，均自行承担责任。这样的条款有效吗？

——格式合同的效力

案例分析

暑假将至，小明的父母给他报了一个校外数学培训班。某天，小明在培训班学习时，由于地面湿滑，不小心摔倒。小明在医院治疗过程中花了医药费 2000 元。小明康复后要求培训班承担损害赔偿责任时，培训班拿出小明报名时签订的格式合同，指出合同中已经明确规定，学生在学习期间受到任何人身损害，都应自行承担责任。因此，培训班拒绝承担责任。小明不认可该条款的效力，并将该纠纷诉至法院。[①]

本案例涉及的主要问题：小明在参与校外培训班时已经与培训班签订了格式合同，并且该合同明确规定培训班不为学生受到的人身损害承担责任。那么，这样的格式条款是否有效？小明是否可以请求培训班承担损害赔偿责任？

根据《民法典》第四百九十六条的规定，格式条款是当事人为了重复

① 本案例由编者编写。

使用而预先拟定，并在订立合同时未与对方协商的条款。如果采用格式条款订立合同的，提供格式条款的一方应当遵循公平原则来确定当事人之间的权利和义务。在本案例中，小明与培训班订立的合同是由培训班事先拟定的格式合同。作为提供格式条款一方的培训班应当遵循公平原则来确定当事人之间的权利和义务。根据《民法典》第四百九十七条第一项以及第五百零六条的规定，当格式合同中规定了造成对方人身损害以及因故意或者重大过失造成对方财产损失的免责条款时，该格式条款无效。由此可知，在培训班提供的格式合同中，有关学生在学习期间受到任何人身损害时都应自行承担责任的免责条款属于无效的格式条款。培训班应当对小明受到的损害承担责任。

法条解析

上述案例主要涉及《民法典》的以下法条：

第四百九十七条 有下列情形之一的，该格式条款无效：

（一）具有本法第一编第六章第三节和本法第五百零六条规定的无效情形；

（二）提供格式条款一方不合理地免除或者减轻其责任、加重对方责任、限制对方主要权利；

（三）提供格式条款一方排除对方主要权利。

本条含义为，为了提高交易效率，双方当事人可以在合同中使用一方预先拟定的格式条款，但是如果出现以下三种情形之一的，该格式条款无效：

（1）属于民事法律行为无效或者属于免责条款无效情形的。例如，合同中约定一方当事人对另一方造成人身损害免除责任的格式条款，根据《民法典》第五百零六条的规定，该格式条款无效。

（2）如果提供格式条款的一方不合理地免除或者减轻自己的责任、加重相对方的责任、限制相对方主要权利的，则该条款也属于无效条款。并且，即使另一方当事人同意，该格式条款也无效。

（3）提供格式条款的一方直接排除对方主要权利的。在合同中排除对方的主要权利，将使相对方处于明显不利的地位，违反了诚实信用原则。因此，该类格式条款同样无效。

第五百零六条 合同中的下列免责条款无效：

（一）造成对方人身损害的；

（二）因故意或者重大过失造成对方财产损失的。

本条含义为，合同中双方当事人约定免除人身损害的赔偿责任或者因故意、重大过失造成财产损害的赔偿责任的免责条款无效。

一方面，如果当事人可以随意通过免责条款免除对他人的人身损害赔偿责任，则可能会导致合同当事人不对他人的人身安全尽到合理的保障义务。同时，在损害发生之后，受损害的一方也无法通过合同要求他人承担相应的损害赔偿责任。这显然不利于对合同双方当事人的利益保护。

另一方面，对于因故意或者重大过失造成对方财产损失的，如果约定了相应的免责条款，就严重违反了《民法典》第七条规定的诚实信用原则。一方可能利用在合同中的优势地位肆意追求合同利益，从而给对方当事人造成较大的经济损失。因此，该类免责条款同样无效。但是，在合同中约定免除一方当事人因一般过失给对方财产造成损失的赔偿责任的，该免责条款则有效。

知识扩展

格式合同指全部由格式条款组成的合同。若合同中只有部分条款是以格式条款的形式而存在，则为含有格式条款的普通合同。格式合同多见于我们日常的生活消费活动中。

为了追求交易效率，经营者大多采用格式合同与不同消费者进行交易。但是为保护消费者的利益，根据《消费者权益保护法》第二十六条的规定，经营者在使用格式条款时必须以显著方式提请消费者注意商品或者服务的数量和质量、价款等与消费者有重大利害关系的内容，并按照消费者的要求予以说明。同时法律也禁止经营者使用对消费者“不公平、不合理”的格式条款。

28 小明在签收前发现网购的商品有毁损，应当由谁承担损失？

——电子合同的交付时间

案例分析

十五岁的小明通过某网络销售平台向某家具公司购买了一张书桌，价格400元。小明在签收之时，发现货物有破损，便拒绝签收。随后，小明在该网络销售平台上申请退货退款，并将退款原因填写为货物破损。但该家具公司拒绝了小明的退款申请。多次协商未果后，小明将该纠纷诉至法院。

法院审理后认为，根据《民法典》第六百零四条的规定，标的物毁损、灭失的风险，在标的物交付之前由出卖人承担，交付之后由买受人承担。对于网络购物，根据《民法典》第五百一十二条的规定，收货人的签收时间为交付时间。本案中，由于小明没有签收货物，书桌的交付并未完成，书桌毁损的风险应由家具公司承担。所以，家具公司应当为小明办理退货手续并退款。[①]

① 本案例改编自"钱朝荣与佛山市顺德区奥托富兰克家具有限公司网络购物合同纠纷案"［广东省佛山市顺德区人民法院（2016）粤0606民初15111号民事判决书］。

本案例主要涉及标的物毁损灭失的风险承担。根据《民法典》第六百零四条的规定，因不可归责于双方当事人的事由致使标的物毁损、灭失的，判断该损失由谁承担，应以该标的物是否完成了“交付”为准。“交付”是指出卖人将标的物的占有转移给买受人，使标的物处于买受人的实际控制下。如果出卖人完成了标的物的交付，则损失由买受人承担；如果未完成标的物的交付，则损失由出卖人自己承担。对于网络购物，根据《民法典》第五百一十二条的规定，在网络购物中，通过快递物流方式交付的，收货人的签收时间即为交付时间。本案例中，小明未签收货物，那么家具公司就未完成标的物的交付，标的物在签收前发生的破损应由家具公司承担。

法条解析

上述案例主要涉及《民法典》的以下法条：

第六百零四条　标的物毁损、灭失的风险，在标的物交付之前由出卖人承担，交付之后由买受人承担，但是法律另有规定或者当事人另有约定的除外。

本条含义为，在买卖合同中，标的物毁损、灭失的风险承担应以标的物是否完成交付为依据。如果出卖人已将标的物交付给买受人，则该损失由买受人承担；如果出卖人未将标的物交付给买受人，则该损失由出卖人承担。但法律对风险承担另有规定的，依照其规定。例如，根据《民法典》第六百零六条的规定，出卖人出卖运输途中的货物的，该货物毁损、灭失的风险一般自合同成立时起由买受人承担。如果当事人对标的物毁损、灭失的风险另有约定的，则依照该约定。比如，小明与小亮在签订的买卖合同中约定本次货物毁损的风险在小明交付小亮之前由小明和小亮共同承担，则从其约定。

第五百一十二条第一款 通过互联网等信息网络订立的电子合同的标的为交付商品并采用快递物流方式交付的，收货人的签收时间为交付时间。电子合同的标的为提供服务的，生成的电子凭证或实物凭证中载明的时间为提供服务时间；前述凭证没有载明时间或者载明时间与实际提供服务时间不一致的，以实际提供服务的时间为准。

本条第一款含义为，在电子合同中，商品采用快递物流方式交付的，收货人的签收时间为完成交付时间。此处的商品是采用快递物流方式运输的商品。因此，此处所指的商品只限于有形动产，不包括数字音乐、电子书等无形产品。签收时间是指收货人当面查验快递物流交付的商品后的签收时间。如果快递物流企业使用智能快件箱或驿站等形式进行货物投递，则应以收货人实际收到商品的时间为准。对于提供服务的电子合同，则以电子凭证或实物凭证中载明的时间为提供服务时间。若凭证没有载明时间或者载明的时间与实际提供服务时间不一致，则以实际提供服务的时间为准。例如，通过互联网租车时，电子平台会生成电子凭证，若电子凭证与实际租车时间不一致，则应以实际租车时间为准。

知识扩展

随着网络信息技术的发展，网络购物在我们的生活中越来越普遍。在通过网络购买的货物发生毁损、灭失时，我们可以拒绝签收，且不承担货物毁损、灭失的责任。另外，即便我们签收了货物，法律也给予我们“七天无理由退货”的保护。

《消费者权益保护法》第二十五条规定：“经营者采用网络、电视、电话、邮购等方式销售商品，消费者有权自收到商品之日起七日内退货，且无需说明理由，但下列商品除外：（一）消费者定做的；（二）鲜活易腐的；（三）在线下载或者消费者拆封的音像制品、计算机软件等数字化商品；

（四）交付的报纸、期刊。除前款所列商品外，其他根据商品性质并经消费者在购买时确认不宜退货的商品，不适用无理由退货。消费者退货的商品应当完好。经营者应当自收到退回商品之日起七日内返还消费者支付的商品价款。退回商品的运费由消费者承担；经营者和消费者另有约定的，按照约定。”根据该条的规定，通过网络、电视、电话、邮购等方式购物的，除特殊商品外，消费者可以在收到商品之日起七日内无条件退货。

29 小明购买商品后，发现商品质量与宣传不符，能否要求卖家承担责任？

——买卖合同的履行

案例分析

父亲节将至，小明到一家茶叶店准备选购一款茶叶作为节日礼物送给爸爸。小明进入该店时，发现墙上贴着一条宣传标语："本店商品均为正品，假一罚万。"在店员的推荐下，小明选购了一款茶叶，并在父亲节当天送给了爸爸。但小明的爸爸却发现茶叶的色泽、口感与以前喝的同款茶叶差别很大，怀疑该款茶叶为假冒产品。小明遂到茶叶店要求商家退款并承担赔偿责任，但茶叶店拒绝了小明的要求。于是，小明将该纠纷诉至法院。

法院审理后认为，小明因购买茶叶，与茶叶店成立了买卖合同。因双方未订立书面合同对茶叶的质量进行明确约定，则涉案的茶叶质量标准应按照国家标准、行业标准执行。一旦涉案茶叶质量不符合国家标准、行业标准，即可认定小明所购茶叶不符合质量标准。法院将涉案茶叶的质量委托某科学服务中心鉴定后，发现涉案茶叶的感官品质低于包装上标注的等级。因此，法院认定涉案茶叶质量不合格。所以，茶叶店构成根本违约，小明有权解除合同。同时，茶叶店宣传语"假一罚万"

应解释为，如果茶叶店所售产品是假冒产品，则应按所售商品价款的一万倍进行赔偿。但“一万倍”的赔偿过高，法院认为应当适当调整。最终，法院判决茶叶店退还小明的货款并赔偿货款十倍的违约金。[①]

本案例中，茶叶店贴出的宣传语“本店商品均为正品，假一罚万”，是对每位到店顾客的承诺，具有法律上的效力。小明与茶叶店之间成立了买卖合同，茶叶店就应当本着诚实信用的原则，为小明提供质量合格的茶叶。但茶叶店违背承诺，提供了质量不合格的茶叶，构成了根本违约。根据《民法典》第五百八十五、六百一十五条以及六百一十六条的规定，小明有权请求解除合同并要求对方赔偿。

法条解析

上述案例主要涉及《民法典》的以下法条：

第五百八十五条第二款 约定的违约金低于造成的损失的，人民法院或者仲裁机构可以根据当事人的请求予以增加；约定的违约金过分高于造成的损失的，人民法院或者仲裁机构可以根据当事人的请求予以适当减少。

本条第二款的含义为，当事人可以在合同中约定一方违约时应向对方支付违约金。如果约定的违约金低于造成的损失或者过分高于造成的损失，当事人可以请求人民法院或者仲裁机构予以调整。本案中，茶叶店的宣传语“假一罚万”就是茶叶店与小明约定的违约金，但是该违约金过分高于茶叶店给小明造成的损失。所以，法院在进行适当调整后，判决茶叶店赔

① 本案例改编自“周兵、厦门佰翔手礼电子商务有限公司网络购物合同纠纷案”［江苏省高级人民法院（2018）苏民终54号民事判决书］。

偿小明十倍茶叶价款的违约金。

第六百一十五条 出卖人应当按照约定的质量要求交付标的物。出卖人提供有关标的物质量说明的，交付的标的物应当符合该说明的质量要求。

本条含义为，在买卖合同中，出卖人应当按照合同约定的质量或其提供的有关标的物的质量说明交付标的物。出卖人与买受人对标的物的质量有明确约定的，出卖人应当按照约定向买受人交付标的物。如果出卖人提供了有关标的物的质量的说明，出卖人应交付符合该质量说明的标的物。

第六百一十六条 当事人对标的物的质量要求没有约定或者约定不明确，依据本法第五百一十条的规定仍不能确定的，适用本法第五百一十一条第一项的规定。

本条含义为，当事人对标的物的质量要求没有约定或者约定不明确的，首先应依据《民法典》第五百一十条的规定确定，即“合同生效后，当事人就质量、价款或者报酬、履行地点等内容没有约定或者约定不明确的，可以协议补充；不能达成补充协议的，按照合同相关条款或者交易习惯确定”。其次，根据《民法典》第五百一十条的规定确定不了的，适用《民法典》第五百一十一条第一项的规定，即“质量要求不明确的，按照强制性国家标准履行；没有强制性国家标准的，按照推荐性国家标准履行；没有推荐性国家标准的，按照行业标准履行；没有国家标准、行业标准的，按照通常标准或者符合合同目的的特定标准履行”。

知识扩展

本案例中，茶叶店向小明出售不符合质量标准的茶叶，应当承担违约责任。如果小明饮用茶叶后出现了腹泻，导致其住院治疗。此时，茶叶店应当承担什么责任?

茶叶店出售的茶叶因质量问题导致小明腹泻，侵犯了小明的人身健康权，应当承担侵权责任。同时，茶叶店违反了合同的约定，也应当承担违约责任。《民法典》第一百八十六条规定：“因当事人一方的违约行为，损害对方人身权益、财产权益的，受损害方有权选择请求其承担违约责任或者侵权责任。”根据该规定，在违约责任和侵权责任竞合时，小明可以要求茶叶店承担违约责任或者侵权责任，但不能要求茶叶店同时承担上述两种责任。

30 小明因卖家疏忽多收到一份商品，卖家发现后能否要求其多支付价款？

——出卖人多交付标的物的处理办法

案例分析

小明在网上的一家书店购买了一本《百科全书》。收到包裹后，小明发现包裹里有两本《百科全书》。但小明未将多收到的图书退回给书店，也未将该情况告知书店。一个月后，书店在清点售卖的图书时，发现给小明多寄了一本《百科全书》。于是，书店联系小明，要求其支付另外一本《百科全书》的价款，但小明表示只愿退货而不愿多支付价款。书店遂将该纠纷诉至法院。

法院审理后认为，小明与书店达成买卖合同系双方当事人的真实意思表示，为有效合同。根据《民法典》第六百二十九条的规定，小明若拒绝接收多交的货物，应当将退货数量及时通知书店。但小明收到书店多寄的《百科全书》后，一直未通知书店。这应视为小明已接受多寄的图书。因此，小明应当遵循诚实信用原则，履行向书店支付另一本图书价款的义务。法院对于小明要求退货的抗辩主张不予支持。[①]

① 本案例改编自“湖北爱茵木塑制品有限责任公司与恩施欧亚丽州装饰工程有限公司买卖合同纠纷案”［湖北省恩施土家族苗族自治州中级人民法院（2016）鄂28民终135号民事判决书］。

本案例中，书店与小明达成买卖合同后，本应本着诚实信用的原则，按照约定的数量给小明发送货物，但却多发送了一本。基于合同自由原则，合同内容需要双方当事人共同确定。书店多发送货物并未取得小明的同意，小明可以拒绝接收。若小明拒绝接收货物，对于因多发货物产生的运输费或其他损失，小明不承担责任。小明也可以拒绝接收多发送的货物，但是拒绝接收不等于对多发送的货物放任不管，甚至占为己有。根据《民法典》第六百二十九条的规定，小明负有及时通知的义务。如果小明未将多发送货物的情况及时通知书店，则视为小明接收多发送的货物，并应向书店支付多发送货物的价款。

法条解析

上述案例主要涉及《民法典》以下法条：

第六百二十九条 出卖人多交标的物的，买受人可以接收或者拒绝接收多交的部分。买受人接收多交的部分的，按照约定的价格支付价款；买受人拒绝接收多交部分的，应当及时通知出卖人。

本条含义为，在买卖合同中，由于出卖人疏忽或希望买受人多买等原因，出卖人超过合同约定的数量向买受人交付标的物时，买受人有“拒绝接收”或“接收”标的物的权利。买受人如果接收了多交付的商品，则需向出卖人支付相应的价款。买受人如果拒绝接收多交付的商品，则需及时通知出卖人取回多交付的商品。买受人如果未及时通知出卖人或者退回商品，则视为买受人接收多交付的商品，买受人应当向出卖人支付相应的价款。

本案例中，小明收到书后未及时通知书店退货，视为小明接收多交付的图书。因此，小明应当向书店支付多交付图书的价款。

知识扩展

本案例中，小明可以拒绝接收，但应及时通知书店。在书店取回图书前，多交付的图书由小明保管。在保管期间，有可能会产生保管费用，图书也有可能发生毁损灭失，那么该费用和损失应该由谁承担呢？

《最高人民法院关于审理买卖合同纠纷案件适用法律问题的解释》第六条规定："根据合同法第一百六十二条的规定，买受人拒绝接收多交部分标的物的，可以代为保管多交部分标的物。买受人主张出卖人负担代为保管期间的合理费用的，人民法院应予支持。买受人主张出卖人承担代为保管期间非因买受人故意或者重大过失造成的损失的，人民法院应予支持。"

根据该条规定，在保管图书期间，小明应以善良管理人的态度，采取适当方式妥善保管图书。图书在保管期间发生毁损、灭失时，若小明对损失没有故意或重大过失，那么该损失应由书店自行承担。同时，小明代为保管多交付的图书属于做好事，为保管而支出的合理费用也应由书店承担。这里的合理费用既包括小明因自行保管实际支出的费用，也包括小明委托第三人代为保管所支出的实际费用。

31 小明以分期付款的方式购买手机，若未按时支付价款，卖家可以收回手机吗?

——分期付款买卖合同

案例分析

十六岁的小明到手机店以分期付款的方式购买了一款价值3000元的手机。买卖双方在合同中约定：“小明向手机店购买手机一台，首付1000元，之后每月付500元，四个月付清。若小明未按时支付价款，手机店有权收回手机。”小明支付1000元后取得手机。之后两个月，小明都按时向手机店支付了500元。但在第四个月的付款期限届满时，小明仍未向手机店支付剩余价款。经手机店催告后，小明仍未向手机店支付价款。手机店便以小明未按时支付价款为由，要求小明退回手机并赔偿损失，但小明表示拒绝。手机店遂将该纠纷诉至法院。

法院审理后认为，小明和手机店之间成立分期付款买卖合同。根据《民法典》第六百三十四条的规定，分期付款的买受人未支付到期价款的数额达到全部价款的五分之一，经催告后在合理期限内仍未支付到期价款的，出卖人可以请求买受人支付全部价款或者解除合同。小明未支付的到期价款为1000元，超过了手机全部价款的五分之一。同时，手机店在到期后亦对小明进行了催告，但小明仍未支付价款。所以，手机店有权解除合同，要求小明退还手机。此外，小明在占有期间使用了该手机，应向手机店支付手机使用费。手机店则应返还小明所支付的价款。[①]

本案例主要涉及分期付款买卖合同。分期付款买卖合同是指买受人将其应付总价款按照一定期限分批次向出卖人给付的买卖合同。分期付款买卖合同具备以下特征：（1）标的物先交付。在分期买卖中，出卖人一般在买受人未支付全部价款前就将标的物交付给买受人。（2）价款分期数。根据最高人民法院《关于审理买卖合同纠纷案件适用法律问题的解释》第三十八条的规定，买受人将应付总价款在一定期间内至少分三次向出卖人支付，标的物交付之后仍应有两期以上价款未支付。本案例中，小明未支付的价款超过了全部价款的五分之一。根据《民法典》第六百三十四条的规定，手机店催告后小明仍未支付价款的，手机店可以请求小明支付全部价款或者解除合同。

法条解析

上述案例主要涉及《民法典》的以下法条：

第六百三十四条 分期付款的买受人未支付到期价款的数额达到全部价款的五分之一，经催告后在合理期限内仍未支付到期价款的，出卖人可以请求买受人支付全部价款或者解除合同。

出卖人解除合同的，可以向买受人请求支付该标的物的使用费。

本条第一款的含义为，在分期付款买卖合同中，在买受人未支付到期

① 本案例改编自“祁县盛世远东贸易有限公司、李玉龙买卖合同纠纷案”［山西省晋中市中级人民法院（2020）晋07民终2075号民事判决书］。

价款的数额达到全部价款的五分之一时，经合理催告后仍未支付的，出卖人享有要求买受人支付全部价款或者解除合同的权利。买受人不用一次性支付所有价款就能取得标的物，这无疑增加了出卖人取得货物全部价款的风险。为保障出卖人的利益，法律赋予出卖人可以请求买受人支付全部价款或者解除合同的权利。但是，为了防止出卖人滥用这两项权利，出卖人在行使这两项权利时，需要满足以下条件：

（1）买受人未支付到期价款的数额达到全部价款的五分之一。

（2）出卖人应催告买受人，经催告后在合理期限内买受人仍未支付价款。合理期限可以根据交易习惯进行确定。

本条第二款的含义为，出卖人解除合同后，出卖人应向买受人返还价款，买受人应向出卖人返还标的物。买受人在占有期间使用标的物的，出卖人可以向买受人请求支付该标的物的使用费。

第五百六十六条第一款 合同解除后，尚未履行的，终止履行；已经履行的，根据履行情况和合同性质，当事人可以请求恢复原状或者采取其他补救措施，并有权请求赔偿损失。

本条第一款的含义为，合同解除后，当事人享有终止履行或者请求恢复原状等权利。合同解除后，尚未履行的，终止履行。已经履行的，根据履行情况和合同性质，当事人可以请求恢复原状。根据履行情况和合同性质不能恢复原状的，当事人可以请求采取其他补救措施。一方当事人给另一方当事人造成损失的，另一方当事人可以在解除合同后请求违约方赔偿损失。

本条规定的“根据履行情况”，是指债务人已履行债务部分对债权的影响。债务人已履行债务部分，如果不影响债权的实现，债权人可以请求恢复原状；如果影响到债权的实现，债权人可以请求采取其他补救措施。

“根据合同性质”，是指根据合同属性不能恢复原状的，不必恢复原状。例如，在劳务合同中，对已支付的劳务很难恢复原状。“恢复原状”，是指恢复到订约前的状态，包括返还原物、返还原物产生的孳息、支付因返还财产产生的必要费用等。

“其他补救措施”，包括请求修理、更换、重做、减价等措施。

知识扩展

手机在小明的占有期间如果发生毁损，根据《民法典》第六百三十四条和第五百六十六条的规定，手机店可以解除合同，并要求小明赔偿损失。那么损失赔偿的范围包括哪些呢?

《民法典》第五百八十四条规定：“当事人一方不履行合同义务或者履行合同义务不符合约定，造成对方损失的，损失赔偿额应当相当于因违约所造成的损失，包括合同履行后可以获得的利益；但是，不得超过违约一方订立合同时预见到或者应当预见到的因违约可能造成的损失。”根据本条规定，合同解除后，手机店退还小明已支付的手机价款，同时可以要求小明赔偿损失，损失包括手机因毁损造成的损失、手机的使用费和手机店出售手机应当获得的利益，但赔偿总额不得超过小明订立合同时预见或者应当预见到的因违约可能造成的损失。

32 小明与卖家约定先行试用学习机7日，试用期间学习机被损坏，卖家能要求其支付价款吗？

——试用买卖合同

案例分析

因学习需要，十五岁的小明到一家数码专营店选购了一台学习机。数码专营店与小明约定：小明先行试用学习机7日，试用期届满，如果小明满意，再购买学习机；如果小明不满意，可以将学习机退还给数码专营店。在试用期间，小明因保管不善，导致该学习机损坏。数码专营店要求小明支付学习机的价款，而小明表示拒绝。数码专营店遂将该纠纷诉至法院。

法院审理后认为，根据《民法典》第六百三十八条的规定，试用买卖的买受人在试用期内可以购买标的物，也可以拒绝购买。但在试用期内，小明应妥善保管该学习机，除因正常使用的自然损耗外，不能人为损坏。试用期届满后，小明若拒绝购买，则应将该学习机返还给数码专营店。因小明在试用期间未尽妥善保管的义务致使该学习机损坏，无法继续使用，因此，小明应当承担赔偿责任。[①]

① 本案例改编自“宿迁青华中学与江苏睿思易信息技术有限公司试用买卖合同纠纷案”［江苏省宿迁市中级人民法院（2020）苏13民终2011号民事判决书］。

本案例涉及试用买卖合同。试用买卖合同是指当事人约定，于合同成立时，出卖人将标的物交付买受人试验或检验，并以买受人在约定期限内对标的物的认可为生效要件的买卖合同。本案例中，数码专营店将学习机交由小明试用，仅转移了学习机的使用权。在小明作出购买意愿前，买卖合同尚未生效，不发生学习机所有权的移转，即学习机仍归数码专营店所有。在试用期内，小明应当妥善保管学习机。若因保管不善致使学习机发生损坏，小明应当向数码专营店赔偿损失。若学习机的损坏并非由小明保管不善导致，而是由不可归责于小明的事由导致的，根据《民法典》第六百四十条的规定，小明不承担赔偿责任。该损失由数码专营店承担。

法条解析

上述案例主要涉及《民法典》的以下法条：

第六百三十八条　试用买卖的买受人在试用期内可以购买标的物，也可以拒绝购买。试用期限届满，买受人对是否购买标的物未作表示的，视为购买。

试用买卖的买受人在试用期内已经支付部分价款或者对标的物实施出卖、出租、设立担保物权等行为的，视为同意购买。

本条第一款的含义为，在试用买卖合同的试用期内，买受人既可以认可标的物并进行购买，也可以拒绝购买。一般情况下，买受人是以明示的方式表示同意购买。在无特别约定的情况下，买受人既可以选择口头形式，也可以选择书面形式表示购买。此外，在试用买卖中，试用期限届满，买受人对是否购买标的物未作表示的，也视为购买。

本条第二款的含义为，在以下两种情况下，买受人未作明确购买表示的，也视为购买：（1）买受人在试用期内已经支付部分价款。（2）买受人在试用期内对标的物实施出卖、出租、设立担保物权等行为。

第六百四十条 标的物在试用期内毁损、灭失的风险由出卖人承担。

本条含义为，在试用期内，由于不可归责于合同双方当事人的事由，即因意外事件、不可抗力、第三人原因等事项，标的物发生毁损、灭失的，该损失由出卖人承担。本条是对试用买卖标的物风险负担的规定。在我国民事立法上，若当事人无特别约定，动产标的物风险负担的转移与所有权转移一致，均自交付时发生转移。标的物交付后，买受人即可取得所有权。但在试用买卖中，出卖人交付标的物后，买受人并不能立即取得标的物所有权，也不享有收益，只能试用。因此，买受人不承担标的物毁损、灭失的风险。此外，如果在试用期内，因买受人故意或过失造成标的物毁损、灭失的，则买受人应承担赔偿责任。本案例中，小明在试用期内因保管不善导致学习机损坏，应当承担赔偿责任。但如果因意外事件、不可抗力等原因导致学习机损坏，则应由数码专营店承担损失。

知识扩展

试用买卖中，买受人可以在试用期内对标的物进行充分了解，然后决定是否购买该标的物。在买受人决定购买或拒绝购买之前，买卖法律关系仍处于不确定状态。但不同的标的物的试用期可能差异很大，所以法律并未规定统一的试用期。在实践中，双方当事人一般根据标的物的性质来确定合理的试用期。

根据《民法典》第六百三十七条的规定，当事人可以约定标的物试用期限。当事人在试用买卖合同中对试用期限没有约定或者约定不明确时，依照《民法典》第五百一十条的规定，当事人双方可以协议补充试用期限。双方不能达成补充协议的，应按照试用买卖合同中的有关条款或者交易习惯进行确定。仍不能确定合理的试用期的，由出卖人确定试用期限。

33 小明租住的房屋被所有权人出售给小亮，小亮能否解除租赁合同？

——买卖不破租赁

案例分析

暑假期间，小明找了一份兼职。为方便工作，他在工作地附近租了一间住房。小明与房主签订了房屋租赁合同，并约定：房屋租赁期为2019年7月1日至2019年9月1日，月租金500元，合计1000元，一次付清。合同签订当日，小明向房主支付了房租1000元，但双方并未向房产管理部门办理登记备案手续。2019年8月1日，在小明不知情的情况下，房主将房屋转卖给小亮，并办理了房屋过户登记。随后，小亮以房屋所有权人的身份，要求与小明解除租赁合同。但小明表示拒绝。小亮遂将该纠纷诉至法院。

法院审理后认为，小明与房主签订的房屋租赁合同合法有效。当事人虽未按照相关规定向房管部门备案登记，但根据《民法典》第七百零六条的规定，未办理登记备案手续不影响该房屋租赁合同的效力。虽然房主将房屋卖给小亮并办理了过户登记，小亮取得了房屋的所有权。但根据《民法典》第七百二十五条的规定，租赁物在租赁期间发生所有权变动的，不影响租赁合同的效力，即小明与前房主签订的房屋租赁合同依然有效。所以，小亮不得要求解除租赁合同。[①]

本案例主要涉及租赁合同中的"买卖不破租赁"制度。"买卖不破租赁"制度是指当出租人在租赁合同有效期内将租赁物的所有权转让给第三人时，租赁合同仍然有效。法律设立"买卖不破租赁"制度的目的在于保护承租人的利益，稳定租赁关系，实现物尽其用。

本案例中，小明与房主签订的房屋租赁合同有效，小明合法占有并使用该房屋。而房主在租赁期内将房屋卖给小亮并办理了房屋过户登记。此时，该种情形就符合"买卖不破租赁"的条件。根据《民法典》第七百二十五条的规定，该租赁合同依然有效，小亮不能解除该租赁合同。此外，本案例亦涉及登记备案对合同效力的影响。根据《民法典》第七百零六条的规定，未办理租赁合同登记备案手续不影响合同的效力。

法条解析

上述案例主要涉及《民法典》的以下法条：

> **第七百零六条**　当事人未依照法律、行政法规规定办理租赁合同登记备案手续的，不影响合同的效力。

本条含义为，房屋租赁当事人签订房屋租赁合同后，应当依照相关法律法规到有关部门办理房屋租赁登记备案。当事人未办理登记备案手续的，不影响租赁合同的效力。

> **第七百二十五条**　租赁物在承租人按照租赁合同占有期限内发生所有权变动的，不影响租赁合同的效力。

---

① 本案例改编自"盛杰杰与沈风林案外人执行异议之诉案"［浙江省杭州市萧山区人民法院（2017）浙0109民初9192号］。

本条含义为，在租赁合同有效期内，租赁物所有权发生转移的，不影响原租赁合同的效力。本条是关于“买卖不破租赁”制度的规定。适用“买卖不破租赁”制度需满足以下几个条件：（1）租赁合同已成立并生效；（2）租赁物已交付承租人；（3）在租赁期间，所有权发生变动。所谓“不影响租赁合同的效力”是指租赁物的所有权发生变动后，设在租赁物上的租赁合同依然有效。租赁物的受让人不需要与承租人签订新的租赁合同，即可继受原出租人的权利和义务。

知识扩展

本案例中，房主在租赁期内将房屋转卖给小亮后，小亮成为该房屋的所有权人。依照“买卖不破租赁”制度的规定，小亮不能解除租赁合同。但是，如果小明在租赁期内不合理使用租赁物，致使租赁物受到损失，小亮就可以解除租赁合同。

《民法典》第七百一十一条规定：“承租人未按照约定的方法或者未根据租赁物的性质使用租赁物，致使租赁物受到损失的，出租人可以解除合同并请求赔偿损失。”根据本条规定，出租人的解除权依照法律程序，一经行使即可发生法律效力，无需对方当事人同意。本案例中，倘若小明在租赁期内未按照约定的方法或者未根据租赁物的性质使用租赁物，致使租赁物受损，那么小亮就可以行使解除权，并要求小明赔偿损失。

34 小明口头承诺将自己的书赠与小亮，在交付前小明可以反悔吗？

——赠与合同

案例分析

放学后，小明和小亮一同逛书店。小亮想购买一套精装的《三国演义》，但图书定价太高，他犹豫了很久。小明见状，表示自己有同版本的《三国演义》，可以赠送给小亮，并承诺第二天将该书拿给小亮。回家后，小明考虑到该书尚未读完，便心生悔意。第二天，小明未带《三国演义》，并告知小亮不再将该书赠送给他。小亮认为小明不守承诺，遂将该纠纷诉至法院。

法院审理后认为，根据《民法典》第六百五十八条的规定，赠与人在赠与财产的权利转移之前可以撤销赠与。在本案中，虽然小明已经答应将《三国演义》赠与小亮，但尚未实际交付给小亮。故法院对小亮要求小明继续履行赠与合同的请求不予支持。①

本案例主要涉及赠与合同何时可以撤销的问题。赠与合同是赠与人将

① 本案例改编自“王某某与王某赠与合同纠纷案”［河北省大厂回族自治县人民法院（2020）冀1028民初45号民事判决书］。

自己的财产无偿给予受赠人，而受赠人表示接受赠与的合同。赠与是无偿的行为，受赠人获得利益并不需要付出任何代价。赠与人撤销赠与的行为一般不会损害受赠人的利益。因此，为了平衡受赠人与赠与人之间的权利义务关系，法律赋予赠与人任意撤销权。根据《民法典》第六百五十八条的规定，在赠与财产的权利转移之前，除特殊情况外，赠与人可以撤销赠与。本案例中，小明与小亮虽然达成了口头赠与协议，但是小明并未将《三国演义》交付给小亮，即《三国演义》的所有权仍为小明所有。此时，小明可以行使任意撤销权，撤销赠与合同。

法条解析

上述案例主要涉及《民法典》的以下法条：

第六百五十八条 赠与人在赠与财产的权利转移之前可以撤销赠与。

经过公证的赠与合同或者依法不得撤销的具有救灾、扶贫、助残等公益、道德义务性质的赠与合同，不适用前款规定。

本条第一款的含义为，赠与合同生效后，在赠与财产的权利移转前，赠与人可以撤销赠与。本款是关于赠与人任意撤销权的规定。任意撤销权是法律赋予赠与人的权利。赠与人行使任意撤销权后，当事人之间的权利义务关系消灭，赠与人不再负有交付财产的义务。

本条第二款的含义为，在经过公证的赠与合同或者依法不得撤销的具有救灾、扶贫、助残等公益、道德义务性质的赠与合同中，赠与人不享有任意撤销权。虽然法律规定在赠与财产的权利转移之前赠与人享有任意撤销权，但同时考虑到具体实践，法律也规定以下几种情形，赠与人不享有任意撤销权：

（1）赠与财产的权利转移完成后，赠与人不再享有任意撤销权。对于动产而言，交付是所有权变动的公示方式。动产的交付就意味着所有权的转移。对于不动产而言，所有权的变动一般以登记为公示方式。登记完成，所有权转移。

（2）经过公证的赠与合同，赠与人不享有任意撤销权。公证是依照法定程序对民事法律行为、有法律意义的事实和文书的真实性、合法性予以证明的活动。与未经公证的赠与合同相比，经过公证的赠与合同具有更强的严肃性和法律证明力。当事人公证的目的就是强化合同对双方的约束力，所以赠与人不应享有任意撤销权。

（3）依法不得撤销的具有救灾、扶贫、助残等公益、道德义务性质的赠与合同，赠与人不享有任意撤销权。依法不得撤销的具有公益、道德义务性质的赠与合同，往往具有救灾、扶贫、助残等公益目的。如果允许赠与人享有任意撤销权，就会损害社会公共利益。因此，这类合同不允许任意撤销。例如，捐赠人通过广播、电视、报刊、互联网等媒体公开与慈善机构达成捐赠意向，若捐赠人违反捐赠协议逾期未交付捐赠财产，慈善组织或者其他接受捐赠的人可以要求支付。捐赠人拒不支付的，慈善组织或者其他接受捐赠的人可以申请支付令或提起诉讼。

知识扩展

本案例中，如果小明承诺赠送给小亮一套完好无损的《三国演义》，但小亮收到图书后发现有破损。此时，小亮能否要求小明重新给付一套《三国演义》？

《民法典》第六百六十二条规定：“赠与的财产有瑕疵的，赠与人不承担责任。附义务的赠与，赠与的财产有瑕疵的，赠与人在附义务的限度内承担与出卖人相同的责任。赠与人故意不告知瑕疵或者保证无瑕疵，造成受赠人损失的，应当承担赔偿责任。”根据该条规定，赠与财产有瑕疵的，赠与人一般不承担责任。但在以下两种情况中，赠与人应当承担责任：（1）附义务的赠与。赠与的财产有瑕疵的，赠与人在附义务的限度内承担与出卖人相同的责任。（2）赠与人故意不告知瑕疵或者保证无瑕疵，造成受赠人损失的，应当承担赔偿责任。小明将图书无偿赠与小亮，并不附带任何条件。虽然小明赠与的图书有破损，但并未给小亮造成任何损失。因此，小明对图书的破损不承担任何责任，小亮也无权要求小明重新给付一套《三国演义》。

35 小明向小亮借了 500 元，小明还款时，小亮可以额外主张利息吗？

——借款合同

案例分析

2019 年 9 月 1 日，小明向小亮借款 500 元，并出具借条，借条记载：小明向小亮借款 500 元，借款期限为自借款之日起两个月。借款期限届满后，小亮多次催促小明还款，但小明拒不归还。于是，小亮将该纠纷诉至法院，请求法院判决小明支付借款本金及利息。

法院审理后认为，小明与小亮之间的借款事实有借条为证，二者之间存在借贷法律关系。借款期限届满后，小明应及时向小亮归还借款。本案中，双方并未约定利息。因此，根据《民法典》第六百八十条的规定，借款合同对支付利息没有约定的，视为没有利息。小明无需向小亮支付两个月的借款利息。另外，根据《民法典》第六百七十六条的规定，小明未按期还款，小明应自借款期限届满即 2019 年 11 月 1 日起至还清借款时，按照银行同期贷款市场报价利率支付小亮逾期利息。[①]

① 本案例改编自“张纯哲与陈建军民间借贷纠纷案”［甘肃省庆阳市中级人民法院（2014）庆中民终字第 709 号民事判决书］。

本案例主要涉及借款合同中利息支付的问题。借款合同可以约定支付利息，也可以约定不支付利息。借款合同对支付利息没有约定的，根据《民法典》第六百八十条的规定，视为没有利息。本案例中，因借条未约定借款利息，所以小明无需向小亮支付借款利息。但需要注意的是，在借款期限届满至还清借款这一期间，根据《民法典》第六百七十六条的规定，小明应按照国家有关规定向小亮支付逾期利息。因此，小亮可以向小明主张借款期限届满后应当支付的逾期利息，但不可以向小明主张借款期限内的利息。

法条解析

上述案例主要涉及《民法典》的以下法条：

第六百七十六条 借款人未按照约定的期限返还借款的，应当按照约定或者国家有关规定支付逾期利息。

本条含义为，借款期限届满后，借款人未按照约定的期限返还借款的，应当支付逾期利息。借款人与出借人签订借款合同后，借款人就负有向出借人按期返还借款的义务。借款人未按期返还借款属于违约行为。如果借款合同中约定了逾期利息，借款人应按照合同约定向出借人支付逾期利息。如果合同中未约定逾期利息，借款人则应按照国家有关规定向出借人支付逾期利息。实践中，如果自然人之间的借款合同未对逾期利息作出约定，那么借款人一般按照银行贷款市场报价利率向出借人支付逾期利息。本案例中，小明与小亮之间的借贷关系属于自然人之间的借贷。小明应按照银行贷款市场报价利率向小亮支付逾期利息。

第六百八十条第二款 借款合同对支付利息没有约定的，视为没有利息。

本条第二款的含义为，借款合同中，双方当事人没有约定支付利息的，视为没有利息。一般而言，向金融机构借款时，借款人都需要根据借款合同向贷款人支付利息，不存在对支付利息没有约定的情况。如果确实存在借款合同对支付利息没有约定的情况，则视为没有利息，借款人无需向贷款人支付利息。自然人之间的借款，当事人可以约定支付利息，也可以约定不支付利息。对利息没有约定的，视为没有利息，即借款人不必向贷款人支付利息。

知识扩展

本案例中，若小明向小亮出具的借条未约定还款期限，小亮何时可以请求小明还款？

《民法典》第六百七十五条规定：“借款人应当按照约定的期限返还借款。对借款期限没有约定或者约定不明确，依据本法第五百一十条的规定仍不能确定的，借款人可以随时返还；贷款人可以催告借款人在合理期限内返还。”根据该条规定，若小亮与小明未约定还款期限，首先应当根据《民法典》第五百一十条的规定确定还款期限，即小亮可以与小明就还款期限进行协议补充；不能达成补充协议的，按照借款合同相关条款或者交易习惯确定。按照以上规定依然不能确定的，小明可以随时返还借款。此外，小亮也可以催告小明，要求其在合理期限内返还借款。

36 小明购买了二等座高铁票，他能坐有空位的一等座吗？

——客运合同

案例分析

小明通过网络购买了一张二等座高铁票，购票款为400元。上车后，小明发现空着一些一等座，便挑选了一个座位坐下。列车员查票时发现小明越级乘坐，便要求小明补交一等座票款300元。小明虽有犹豫，但仍补交了票款。下车后，小明认为自己不应当补交票款。于是，小明将某铁路局诉至法院，要求该铁路局退还补交的票款。

法院审理后认为，小明通过网络购买二等座高铁票并乘坐该次列车，双方成立旅客运输合同。小明上车后自愿把二等座变更为一等座，并向列车工作人员支付了变更座别的票价。某铁路局依照相关规定核收变更座别的票价，符合《民法典》第八百一十五条“旅客应当按照有效客票记载的时间、班次和座位号乘坐。旅客无票乘坐、超程乘坐、越级乘坐或者持不符合减价条件的优惠客票乘坐的，应当补交票款，承运人可以按照规定加收票款；旅客不支付票款的，承运人可以拒绝运输”的规定。小明与某铁路局在平等、自愿的基础上对原合同进行变更。合同变更的内容应视为双方当事人的真实意思表示，且不违反法律的禁止性规定，对双方当事人均有约束力。某铁路局作为承运人已按照铁路旅客运输合同约定的时间、线路，安全地将小明运送至目的地，履行了全部合同义务。双方的铁路旅客运输合同已履行完毕。因此，小明要求某铁路局退还部分票款无事实及法律依据。法院判决驳回小明的诉讼请求。[①]

本案例中，小明购买二等座高铁票，就应按照客票记载的时间、班次和座位号乘坐。但小明擅自乘坐了一等座，属于越级乘坐。根据《民法典》第八百一十五条的规定，旅客越级乘坐的，应当补交票款，承运人可以按照规定加收票款。承运人向小明加收票款的行为符合法律规定。所以，小明不能请求承运人返还补交的票款。本案例中，承运人如果主动将小明安排到一等座，则不得向小明加收票款。

法条解析

上述案例主要涉及《民法典》的以下法条：

第八百一十五条第一款 旅客应当按照有效客票记载的时间、班次和座位号乘坐。旅客无票乘坐、超程乘坐、越级乘坐或者持不符合减价条件的优惠客票乘坐的，应当补交票款，承运人可以按照规定加收票款；旅客不支付票款的，承运人可以拒绝运输。

本条第一款的含义为，客运合同生效后，旅客应当按照有效客票记载的时间、班次和座位号乘坐。客票是客运合同的证明。旅客持有客票就表明旅客与承运人之间存在运输合同关系，旅客可以凭客票要求承运人履行

① 本案例改编自“王亚丰与中国铁路成都局集团有限公司铁路旅客运输合同纠纷案”［成都铁路运输中级法院（2019）川71民终74号民事判决书］。

运输义务。同时，旅客也负有按照有效客票记载的时间、班次和座位号乘坐的义务，不得无票乘坐、超程乘坐、越级乘坐或者持不符合减价条件的优惠客票乘坐。超程乘坐是指旅客实际乘坐的路程超过了客票上记载的路程。越级乘坐是指旅客实际乘坐座位等级超过了客票上记载的座位等级。本案例中，小明的行为就属于越级乘坐。旅客无票乘坐、超程乘坐、越级乘坐或者持不符合减价条件的优惠客票乘坐的，应当补交票款。承运人可以自行决定是否向旅客追收相应票款。承运人向旅客追收相应票款，而旅客不支付票款的，承运人可以拒绝运输，即承运人可在适当地点令旅客离开运输工具。

知识扩展

本案例中，小明乘坐的列车如果受到强降雨影响而停运，小明可以寻求何种救济？

《民法典》第八百二十条规定："承运人应当按照有效客票记载的时间、班次和座位号运输旅客。承运人迟延运输或者有其他不能正常运输情形的，应当及时告知和提醒旅客，采取必要的安置措施，并根据旅客的要求安排改乘其他班次或者退票；由此造成旅客损失的，承运人应当承担赔偿责任，但是不可归责于承运人的除外。"根据该条规定，列车受到强降雨影响而停运时，承运人应及时告知和提醒小明，并对小明采取必要的安置措施。小明则可以要求承运人安排改乘其他班次或退票。此外，列车停运是因强降雨这一不能预见、不可抗拒的因素导致的。所以列车因强降雨停运给小明造成损失的，小明不得要求承运人承担赔偿责任。

37 小明在免票乘车过程中因交通事故受伤，他能向运输公司索赔吗？

——客运合同

案例分析

小明身高一米，按相关规定属于免票乘客。某日，父母带小明乘坐公交车外出。车辆行驶过程中，驾驶员为了避让突然出现的电动车而紧急刹车，导致小明撞到座位前面的广告牌受伤。小明及其父母认为客运公司驾驶员紧急刹车，未尽到安全注意义务，导致小明受伤，客运公司应承担全部责任。客运公司则认为，司机因道路突发情况紧急刹车，不存在过错，且小明属于免票乘客，双方不存在客运合同关系，客运公司不承担责任。小明父母将该纠纷诉至法院，要求客运公司赔偿医疗费、护理费、交通费等费用。

法院审理后认为，本案诉争的纠纷是小明在乘坐被告客运公司的公交车期间引起的，尽管小明为免票乘客，但双方仍成立客运合同关系。当事人应当按照约定履行自己的义务。作为承运人须履行客运合同的主要义务，即按约定的路线将乘客运达目的地，保障乘客在运输途中的安全。在本案中，双方均不存在违反《道路交通安全法》及其相关法规的过错行为。但根据《民法典》第八百二十三条的规定，客运公司的驾驶员因紧急情况采取刹车措施导致原告小明受伤，构成违约。并且该事故的发生，并非原告小明故意引起，小明也不存在重大过失。因此，被告客运公司应赔偿原告包括医疗费、护理费、交通费在内的损失。[①]

本案例中，小明与客运公司形成客运合同关系。车辆行驶过程中发生交通事故，故客运公司构成违约。根据《民法典》第八百二十三条的规定，尽管小明属于免票乘客，但小明与客运公司之间的客运合同关系仍依法成立。客运公司作为承运人，有义务保证乘客的安全。并且对于旅客伤亡，承运人需承担无过错责任，即尽管承运人在运输过程中不存在过错，仍需对旅客的人身伤亡承担责任，除非伤亡是由于旅客自身健康的原因造成的或者承运人可以证明伤亡是旅客故意、重大过失造成的。在本案中，客运公司对于小明受伤不存在免责事由，应当承担损害赔偿责任。

法条解析

上述案例主要涉及《民法典》的以下法条：

第八百二十三条 承运人应当对运输过程中旅客的伤亡承担赔偿责任；但是，伤亡是旅客自身健康原因造成的或者承运人证明伤亡是旅客故意、重大过失造成的除外。

前款规定适用于按照规定免票、持优待票或者经承运人许可搭乘的无票旅客。

本条第一款的含义为，承运人对旅客在运输过程中的人身伤亡承担“无

① 本案例改编自“钟某某与某某市公共交通有限公司、某某保险有限公司某某中心支公司城市公交运输合同纠纷案”［广东省湛江经济技术开发区人民法院（2016）粤0891民初857号民事判决书］。

过错责任”，即无论承运人是否存在过错，只要不存在法定的免责事由，都应当对旅客所受的人身损害承担责任。在本案例中，公交车司机为了躲避紧急情况而采取的刹车措施并没有违反《道路交通安全法》及其配套法规，不存在任何过错。但是，对于小明所受的人身损害，客运公司依然要承担赔偿责任。这体现了法律对旅客的特殊保护。

此外，法律也充分保护承运人的合法利益。在以下两种情况，承运人可以免除责任：（1）伤亡是旅客自身健康原因造成的。比如，旅客在运输途中，因自身原因，突发疾病伤亡的，承运人不承担责任。（2）伤亡是由旅客故意或重大过失造成的。比如，旅客小亮在乘车过程中，故意拿头撞击座椅，造成伤亡的，承运人不承担责任。但需要注意两个关键因素：首先，只有当旅客存在故意或重大过失的情况下，承运人才可以免除责任。如果旅客对伤亡的产生，只具有一般过失，则承运人不可以免责。其次，此项免责事由需由承运人承担举证责任。也就是说，承运人需要提供证据证明，旅客存在故意或重大过失。

本条第二款的含义为，免票、持优待票或者经承运人许可搭乘的无票旅客，与承运公司同样形成客运合同关系，适用本条第一款的规定。承运人对旅客的责任的承担，并不一定以支付完整的票价为前提。依照国家规定或者承运人许可不支付票价，或者仅仅支付部分票价的旅客，承运人依然应当履行保障该旅客人身安全的义务。且在该类旅客发生人身损害时，承运人的损害赔偿责任也不会因此降低。

知识扩展

随着社会经济的发展，通过公共交通工具出行，成为我们生活中必不可少的一部分。而保障旅客的人身安全，就是承运人最大的义务。因此，我国法律特别强调了运输过程中对旅客人身安全的保护。除上述规定外，《民法典》还规定了承运人救助义务。

《民法典》第八百二十二条规定：“承运人在运输过程中，应当尽力救助患有急病、分娩、遇险的旅客。”也就是说，尽管旅客因自身原因导致伤亡可以作为承运人的免责事项，但在此种情况下，承运人依然要承担一定的救助义务。所谓“运输过程中”是指从旅客登上运输工具开始，至到达目的地，离开运输工具为止。在这一过程中，如果旅客遇到紧急情况，承运人有能力救助，却置旅客安危于不顾，造成旅客损失扩大的，承运人需要承担相应的赔偿责任。但同样需要注意的是，承运人的救助义务只是“尽力救助”，只要在客观情况下，承运人实施了力所能及的救助行为即可。

38 小明坚持携带匕首乘坐高铁，被工作人员拒绝乘车，工作人员的做法是否合理？

——客运合同

案例分析

十五岁的小明放假乘坐高铁回家。工作人员在安检过程中发现小明的行李中夹带有一把匕首，便告知小明，根据相关法律法规，旅客在乘车时不得携带包括匕首等管制刀具在内的违禁品。而小明认为，携带匕首乘车是自己的自由，而且这把匕首是同学送给自己的最心爱的礼物，坚持携带匕首进站。但工作人员拒绝小明进站乘车。小明认为，工作人员因自己携带匕首而拒绝其乘车的做法不仅违反法律规定，而且违反了自己与铁路运输公司之间的客运合同，应当赔偿自己的损失。而铁路运输公司认为，工作人员的行为合理合法，不应当承担赔偿责任。小明遂将该纠纷诉至法院。

法院审理后认为，小明因购票乘坐高铁与铁路运输公司之间形成客运合同关系。根据《铁路安全管理条例》第六十六条的规定，旅客不得违法携带、夹带管制器具。又根据《民法典》第八百一十八条的规定，旅客不得携带或夹带可能危及运输工具上人身和财产安全的危险物品或者违禁物品。旅客坚持携带或者夹带危险物品或者违禁物品的，承运人应当拒绝运输。工作人员在安检职责中履行了相关的提示和告知义务，且拒绝当事人携带匕首乘车是为了维护公共安全，合理且合法。①

本案例中，小明与铁路运输公司之间成立客运合同关系。根据《民法典》第八百一十八条的规定，旅客不得携带或者在行李中夹带危险物品或违禁物品。旅客坚持携带或夹带的，承运人应当拒绝运输。匕首属于可能危及运输工具上其他乘客的人身和财产安全的违禁物品。所以，小明不得携带或在行李中夹带该匕首，而承运人有权将其卸下、销毁或送交有关部门。若小明坚持携带匕首，则承运人有权拒绝小明乘车。因此，铁路运输公司的工作人员的做法合理且合法。

法条解析

上述案例主要涉及《民法典》的以下法条：

第八百一十八条 旅客不得随身携带或者在行李中夹带易燃、易爆、有毒、有腐蚀性、有放射性以及可能危及运输工具上人身和财产安全的危险物品或者违禁物品。

旅客违反前款规定的，承运人可以将危险物品或者违禁物品卸下、销毁或者送交有关部门。旅客坚持携带或者夹带危险物品或者违禁物品的，承运人应当拒绝运输。

本条第一款的含义为，旅客负有不得随身携带、夹带危险物品或违禁物品的强制性义务。实践中，因为旅客随身携带或夹带的危险物品、违禁物品而引发事故的事件有很多。公共交通工具上人员密集，且人数较多，一旦发生事故，后果将不堪设想。本条所称的危险物品，是指可能危及旅

① 本案例改编自“唐某某与北京首都国际机场股份有限公司财产损害赔偿纠纷一案”［北京市顺义区人民法院（2019）京0113民初2593号民事判决书］。

客及工作人员人身安全和财产安全的物品。例如，浓硫酸、烟花爆竹、炸药等。而违禁物品主要指法律法规规定的可能危及国家安全、社会安全及公共利益的物品，如管制刀具、枪支弹药、毒品等。在本案例中，小明夹带的匕首，为管制刀具，属于不得携带的违禁物品。该款所规定的不得携带或夹带危险物品或违禁物品，为旅客必须遵守的强制性义务。

本条第二款的含义为，旅客违反法律规定，携带或夹带危险物品、违禁物品的，承运人可以卸下、销毁或送交有关部门。旅客坚持携带或夹带，承运人应当拒绝运输。旅客乘坐公共运输工具之前，承运人一般会对旅客进行安检，防止旅客携带或夹带危险物品、违禁物品登上运输工具。但是旅客违反第一款的规定，已将危险物品、违禁物品带上运输工具的，承运人依法可以将物品卸下、销毁或送交有关部门，以保证其他旅客的人身和财产安全。如果旅客坚持携带，拒不配合工作人员，承运人应当拒绝运输。

知识扩展

承运人与旅客应当共同维护出行安全。旅客坚持携带或夹带危险物品、违禁物品时，承运人应当拒绝运输。这是法律为公共利益，以及保障大多数旅客的合法权益而作出的规定。但在一般情况下，承运人负有强制缔约义务，不得随意拒绝运输。

《民法典》第八百一十条规定：“从事公共运输的承运人不得拒绝旅客、托运人通常、合理的运输要求。”因为公共运输具有公益性、垄断性，且涉及广大社会公众的生产生活。法律为了保护旅客的合法权益，平衡旅客与处于优势地位的承运人之间的关系，满足公众日常出行需求，维护公共运输秩序，故而规定承运人负有强制缔约的义务。也就是说，承运人不得在通常、合理的情况下，拒绝旅客搭乘。而如何理解“通常、合理”呢？首先，应当符合一般大众的理解判断。社会大多数人认为该运输要求是合理的，而非某个人的主观判断。其次，该要求应该符合客观条件，能为社会观念所接受。比如，运输工具已满载，而未上车的旅客要求承运人履行强制缔约义务，满足自己乘车的需要，则属于不合理要求。最后，该要求不违反法律法规。比如，小亮上学快要迟到，就要求出租车司机超速行驶，该要求便不合法。或者，根据国家有关规定，某些民事主体被依法列入“黑名单”，此时“黑名单”中的旅客不得要求承运人履行缔约义务。

39 小明寄存在自助存包柜的背包，因管理员的疏忽被偷，他能要求超市承担赔偿责任吗？

——保管合同

案例分析

小明到某超市购物时，按照超市的规定，将其背包存入超市提供的储物柜内，背包内装有一部学习机和少量现金。后因管理员疏忽，不小心打开了小明的储物柜，导致小明的背包被偷。小明认为超市及该管理员的行为对自己的财产造成了损失，请求超市予以赔偿。但超市认为自助存包柜是超市无偿提供给消费者使用的，不形成保管。且小明无法证明其确实将学习机、现金等物品存放在存包柜中。因此，超市认为其不应承担小明的全部损失。小明遂将该纠纷诉至法院。

法院审理后认为，根据《民法典》第八百八十八条的规定，双方形成保管合同关系。消费者在超市进行购物的过程中，按照超市的相关规定，将不允许带进超市的私人物品寄存在超市提供的存包柜中，则超市负有妥善保管消费者存放的私人物品的义务。并且，小明向法庭提交了超市员工的录音资料，可以证明包内物品确实为学习机及现金。超市管理员错误地打开储物柜，造成小明财产损失。因此，小明的财产损失是由超市管理人员的重大过错造成的，超市应当承担赔偿责任。[①]

本案例中，小明与超市之间形成了保管合同关系。根据《民法典》第八百八十八条第二款的规定，小明在超市从事购物活动时，将物品存放在超市指定的自助存包柜中，视为保管，双方之间形成保管合同。超市作为保管人，有义务对保管物进行妥善管理。根据《民法典》第八百九十七条的规定，超市作为保管人，因保管不善，造成小明财产受损，应当承担赔偿责任。

法条解析

上述案例主要涉及《民法典》的以下法条：

第八百八十八条 保管合同是保管人保管寄存人交付的保管物，并返还该物的合同。

寄存人到保管人处从事购物、就餐、住宿等活动，将物品存放在指定场所的，视为保管，但是当事人另有约定或者另有交易习惯的除外。

本条第一款的含义为，保管合同是指寄存人将保管物交付给保管人，保管人依照约定对保管物进行保管，并在约定期限内或根据寄存人的请求，返还保管物的合同。保管合同可以是有偿的，也可以是无偿的，且是否有偿，不影响保管合同的成立。保管人仅有权占有保管物，不可以使用，更不得对其进行处分。

本条第二款的含义为，《民法典》特别规定了“法定保管”制度，即直接依据法律规定成立的保管。

---

① 本案例改编自“蒋某某与新疆某某超市有限公司某某店财产损害赔偿纠纷案”［新疆维吾尔自治区乌鲁木齐市新市区人民法院（2015）新民一初字第2106号民事判决］。

首先，寄存人必须在保管人处从事购物、就餐、住宿等活动。如本案例中，小明去超市购物，便符合这一条件。但是，如果小明将物品存放在超市自助存包柜中，然后去电影院看电影，并没有进入超市，那就不符合“法定保管”的构成要件。

其次，寄存人需将物品存在指定场所。保管人指定某一场所接收寄存人的保管物，依照保管人的要求，寄存人将保管物存放于指定场所，双方达成合意，保管合同因此成立。本案例中，小明将背包存放在超市指定的存包柜中，符合“法定保管”的构成要件。

最后，本款规定“当事人另有约定或者另有交易习惯的除外”是指当事人可以对是否成立保管合同另作约定，或者按交易习惯处理。

需要注意的是，在“法定保管”制度中，一旦保管物毁损灭失，就涉及存放何种物品的证明问题。在本案例中，小明需要提供证据证明，背包里确实存放有一部学习机和一定数额的现金。因为通过自助存包柜等类似方式进行保管的过程中，寄存人自行封存，自己保管开启保存柜的钥匙或密码等，保管人并不直接接触保管物，并不知道寄存人存放了何种物品。因此，当保管物出现毁损灭失时，寄存人负有举证责任。

第八百九十七条 保管期内，因保管人保管不善造成保管物毁损、灭失的，保管人应当承担赔偿责任。但是，无偿保管人证明自己没有故意或者重大过失的，不承担赔偿责任。

本条含义为，保管人负有妥善保管的义务。在因保管不善造成保管物毁损、灭失的情况下，保管人需承担赔偿责任。此外，赔偿责任的承担，因保管是否有偿，也存在区别。保管人承担责任的前提是必须存在过错，即保管人因管理不善造成寄存人财产损失。所谓管理不善，一般指保管人没有尽到合理的注意义务，没有提供正常具有保险功能的场所，保管方式不合理，以及对保管物擅自进行使用等。但是，如果保管是无偿的，保管人只有在自己存在故意或重大过失的情况下，对保管物的毁损、灭失承担赔偿责任。也就是说，如果保管人仅因一般过失导致保管物毁损、灭失，是不承担赔偿责任的。同时，保管人需提供证据证明自己没有故意或重大过失。

知识扩展

无论是一般保管还是法定保管，保管人都应当依法履行保管义务。但作为寄存人，也应当履行相应的告知义务。

《民法典》第八百九十三条规定："寄存人交付的保管物有瑕疵或者根据保管物的性质需要采取特殊保管措施的，寄存人应当将有关情况告知保管人。寄存人未告知，致使保管物受损失的，保管人不承担赔偿责任；保管人因此受损失的，除保管人知道或者应当知道且未采取补救措施外，寄存人应当承担赔偿责任。"

首先，保管物如果有瑕疵，即保管物本身存在缺陷或其他问题，寄存人应当告知保管人。

其次，根据保管物的性质，如保管物易燃、易爆、易腐坏等，需采取特殊保管措施的，寄存人应当告知保管人。

寄存人未履行告知义务，导致保管物毁损、灭失的，保管人不承担赔偿责任。只有在保管人知道或者应当知道保管物具有上述两种情况时，并且未采取补救措施的，保管人才需要承担赔偿责任。

40 小明就读的红星中学因欠缴物业费被停水停电，物业公司的行为是否合法？

——物业服务合同

案例分析

小明所在的红星中学与某物业公司订立物业服务合同，约定由物业公司提供日常设备维护、公共区域卫生清洁、绿化养护等服务，红星中学每年支付 20 万元物业费。但自 2018 年 12 月以来，红星中学一直未缴纳物业费。后物业公司在未发出任何催收通知的情况下，直接以停水停电的方式催缴物业费。停水停电导致红星中学因无法正常上课遭受了一定的损失。红星中学便要求该物业公司承担赔偿责任。物业公司拒不承担，并将该纠纷诉至法院。[①]

本案例涉及的主要问题：红星中学是否有支付物业费的义务？该物业公司催缴物业费是否需要履行催告义务？该物业公司能否以停水停电的方式催收物业费？

在本案例中，红星中学与物业公司签订物业服务合同，因此，双方应当按照合同约定履行各自的义务。根据《民法典》第九百四十四条的规定，

① 本案例由编者编写。

物业公司应当依照约定向红星中学提供相应的服务，红星中学也应当按照约定支付物业费。该物业公司因催缴物业费而提起诉讼或仲裁前，应当先进行催告。经合理期限，红星中学还不支付物业费，该物业公司可以提起诉讼或仲裁。此外，《民法典》九百四十四条第三款还明确规定，物业公司不得以停止供电、供水、供热、供燃气等方式催交物业费。因此，该物业公司利用停水停电的方式催交物业费，致使红星学校遭受损失，应当承担赔偿责任。

法条解析

上述案例主要涉及《民法典》的以下法条：

> **第九百四十四条** 业主应当按照约定向物业服务人支付物业费。物业服务人已经按照约定和有关规定提供服务的，业主不得以未接受或者无需接受相关物业服务为由拒绝支付物业费。
>
> 业主违反约定逾期不支付物业费的，物业服务人可以催告其在合理期限内支付；合理期限届满仍不支付的，物业服务人可以提起诉讼或者申请仲裁。
>
> 物业服务人不得采取停止供电、供水、供热、供燃气等方式催交物业费。

本条第一款的含义为，业主负有支付物业费的义务。物业费是根据物业服务合同的约定，对物业服务人提供的服务，如对建筑物及其附属设施日常修理维护、卫生清洁、绿化养护等，所支付的对价。本条第一款明确规定了业主负有按约定支付物业费的义务。物业服务人与业主之间是服务与被服务的关系，物业服务人提供有偿的服务，业主支付相应的物业费。此外，本款也明确规定，物业服务人按照约定和有关规定提供服务的，即使业主主张未接受或无需接受该服务的，也应当支付物业费。例如，在我们日常居住的小区内，对除业主房屋之外的共有部分，如小区道路、公共停车场等，业主在享受物业服务人提供的服务的同时，也需要承担该部分的物业费。业主不能以自己未享受或不需要该部分服务为由，拒绝支付相关的物业费。比如业主不能以自己常年不在家为由，拒绝支付物业费中的公共道路维护费。

本条第二款的含义为，业主欠缴物业费时，物业服务人可以催告；合理期限届满，可以提起诉讼或申请仲裁。首先，当业主违反约定未按时支付物业费时，物业服务人应当先进行催告，要求其在合理的期限内支付物业费。其次，当合理期限届满，业主仍然未支付时，物业服务人可以提起诉讼或申请仲裁。也就是说，物业服务人提起诉讼或申请仲裁有三个条件：第一，业主逾期不支付物业费；第二，物业服务人已履行催告义务；第三，合理期限届满，业主仍然未支付。法律之所以将催告作为提起诉讼或申请仲裁的前置程序，是为了给予双方合理的期限，尽可能缓和双方之间的关系，以妥善解决纠纷。

本条第三款的含义为，物业服务人不得采取停止供电、供水、供热、供燃气等极端方式，催交物业费。该款规定为禁止性规定。即使有些物业服务合同明确约定，物业服务人可通过停水与停电的方式催收物业费，也属于无效约定。实际生活中，只有供水与供电单位有权因正当事由停水与停电。若物业服务人滥用管理之便利停水与停电，造成业主损失，物业服务人应当承担赔偿责任。

知识扩展

随着我国城市建设的发展，物业服务迅速发展，并在我们的日常生活中起到越来越重要的作用。根据《民法典》第九百四十四条的规定，业主有向物业服务人支付物业费的义务。与此相对应，物业服务人也应当履行合同约定或法律规定的义务。

《民法典》第九百四十二条规定：“物业服务人应当按照约定和物业的使用性质，妥善维修、养护、清洁、绿化和经营管理物业服务区域内的业主共有部分，维护物业服务区域内的基本秩序，采取合理措施保护业主的人身、财产安全。对物业服务区域内违反有关治安、环保、消防等法律法规的行为，物业服务人应当及时采取合理措施制止、向有关行政主管部门报告并协助处理。”物业服务人的义务，来自物业服务合同的约定，以及根据物业使用性质所派生的义务，具体包括维修养护义务、环境管理义务、经营管理义务、秩序维护义务、安全保障义务以及制止违法行为、向有关机关报告并协助处理的义务等。

41 小明照顾拾到的牧羊犬，能否请求狗主人支付相关费用？

——无因管理

案例分析

小明在马路上发现一只牧羊犬，经多次寻找，未能找到狗的主人。于是，小明将牧羊犬带回家喂养。两个月后，牧羊犬的主人小亮找到小明，要求小明返还该牧羊犬。但小明要求小亮支付牧羊犬生病的治疗费用，以及购买狗粮、肉食的费用，共计 800 元。在警方调解下，小亮向小明支付了 800 元。但小亮事后反悔，将该纠纷诉至法院。

法院审理后认为，没有法定或约定的义务，为避免他人利益受损而进行管理的人，有权请求受益人偿还因此支出的必要费用。本案中，牧羊犬为小明拾得，而非非法获得。在牧羊犬丢失期间，小明对牧羊犬进行照管喂养，避免了小亮的权益受到损害。在照管期间，小明因牧羊犬生病花费 200 余元，并购买了狗粮一袋、肉食若干。这些费用都属于必要费用。所以小亮应当向小明支付 800 元。[①]

① 本案例改编自《法官讲故事：索要丢失宠物狗，不料被收照管费　平阴法院：“相关费用由照顾宠物狗产生，理应得到支持”》，《山东商报》2020 年 6 月 14 日。

本案例中，小明的行为符合“无因管理”的四个构成要件，其与小亮之间成立“无因管理”之债。其一，小明拾得的牧羊犬为小亮所有。其二，小明在知道牧羊犬为他人遗失的情况下，自愿代为照顾。或者说，从小明照顾牧羊犬的客观行为可以反映出小明内心是想要帮助他人。其三，小明对牧羊犬的照顾无法定或约定的义务。其四，照管行为客观上对牧羊犬有益，避免了小亮的权益受到损害。此外，管理费所包含的牧羊犬医疗费及购买狗粮等产生的费用，在客观上均为照管牧羊犬的必要支出。根据《民法典》第一百二十一条、第九百七十九条的规定，小亮应向小明支付相关费用。

法条解析

上述案例主要涉及《民法典》的以下法条：

第九百七十九条 管理人没有法定的或者约定的义务，为避免他人利益受损失而管理他人事务的，可以请求受益人偿还因管理事务而支出的必要费用；管理人因管理事务受到损失的，可以请求受益人给予适当补偿。

管理事务不符合受益人真实意思的，管理人不享有前款规定的权利；但是，受益人的真实意思违反法律或者违背公序良俗的除外。

本条第一款的含义为，没有法定或约定义务的人，为了避免他人的利益受到损失而为他人管理事务的行为，可构成“无因管理”。一般而言，擅自管理、插手他人的事务，是对他人权益的一种侵犯，属于侵权行为。但在我们的社会关系中，为了鼓励互帮互助的行为，法律特别设置了无因管理制度。其制度价值在于，在“各人自扫门前雪”的个人主义理念与“助人为乐”的社会理念之间寻求平衡，既要保障协助他人者的合法权益，同时又要保护每个人的自身事务不受不请自来的干预。

符合“无因管理”制度需要满足以下四个构成要件：

（1）管理的事务必须是他人的事务。行为人单纯对自己的事务进行管理，或误将自己的事务当作他人的事务进行管理，都不能成立“无因管理”。此外，管理的事务也有限制。为生病的朋友祈祷等关于宗教、道德、情谊的事务；替他人打架、帮别人看管盗窃物等非法事务；帮助他人登记结婚，替他人离婚等专属个人的事务，都不能作为“无因管理”的事务。

（2）管理人须有为他人管理的意思。这是指管理人在管理他人事务时，主观意识上想避免他人权益受损。通俗地讲，管理人内心是善良的，是想要帮助他人降低损失。

（3）管理人对管理行为无法定或约定的义务。履行法定的义务，如扶养、监护、消防员救火、警察救助等，或者履行合同上约定的义务，都不能成立“无因管理”。

（4）管理行为有利于他人，是为避免他人受损，而非使他人获利。如小明替小亮卖掉了水杯，获利 50 元。该行为并不是为了避免小亮利益受损，所以不适用“无因管理”。

满足以上条件的行为就可以适用“无因管理”，管理人与被管理人之间形成了“无因管理”之债。管理人可以向被管理人主张必要费用，而是否属于必要费用则要根据客观情况判断。比如，本案例中，小明因牧羊犬生病花费的医疗费、购买狗粮产生的费用，属于必要费用。但是，如果小明带狗做了全身美容，花费了3000元，该费用就不能认定为必要费用。此外，根据本款规定，管理人因管理事务受到损失的，可以请求受益人给予适当补偿。比如，小明在喂养牧羊犬时，被狗咬伤，花费医疗费 500 元。此时，小明有权请求牧羊犬的主人给予适当补偿。

本条第二款的含义是，管理事务如果不符合被管理人的真实意思，则不适用无因管理，管理人不享有本条第一款规定的权利。比如，小明将邻居准备出售的鱼赠与他人。但是，被管理人的真实意思违反法律或者违背公序良俗时，仍适用“无因管理”。比如，小明将邻居堆放在消防通道的垃圾清理干净。

知识扩展

现实中，照顾他人走失的宠物，将摔伤的同学送医并垫付医药费等，这些好人好事中都蕴含着“无因管理”制度。但根据法律规定，我们在管理他人事务时，也须承担一定的义务：

（1）适当管理义务。《民法典》第九百八十一条规定：“管理人管理他人事务，应当采取有利于受益人的方法。中断管理对受益人不利的，无正当理由不得中断。”因此，在管理过程中，管理方法应当适当，使其有利于被管理人。

（2）通知义务。《民法典》第九百八十二条规定：“管理人管理他人事务，能够通知受益人的，应当及时通知受益人。管理的事务不需要紧急处理的，应当等待受益人的指示。”

（3）报告、交付义务。《民法典》第九百八十三条规定：“管理结束后，管理人应当向受益人报告管理事务的情况。管理人管理事务取得的财产，应当及时转交给受益人。”

42 小明误将钱充值到小亮的校园卡中，他能要求小亮返还吗？

——不当得利

案例分析

小明在给校园卡充值时，因输错学号，误将 200 元充值到了小亮的校园卡中。小明找到小亮后，请求小亮返还 200 元。小明认为，错充的 200 元属于自己的财产，小亮不应据为己有。但小亮认为，小明虽然有 200 元的损失，但该损失并非由自己引起，自己也不存在任何过错，不应当返还。[①]

本案例涉及的主要问题：小亮取得该 200 元，是否存在法律依据？小明是否有权要求小亮返还 200 元？小亮能否以自己不存在任何过错为由，拒绝返还？

在本案例中，小明误将钱充值到小亮的校园卡中，小亮因此获利 200 元。根据《民法典》第九百八十五条的规定，小明的获利符合不当得利的构成要件。首先，小亮取得该 200 元，不存在法律依据，也没有相关约定。其次，小明在本案例中有 200 元的损失，而小亮则获得 200 元的利益，二者之间存在因果关系。此外，小亮获取该利益的过程中，即使不存在任何过错，

① 本案例由编者编写。

也不影响不当得利的成立。因此，小明作为受损失人，可以请求得利人小亮返还200元。

法条解析

上述案例主要涉及《民法典》的以下法条：

第九百八十五条 得利人没有法律根据取得不当利益的，受损失的人可以请求得利人返还取得的利益，但是有下列情形之一的除外：

（一）为履行道德义务进行的给付；

（二）债务到期之前的清偿；

（三）明知无给付义务而进行的债务清偿。

本条含义为，符合不当得利构成要件时，受有损失的一方有权请求得利人返还所获利益，但有三种情形除外。不当得利是指一方从他方获得了本不该归属其所有的利益。因一方获取该利益是没有法律根据的，所以法律赋予受损人请求不当得利人返还该利益的权利，以实现权益的恢复。

构成不当得利需要满足以下构成要件：

（1）一方取得利益。此处取得的利益，既包括财产积极增加，也包括财产消极增加。前者是指财产本不应该增加而增加。比如，多收了200元；别人家鱼塘的鱼因洪水流入了自家的鱼塘等。后者是指财产本应该减少但未减少。比如，应当支付的费用未支付；应当承担的债务没有承担。

（2）另一方受有损失。此处的损失包括财产积极减少（财产本不应该减少而减少）和财产的消极减少（财产本应该增加而未增加）。

（3）得利与受损之间存在因果关系。一方财产的损失是另一方受益所导致的结果，或者说，一方所得利益是建立在另一方财产受有损失的基础之上。

（4）得利没有法律根据。得利人获得利益，不是基于法律规定或当事人的约定。在本案例中，小亮获得 200 元，并无法律根据。同时，小亮获益 200 元与小明损失 200 元之间存在因果关系。所以，小亮获得 200 元，构成不当得利。

行为成立不当得利时，所产生的法律效果：受损失的人可以请求得利人返还取得的利益。应当返还的利益，仅限于财产利益，不包括精神利益。比如，在本案例中，小亮意外获得 200 元，开心之至。小亮心情愉悦这一精神利益，不可返还。此外，应当返还的利益，还包括孳息，即得利人在占有原物或占有某一权利时所产生的利益。比如，占有他人房屋收取的租金；占有他人的母牛所生下的小牛。

本条还规定了三种不当得利的除外情形：

（1）为履行道德义务进行的给付。比如，为救济贫穷的朋友给付的金钱；到医院看望亲属携带的营养品；他人结婚给予的贺礼等。从形式上看，这类行为是符合不当得利的构成要件，构成不当得利。但是，得利人获得该利益，符合社会的一般道德观念。因此，法律规定此种情形下，得利人可以不返还利益。在实践中，判断是否构成为履行道德义务进行的给付，应当依照一般的社会观念、当事人之间的关系等因素予以确定。

（2）债务到期之前的清偿。债务人在债务履行期限届满之前，偿还了该债务。此种情形下，债务人主动放弃期限利益后，就不能主张债权人返还。

（3）明知无给付义务而进行的债务清偿。一方明知道不存在债务或不存在给付的义务，仍然以清偿为目的而进行的给付，应当认为是其对自己权利的一种自主处分。受损人不得要求得利人返还该利益。

知识扩展

得利人是否善意，不影响不当得利的构成。尽管得利人取得该利益不存在任何过错，且不知道该利益没有法律根据，但只要符合不当得利构成要件的，也成立不当得利。但在得利人返还利益的规定中，法律对善意得利人与恶意得利人进行了区分。

《民法典》第九百八十六条规定：“得利人不知道且不应当知道取得的利益没有法律根据，取得的利益已经不存在的，不承担返还该利益的义务。”也就是说，如果得利人是善意的，利益减少时，得利人只返还剩余价值，即剩多少返还多少。如果取得的利益已经不存在，那么得利人不负有返还义务。

《民法典》第九百八十七条规定：“得利人知道或者应当知道取得的利益没有法律根据的，受损失的人可以请求得利人返还其取得的利益并依法赔偿损失。”明知没有法律根据而取得利益的，是恶意得利人。恶意得利人返还利益时，如果原物毁损灭失的，得利人应当折价返还，赔偿受损人的损失。原物被售卖的，若售价高于该物实际价格，以售价返还；若售价低于实际价格，则以实际价格返还。

43 小明预定了门票，但其到达时，游乐园因台风紧急关闭，小明能否要求游乐园退票？

——合同解除

案例分析

小明与同学相约去某游乐园游玩。当他们到达游乐园时，却被告知因台风天气，游乐园紧急关闭。游乐园承诺，当天购票者可以在6个月内，选择任何一天到该游乐园游玩。小明认为，未来6个月内不一定有机会外出游玩，便要求游乐园退票。但游乐园认为，游乐园不能正常营业是台风天气造成的，其不存在任何过错，没有退票义务。[①]

本案例涉及的主要问题：小明是否有权解除其与游乐园之间的合同？游乐园能否以自己没有过错为由，拒绝解除合同？

在本案例中，小明购买门票，与游乐园成立买卖合同关系。根据《民法典》第五百六十三条的规定，因台风天气这一不可抗力，致使合同目的不能实现，小明可以解除合同，并要求游乐园退票。根据该条规定，小明所

① 本案例改编自《台风天上海迪士尼闭园却不给退票，网友怒了！》，中国青年网，https://baijiahao.baidu.com/s？ id=1641577413016907344&wfr=spider&for=pc。

享有的是法定解除权，即游乐园对合同目的不能实现即使不存在任何过错，小明依然有权解除合同。而对游乐园提出的解决方案，小明既可以选择接受，也可以不接受。因此，小明有权解除合同，并要求游乐园退票。

法条解析

上述案例主要涉及《民法典》的以下法条：

第五百六十三条第一款 有下列情形之一的，当事人可以解除合同：

（一）因不可抗力致使不能实现合同目的；

（二）在履行期限届满前，当事人一方明确表示或者以自己的行为表明不履行主要债务；

（三）当事人一方迟延履行主要债务，经催告后在合理期限内仍未履行；

（四）当事人一方迟延履行债务或者有其他违约行为致使不能实现合同目的；

（五）法律规定的其他情形。

本条第一款的含义为，合同当事人在法律规定的解除事由出现时，可以行使法定解除权，解除合同。与一般约定解除权不同，法定解除权赋予了当事人单方解除合同的权利。只要发生法律规定的情形，无需征得合同相对人的同意，当事人即可解除合同。

法定情形包括以下五种：

（1）因不可抗力致使合同目的不能实现。不可抗力是指不能预见、不能避免且不能克服的客观情形。比如，台风、地震、洪水、战争等。如果不可抗力致使合同目的不能实现，即当事人订立合同时所追求的利益无法实现，当事人享有法定解除权。如果不可抗力只是暂时性阻碍合同的履行，当事人就不享有法定解除权。

（2）在履行期限届满前，当事人一方明确表示或者以自己的行为表明不履行主要债务。债务人明示或者通过行为表明不履行主要债务的，视为对合同义务的违反。在此种情况下，如果要求债权人仍需不断请求债务人履行债务，或者债务履行期限届满才能主张权利，对债权人是极其不公平的。法律赋予债权人合同解除权，可以使债权人尽早解除合同，维护自己的合法权益。但必须要注意的是，一方当事人不履行的债务应当是主要债务。如果一方只是拒绝履行从给付义务或附随义务，并不影响合同目的实现的，则债权人不享有法定解除权。

（3）当事人一方迟延履行主要债务，经催告后在合理期限内仍未履行。债务人的迟延履行，并非一定导致合同目的不能实现。此时，如果法律赋予债权人解除权，就会使得合同解除具有任意性，不利于社会关系的稳定。但债务人不按时履行合同，会损害债权人的利益，所以法律对此规定了合理的催告期限。如果期限届满，债务人仍然没有履行主要债务，债权人就享有法定解除权。

（4）当事人一方迟延履行债务或者有其他违约行为致使合同目的不能实现。如果迟延履行或者其他违约行为直接导致合同目的不能实现，那么非违约方不需要经过催告，就可以直接行使法定解除权。

（5）法律规定的其他情形。比如，根据《民法典》第五百九十七条的规定，出卖人未取得处分权致使标的物所有权不能转移的，买受人可以解除合同。根据《民法典》第六百一十条规定，标的物不符合质量要求，合同目的不能实现，买受人可以解除合同。

知识扩展

《民法典》第五百六十三条第一款规定了合同的法定解除权，该条第二款则规定了“持续性不定期合同”的法定解除权。

《民法典》第五百六十三条第二款规定：“以持续履行的债务为内容的不定期合同，当事人可以随时解除合同，但是应当在合理期限之前通知对方。”不定期合同，是指当事人没有约定履行期限，或者履行期限无法确定的合同。一般在不定期合同中，双方之间的信赖关系是基础。一旦该信赖关系不存在，那么双方均有权解除合同。行使持续性不定期合同的解除权时，应当满足以下条件：必须是持续履行的合同；通知对方解除合同时，应当给予对方合理的准备时间，以便对方做好必要的准备。

第四编 人格权

“人格权”是《民法典》的第四编。人格权独立成编，是我国《民法典》最重要的创新之一，对民事主体人权的保护具有十分重要的意义。人格权是民事主体对其特定的人格利益享有的权利，是每个民事主体享有的最基本的权利之一。作为民事主体的重要组成部分，青少年的人格权也应该受到法律的妥善保护。通过本编的学习，青少年将懂得拿起法律的武器向性骚扰说不；学习关于身体权、姓名权、肖像权、名誉权、荣誉权、隐私权以及个人信息保护等相关的法律制度。

44 培训机构未经允许使用小明的肖像，是否侵犯了小明的合法权益？

——肖像权的许可使用

案例分析

小明是当地颇具名气的童星。某日，小明的爸爸在街上闲逛时，发现小明的正面照片被用在了某舞蹈培训机构的广告上。小明的爸爸认为，培训机构擅自将小明的肖像用于具有经营性质的宣传活动中，侵犯了小明的肖像权，要求该机构赔偿。而培训机构认为其未构成对小明肖像权的侵犯，不应承担赔偿责任。于是小明的爸爸将该纠纷诉至法院，要求培训机构停止使用该照片，赔偿损失并赔礼道歉。

法院审理后认为，民事主体享有肖像权，他人未经本人同意，不得以营利为目的使用公民的肖像。培训机构未经小明及其法定监护人同意，擅自使用其肖像，同时配以商业活动的宣传语以及咨询报名电话，属于商业营利性质的宣传活动。因此，该机构侵犯了小明的肖像权，应当承担侵权责任。故法院判决培训机构赔偿损失并赔礼道歉。①

---

① 本案例改编自《成都中院发布 2017 年度十大典型案例》，成都法院网，http://cdfy.chinacourt.gov.cn/article/detail/2018/04/id/3281632.shtml。

本案例是一起未经未成年人及其法定监护人同意，擅自将未成年人肖像用于营利性宣传活动的案件。肖像权是一种包含了精神利益与财产利益的人格权，具有专有性和排他性，受法律保护。在本案例中，培训机构未经小明及其监护人同意，就以营利为目的使用小明的肖像，侵犯了小明的肖像权。

法条解析

上述案例主要涉及《民法典》的以下法条：

第九百九十三条 民事主体可以将自己的姓名、名称、肖像等许可他人使用，但是依照法律规定或者根据其性质不得许可的除外。

本条含义为，民事主体有权许可他人使用自己的姓名、名称、肖像等人格权。本法条确认了民事主体有权许可他人对其人格利益进行利用，并规定了能够许可使用的人格利益的范围。依据本条的规定，除依照法律规定或者根据其性质不得许可的人格利益外，如生命权、身体权、健康权等，其他人格利益均可以成为许可使用的对象。本条在倡导民事主体积极利用其人格权的同时，也限制人格权被不当或过度利用。

第一千零一十八条 自然人享有肖像权，有权依法制作、使用、公开或者许可他人使用自己的肖像。

肖像是通过影像、雕塑、绘画等方式在一定载体上所反映的特定自然人可以被识别的外部形象。

本条第一款的含义为，自然人享有肖像权。民事主体既可以制作、使用、公开自己的肖像，也可以通过与他人签订肖像权许可协议的方式许可他人使用自己的肖像。

本条第二款的含义为，肖像应反映在一定载体之上，并且具有可识别性。“在一定载体上所反映”是指肖像具有固定于物质载体的属性，不能独立存在。我们生活中常见的相片便是肖像的载体。除此之外，雕塑、绘画、电脑建模、影片等都可以成为肖像的载体。就“可以被识别”而言，只要是能够识别出个人身份的外部形象，都属于肖像的范畴。例如，我们可以清晰地从宇航员照片中识别出这张照片的拍摄对象是杨利伟，那么这张照片中杨利伟的形象就属于受法律保护的肖像。

知识扩展

小明的案例让我们认识到了肖像权是一种非常重要的人格权，但是肖像权只关系到“脸”吗？如果培训机构使用了一张没有小明面部特征的照片，是否也侵犯了小明的肖像权？

随着社会生活的发展，肖像权的保护范围也逐渐扩大，不再局限于自然人的面部特征。如果自然人的其他身体特征，如个人侧影、肢体动作等，具有可识别性，能够反映自然人的外在形象，也应被认定为肖像。也就是说，如果其他部位的视觉形象可以让我们联想到被记录的自然人，那么这一视觉形象就满足了肖像可识别的要求，应当受到法律保护。在本案例中，如果培训机构未经许可使用了不包含小明面部特征的肖像，但依然能够被他人一眼认出是小明，那么培训机构仍侵犯了小明的肖像权。

45 小明救人的视频被电视台报道，请问电视台是否侵犯了小明的肖像权？

——肖像权的合理使用

案例分析

小明在公园的一处安全水域游泳时，突然发现不远处一名儿童溺水。小明赶忙游过去，成功将溺水的儿童救起。一位路过的记者拍下了小明救人的视频，并在电视台进行了报道。小明认为，电视台对自己的事迹进行公开报道，但未取得自己或父母的许可，侵犯了自己的肖像权。电视台认为，媒体实施新闻报道，公开肖像权人的肖像，具有公益性，应当属于肖像权的合理使用，不构成侵权。小明遂将该纠纷诉至法院，要求电视台赔礼道歉。[①]

本案例涉及的主要问题：小明救人的视频被电视台报道公开，是否侵犯了小明的肖像权？是否构成肖像权合理使用？

根据《民法典》第一千零二十条的规定，合理实施新闻报道，不可避免地会制作、使用、公开肖像权人的肖像，可以不经肖像权人同意，不构成对当事人肖像权的侵犯。因为一般的新闻报道，符合社会公共利益，具

① 本案例由编者编写。

有公益性，符合上述法律规定的肖像权合理使用制度。因此，本案例中，小明救人的事迹被电视台报道，应属于合理实施新闻报道。电视台公开小明肖像的行为，不构成对小明肖像权的侵害。

法条解析

上述案例主要涉及《民法典》的以下法条：

第一千零二十条 合理实施下列行为的，可以不经肖像权人同意：

（一）为个人学习、艺术欣赏、课堂教学或者科学研究，在必要范围内使用肖像权人已经公开的肖像；

（二）为实施新闻报道，不可避免地制作、使用、公开肖像权人的肖像；

（三）为依法履行职责，国家机关在必要范围内制作、使用、公开肖像权人的肖像；

（四）为展示特定公共环境，不可避免地制作、使用、公开肖像权人的肖像；

（五）为维护公共利益或者肖像权人合法权益，制作、使用、公开肖像权人的肖像的其他行为。

本条含义为，对肖像的合理使用，可以不经肖像权人的同意。即在一些特定情况下，可以不经肖像权人同意，公开、使用、制作其肖像。肖像权作为个人的合法权益，受到法律保护，但是如果所有肖像的使用都需要经过许可，必然会造成诸多不便。法律从公益性角度出发，为了平衡社会公共利益与肖像权人的个人利益，特别规定了肖像权合理使用制度。具体包括以下五种行为：

（1）为个人学习、艺术欣赏、课堂教学或者科学研究，在必要范围内使用肖像权人已经公开的肖像。这里的肖像权合理使用必须满足两个条件：

第一，使用的必须是已经公开的肖像。第二，该肖像必须用于个人学习、艺术欣赏、课堂教学或者科学研究这一类具有教学研究性质的活动中。比如，教师在课件中使用某位著名科学家的照片，在课件中使用该照片是为了便于向学生讲解与该科学家相关的知识，不构成对科学家肖像权的侵犯。

（2）为实施新闻报道，不可避免地使用、公开肖像权人的肖像。在新闻报道中使用他人的肖像是为了更好地凸显新闻报道的真实性、客观性。同时，我们看新闻时往往关注的是事件本身。所以，在新闻报道中使用他人的肖像一般不会对当事人的人格利益造成损害，当事人的人格尊严也不会因此遭受贬损。当然本条也用到了“不可避免”一词，说明如果新闻报道中可以避免公开他人肖像，或不公开不影响该新闻报道的意义，则应尽量不使用、不公开他人肖像。

（3）为依法履行职责，国家机关在必要范围内制作、使用、公开肖像权人的肖像。国家机关可以在合理开展业务的范围内，制作公民肖像，并在一定范围公开与使用。这是国家机关工作人员履行职责的需要。例如通缉令的张贴，其目的是为了尽快将违法者捉拿归案，保障社会治安的稳定，这并不构成对犯罪嫌疑人肖像权的侵犯。

（4）为展示特定公共环境，不可避免地制作、使用、公开肖像权人的肖像。对公共环境的摄录不是为了利用肖像权人的肖像，而是为了展示特定的公共环境。肖像权人的肖像也并不作为画面主体，而只是不可避免地存在于照片或视频中。比如，学校对学校内部环境进行的拍摄录影，其本质是为了展示学校的生态环境和人文氛围，对其中偶然出现的学生不构成侵权。

（5）为维护公共利益或者肖像权人合法权益，制作、使用、公开肖像权人的肖像的其他行为。此项规定为兜底条款。其他使用肖像而无需肖像权人同意的行为主要有两种情况：第一是为了维护公共利益；第二是为了肖像权人的合法权益。例如，刊登附有照片的寻人启事，不能认为是对肖像权的侵犯。

知识扩展

在我们的社会生活中，个人利益与社会公共利益在某些情况下会存在一定的冲突。因此法律就需要尽可能在二者之间寻求合理的平衡点。我国不仅制定了肖像权合理使用制度，而且对于其他人格权也规定了合理使用制度。

《民法典》第九百九十九条规定："为公共利益实施新闻报道、舆论监督等行为的，可以合理使用民事主体的姓名、名称、肖像、个人信息等；使用不合理侵害民事主体人格权的，应当依法承担民事责任。"本条是关于为新闻报道、舆论监督合理使用人格权的规定。只有在为了公共利益而实施新闻报道、舆论监督时，使用他人的姓名、名称、肖像、个人信息等才不构成侵权。另外，新闻报道、舆论监督中对他人姓名、名称、肖像、个人信息等的使用必须客观公正，不得有侮辱、诽谤等有损他人人格权的行为。

46 父亲因公殉职后被某网站造谣抹黑，小明能否请求该网站承担民事责任？
——死者人格权的保护

案例分析

小明的父亲因公殉职。某日，小明从某网站看到关于父亲的文章，其中写到“正值壮年的鲜活生命猝然离去，戛然而止，依然让人有些匪夷所思，仿佛冥冥之中有什么不可告人的秘密似的”“谁会知道他每年都去澳门赌场，一待数日”等。小明认为该报道与事实严重不符，严重侵犯了父亲的名誉，也给自己造成了严重的精神损害。于是，小明要求该网站赔礼道歉，消除影响，并对自己承担一定的精神损害赔偿。但该网站认为，死者的人格权已经消灭，不存在对死者人格权的侵犯。小明遂将该纠纷诉至法院。

法院审理后认为，根据《民法典》第九百九十四条的规定，死者的人格利益受到法律保护。死者的名誉受到损害时，其近亲属有权向法院起诉。该文章内容具有倾向性和揭秘性暗示，客观上存在对家属的不良影响。同时，该文章在相关用语表述上存在主观恶意揣测，客观上已经造成对小明父亲的社会评价降低，侵害了死者的名誉。法院最终判决，网站公开赔礼道歉，消除影响，并对小明支付一定的精神损害抚慰金。[①]

本案例中，该网站刊登的文章部分内容与事实严重不符。小明的父亲虽因公殉职，但其人格利益依然受到法律的保护。该文章通过侮辱、诽谤的方式贬损了小明的父亲的名誉，客观上造成其社会评价降低，侵犯了小明的父亲的名誉。根据《民法典》第九百九十四条的规定，小明作为其子女，有权请求该网站承担相应的民事责任。

法条解析

上述案例主要涉及《民法典》的以下法条：

第九百九十四条　死者的姓名、肖像、名誉、荣誉、隐私、遗体等受到侵害的，其配偶、子女、父母有权依法请求行为人承担民事责任；死者没有配偶、子女且父母已经死亡的，其他近亲属有权依法请求行为人承担民事责任。

本条含义为，死者的人格利益受法律保护。

首先，死者的人格利益既包括精神利益，也包括财产利益。就精神利益而言，作为自然人，尽管其已经逝去，但其死后也应当受到尊重。就财产利益而言，死者的人格利益，可作商用。死者的人格利益在其死后仍然具有一定的财产价值。所以，对死者人格利益的保护，既包含对精神利益的保护，也包含对财产利益的保护。

其次，法律保护的人格利益，一般是指主体人身行为自由、精神自由、尊严等方面的利益。自然人死亡后，尽管其主体不复存在，但人格利益并非完全消灭。所以，法律对于死者的姓名、肖像、名誉、荣誉、隐私、遗

① 本案例改编自“李某某与彭某等名誉权纠纷”［北京市东城区人民法院（2018）京0101民初3205号民事判决书］。

体等人格利益也予以保护。

再次，《民法典》通过赋予死者近亲属诉权，实现对死者人格利益的保护。死者的配偶、子女、父母以及其他近亲属都有权请求行为人承担民事责任。

最后，近亲属行使请求权存在顺位限制。死者的配偶、子女、父母是第一顺位的；死者没有配偶、子女且父母已经死亡的，其他近亲属作为第二顺位的。此外，在没有任何近亲属的情况下，如果涉及公共利益，有关单位也可以通过公益诉讼等方式对死者的人格利益予以保护。

知识扩展

根据《民法典》第九百九十四条规定，自然人死亡后，其人格利益受到损害的，其近亲属有权请求行为人承担民事责任。《民法典》也对民事主体的人格权遭受损害后的救济方式进行了相应的规定。

《民法典》第九百九十五条规定："人格权受到侵害的，受害人有权依照本法和其他法律的规定请求行为人承担民事责任。受害人的停止侵害、排除妨碍、消除危险、消除影响、恢复名誉、赔礼道歉请求权，不适用诉讼时效的规定。"

受害人除了依据《民法典》的相关规定保护人格权外，还可通过《刑法》《未成年人保护法》《妇女权益保障法》《老年人权益保障法》等法律中关于公民人格权的规定，维护自己的合法权益。当民事主体的人格权受到侵害或者有可能受到侵害时，民事主体可以请求加害人为一定行为或者不为一定行为，以防止自己的人格权被侵害。受害人享有的请求权包括：停止侵害、排除妨碍、消除危险、消除影响、恢复名誉、赔礼道歉请求权。这些请求权均不适用诉讼时效的规定。即受害人行使上述请求权，不受时间的限制。即使在法定的时效期间内（一般情况为三年），受害人没有行使上述的请求权，其胜诉权也不会归于消灭。

47 小明因违反校规，被学校“关禁闭”，这种惩罚方式是否合法？

——行动自由的保护

案例分析

小明是一名中学生。某日，小明因不听劝阻，多次践踏学校的草坪，被老师锁在空闲的办公室中“关禁闭”。在“关禁闭”过程中，小明因屋内较为黑暗，感到压抑不安。他曾多次承认错误，请求取消禁闭，但是老师并未理会。在禁闭结束后，小明的身心健康受到了极大的损害。于是小明的父亲便对学校提起了诉讼，要求学校赔礼道歉，并赔偿小明的精神损失。

法院审理后认为，学校对学生实施“关禁闭”的处罚行为不属于正常的管理行为，而是一种变相的非法拘禁行为。该行为剥夺了小明的行动自由，侵犯了小明的身体权。同时，学校的非法拘禁行为对小明造成了精神损害，产生了严重后果。故根据《民法典》第一千零三条、第一千一百八十三条第一款的规定，法院判令学校向小明赔礼道歉，并赔偿相应的精神损害抚慰金。[①]

---

① 本案例由编者编写。

在本案例中，学校为了教育、管束未成年人，可以对小明的错误进行必要的惩罚，但是“关禁闭”的惩罚方式明显超出了必要的限制。这种剥夺未成年人行动自由的行为，侵犯了未成年人的身体权，可能给未成年人带来了巨大的心理创伤。学校应当采取文明的方式来教导未成年人改正错误，而不能采取“关禁闭”等变相体罚的方式“教育”未成年人。

法条解析

上述案例主要涉及《民法典》的以下法条：

第一千零三条 自然人享有身体权。自然人的身体完整和行动自由受法律保护。任何组织或者个人不得侵害他人的身体权。

本条含义为，自然人的身体权受到法律保护。身体权是民事主体最基本的权利。健康的身体不仅是生命的载体，也是我们进行社会活动的基础。身体权包含了两个方面的内容，即身体完整和行动自由。

身体完整指自然人保持其肢体、器官和其他身体组织的完整性。本条规定身体完整受法律保护，就是要保障民事主体对自己身体有着完全的、排他的控制。若因他人的行为造成民事主体身体残缺，使其身体机能减损，就侵害了民事主体的身体完整。例如，小明被他人打掉了牙齿。这一行为虽然不会危及小明的生命，但是破坏了小明的身体组织的完整性，构成对小明身体权的侵犯。

行动自由指民事主体可以根据自己的意志自由行动而不受干涉。行动自由是民事主体参与社会活动和享有其他人格权利的先决条件。如果以非法的方式剥夺、限制民事主体的行动自由，民事主体便不能以自己的意志决定自己的行动，即侵犯了民事主体的行动自由。侵犯民事主体行动自由的行为主要有以下几种：

（1）以关押、束缚、监禁等方式对民事主体进行非法拘禁。本案例中，学校将小明“关禁闭”的行为便属于这种方式。这也是对民事主体行动自由最直接的侵犯。

（2）利用民事主体的恐惧、害怕等心理侵犯民事主体的行动自由。

（3）妨害民事主体通行。

知识扩展

民事主体的行动自由受到法律保护，任何组织、个人不得以非法拘禁等方式剥夺、限制他人的行动自由。但是我们的行动自由并非在任何条件下都不受限制。对民事主体行动自由合法限制的情形，主要有以下几种：

（1）对未成年人的必要监护措施和管束行为。未成年人的监护人和所在学校可因履行监管责任对未成年人的行动自由进行必要的限制。这种对未成年人行动自由的限制应当是为了保护被监护人的利益，且不能超过必要的限度。例如，老师因为需要给小明补课，而将小明留在教室片刻。此时，小明的行动自由虽受到了限制，但是这种限制具有合理性。

（2）国家机关行使职权对个人的行动自由所做的必要限制。为了社会公共利益的需要，国家机关在行使职权时可以对个人的行动自由进行必要限制。例如，在抗击疫情中，国家为了控制疫情传播的需要，对小区和公共场所进行封闭式管理。

（3）自助行为。《民法典》第一千一百七十七条规定："合法权益受到侵害，情况紧迫且不能及时获得国家机关保护，不立即采取措施将使其合法权益受到难以弥补的损害的，受害人可以在保护自己合法权益的必要范围内采取扣留侵权人的财物等合理措施；但是，应当立即请求有关国家机关处理。受害人采取的措施不当造成他人损害的，应当承担侵权责任。"

民事主体在保障自己的合法权益不受侵害时，如果形势紧迫且不能得到国家机关的帮助的，该民事主体可以对其他民事主体的行动自由进行必要的限制或者剥夺，以实现私力救济。民事主体为保障他人的合法利益或者社会公共利益而实施的见义勇为行为，也可以成为侵害他人行动自由的抗辩事由。例如，小明将正在实施盗窃行为的小亮抓获，并将其扭送至公安机关。此时，小明的行为并未侵害他人的行动自由。

48 某商店怀疑小明偷东西并对其搜身，小明能否请求商店承担民事责任？

——非法搜身的责任承担

案例分析

某日，小明到商店选购生活用品。小明在收银台结完账准备离开商店时被保安拦下。保安以“怀疑小明偷窃商品”为由要求小明打开购物袋并检查。小明辩解称，自己已经付过款，且顺利通过了防盗感应门。因此，他拒绝保安对自己的私人物品进行搜查。但保安认为小明不配合自己的工作，便将购物袋从小明手中抢拽过来，进行检查。搜查无果后，保安又强行将小明带至商店的地下室，并用金属探测器对其全身进行检查。搜查完毕后，保安并未发现任何异样。事后，小明认为商店保安的非法搜查行为严重侵犯了自己的人身自由与人格尊严，遂将商店诉至法院。

法院审理后认为，自然人的人身自由、人格尊严受法律保护。商店作为经营者，应当维护消费者的人格尊严，并通过合理、合法的方式解决与消费者之间产生的纠纷。在本案中，商店在缺乏证据的情况下，无端怀疑小明，且在小明明确表示拒绝接受搜查后，仍强行对小明的购物袋以及身体进行检查。商店的搜查行为违背了小明的意愿，严重损害了小明的人格尊严与人身自由。因此，商店应当对小明承担公开赔礼道歉、赔偿损害的民事责任。[①]

本案例涉及两个民事主体，消费者小明以及经营者商店。根据《民法典》第一千零一十一条的规定，小明的人身自由受法律保护。商店作为经营者，无权剥夺、限制消费者的人身自由。法律也禁止商店的工作人员非法搜查消费者的身体。在本案例中，商店的保安不顾小明的反对，强行对小明的身体以及购物袋进行非法搜查，严重侵害了小明的人身自由与人格尊严。因此，小明有权要求商店承担相应的民事责任。

法条解析

上述案例主要涉及《民法典》的以下法条：

第一千零一十一条 以非法拘禁等方式剥夺、限制他人的行动自由，或者非法搜查他人身体的，受害人有权依法请求行为人承担民事责任。

本条含义为，任何组织和个人不得以非法拘禁、非法搜查等方式侵害他人的人格尊严和人身自由。本条中的“非法拘禁”是指，通过禁闭、拘押等非法方式，强行剥夺自然人人身自由的一种侵权行为。根据《刑法》第二百三十八条的规定，非法拘禁他人或者以其他方法非法剥夺他人人身自由，情节严重的，还将承担刑事责任。本条中的“非法搜查”是指没有搜查权力或有搜查权力的人未通过合法程序对公民实施搜查的行为。

在我国，人民检察院、公安机关、国家安全机关等国家机关享有搜查权。例如，公安机关在火车站对进站人员进行搜身。海关在机场对进出境人员进行搜身。除此以外，其他的民事主体均不享有对他人所有的物品以

① 本案例由编者编写。

及身体进行搜查的权力。在本案例中，若商店怀疑小明实施了偷窃行为，其应当采取询问、查看监控录像等合法方式进行查证。商店作为经营者不享有搜查权，不得以任何理由、任何手段随意搜查小明的身体以及随身物品。国家机关的工作人员也应当按照法定程序依法行使搜查权，不能滥用搜查权。搜身行为应当是以查明相关证据或实施社会管理为目的，且不能超过合理的限度，否则仍然构成对公民人身自由的侵害。

人身自由作为民事主体享受其他自由的前提，具有以下四个特征：

（1）人身自由只能由自然人享有，法人或非法人组织不享有人身自由权。

（2）人身自由是一种绝对权。自然人享有的人身自由是一种对世的权利。此种权利并不需要他人或者外界的认可，任何人都负有不得侵犯他人人身自由的义务。

（3）人身自由包含了身体自由和精神自由。身体自由即行动的自由，主要是指自然人可以通过外在的身体运动来进行社会活动。例如，我们可以自由进出公园，可以自由到景点进行游览观光。精神自由是指，自然人可以按照自己的意志进行内在思考。例如，我们可以自由选择是否购物，以及购买哪些商品。

（4）人身自由并非完全的自由。一方面，自然人行使人身自由权时，不能侵害他人的合法权益。另一方面，在特定情况下，自然人的人身自由会基于法律的规定而受到限制。例如，公民因为触犯有关法律被公安机关逮捕。

知识扩展

除《民法典》规定了自然人享有人身自由，《消费者权益保护法》也对保护消费者的人格尊严与人身自由进行了规定。

《消费者权益保护法》第五十条规定：“经营者侵害消费者的人格尊严、侵犯消费者人身自由或者侵害消费者个人信息依法得到保护的权利的，应当停止侵害、恢复名誉、消除影响、赔礼道歉，并赔偿损失。”

《消费者权益保护法》第五十一条规定：“经营者有侮辱诽谤、搜查身体、侵犯人身自由等侵害消费者或者其他受害人人身权益的行为，造成严重精神损害的，受害人可以要求精神损害赔偿。”

49 小明在学校的游泳馆中溺水，学校是否有义务进行救助？

——法定救助义务

案例分析

小明是一名中学生。某日，小明在上游泳课时，腿部突然抽筋，难以游到泳池边。在即将溺水之时，小明在游泳池内大声呼救，却没有救生员予以应答。直到小明已经呛水昏迷之时，他才被学校工作人员发现并救上岸。虽然小明被送到医院抢救后脱离了生命危险，但其因在水中未得到及时的救助，肺部受损，仍需进行住院治疗。小明的父亲认为，学校对小明没有尽到管理义务以及法定救助义务，应当对小明受到的损害承担侵权责任。学校认为，小明的受伤行为是由于自己不服从老师的安排导致的，且学校并非专业急救单位，对小明不负有法定救助义务。双方无法就赔偿事宜达成一致，小明的父亲遂将该纠纷诉至法院。

法院审理后认为，根据《民法典》第一千零五条的规定，在校园中，学生的生命权、身体权、健康权受到侵害或者处于其他危难情形的，学校作为负有法定救助义务的组织应当及时施救。一方面，学校未按照相关规定在游泳馆内部配备救生员，存在管理失责的问题。另一方面，根据《民法典》第一千二百条的规定，小明在校学习、生活期间，学校具有教育、管理职责，其应承担法定救助义务。因学校没有及时发现小明处于溺水的危险状态中，导致小明未能得到及时的救助。因此，学校应当对小明的损害承担赔偿责任。[①]

本案例涉及两个民事主体，即小明与学校。学校与小明之间是教育与被教育、管理与被管理的关系，学校对小明在学校学习、生活期间负有教育、管理、救助的法定义务。在本案例中，小明溺水的地点为学校的游泳池，溺水的时间为游泳课期间，属于在学校学习期间。因此，当小明在游泳馆内处于溺水的危险状态时，学校应当及时对小明进行救助。然而，在小明进入游泳馆之前，学校未尽到教育、管理职责，未制定、落实相应的安全管理规定，以保障学生在游泳馆的安全。在小明溺水呼救之时，也没有救生员及时对小明采取救助措施。因此，根据《民法典》第一千零五条的规定，学校未尽到法定救助义务，应当依法赔偿小明的损失。

法条解析

上述案例主要涉及《民法典》的以下法条：

第一千零五条 自然人的生命权、身体权、健康权受到侵害或者处于其他危难情形的，负有法定救助义务的组织或者个人应当及时施救。

本条含义为，特定的组织或个人在特定情况下，对自然人负有法定救助义务。自然人的生命权、身体权、健康权是最基本的人格权益，当这些权益受到不法侵害或处于危难之时，特定的组织或个人需要承担法定救助义务，并采取积极的施救行为来履行救助义务。

① 本案例由编者编写。

法定救助义务的内涵主要包括：

（1）负担法定救助义务的主体是与被救助的民事主体存在一定管理关系或具有特殊职责的组织或个人。在本案例中，学校与小明之间存在管理与被管理的关系。因此，小明在校学习期间，学校应当在危急时刻承担起对小明的法定救助义务。

（2）法定救助义务产生的时间点，既包括自然人的生命权、身体权、健康权受到侵害时，也包括自然人的生命权、身体权、健康权处于危难之时。

（3）负有法定救助义务的组织或个人应当对特定主体实施施救行为，以保证自然人的人身权益得到及时救济。在本案例中，学校虽然实施了施救行为，但因其施救行为并不及时，小明仍受到损害。因此，学校应当为其施救不及时造成的损害承担民事责任。

知识扩展

学校与学生之间存在管理关系，因此应当对在校学习的学生承担法定救助义务。在社会生活中，除了负有管理义务的组织或个人需要承担法定救助义务，在特定情形下，医疗机构、公安机关、承运人以及先行行为人也负有法定救助义务，具体而言：

（1）医疗机构的救助义务。医院等医疗机构及其医护人员因为职业的特殊性，应当对情况紧急的病人承担救助义务。

（2）公安机关的救助义务。公安机关作为维护国家治安，保护公民人身安全的国家机关，负有保护公民、防范危险、制止损害的义务。

（3）承运人的救助义务。《民法典》第八百二十二条规定："承运人在运输过程中，应当尽力救助患有急病、分娩、遇险的旅客。"在交通运输的过程中，承运人应当对急病、分娩或者遇险的乘客承担抢救义务。

（4）先行行为人的救助义务。如果民事主体因为先行行为人的行为导致其生命权、身体权、健康权受到侵害，该先行行为人应当负担相应的救助义务。例如，小明的叔叔带小明去爬山，小明在爬山途中扭伤脚踝，小明的叔叔就应当在小明受伤时履行救助义务。

50 小明被其他同学性骚扰，小明能否请求骚扰他的同学承担民事责任？

——性骚扰的责任承担

案例分析

小明是一名初中生。某日，高年级学生小亮以帮助小明补习功课为由，将小明带至学校的偏僻处，强行抚摸了小明的多个身体部位。此后，小亮又多次对小明实施了该行为。这对小明的身心健康造成了极大影响。小明的父亲得知此事后，要求小亮停止侵害，并就小明受到的精神损害承担相应的民事责任。而小亮的父母辩称，小亮的行为只是同学间的小打小闹，无需承担任何责任。小明的父亲遂将该纠纷诉至法院。

法院审理后认为，小亮对小明实施的行为已超出正常同学打闹的范围。在本案中，小亮违背小明的意愿，强行对小明的身体实施接触行为，严重损害了小明的心理健康。因此，该行为属于性骚扰行为，小亮应当对此承担民事责任。经法院调解，小亮及其父母向小明赔礼道歉，并承担相应的精神损害赔偿。同时，小亮的父母还承诺，将严格教育小亮，避免类似事件再次发生。[①]

① 本案例由编者编写。

本案例涉及两个民事主体，侵权行为人小亮以及受害人小明。小亮为了满足自己的性心理需求，对小明实施了与性有关的肢体接触。这一肢体接触违背了小明的意愿，严重损害了小明的心理健康。根据《民法典》第一千零一十条第一款的规定，小亮对小明的肢体接触行为构成性骚扰，应当承担民事责任。

法条解析

上述案例主要涉及《民法典》的以下法条：

第一千零一十条第一款 违背他人意愿，以言语、文字、图像、肢体行为等方式对他人实施性骚扰的，受害人有权依法请求行为人承担民事责任。

本条第一款的含义为，行为人实施性骚扰，应依法承担民事责任。性骚扰指行为人为了满足心理或生理方面的需求，在性意图的驱使下，以违背他人意愿的方式，实施的带有性暗示的语言、动作。性骚扰并不包括性侵害行为。性骚扰往往只会侵犯自然人的人格尊严，但是性侵害行为不仅会侵犯人格尊严，还会对身体权造成严重损害。因此，实施了性侵害行为的行为人还应当承担相应的刑事责任。

性骚扰行为的构成要件主要包括：

（1）违背他人意愿。即受害人在主观上抗拒、排斥性骚扰行为。受害人对性骚扰行为的态度往往与受害人的认知程度有关。因此，当受害人为无民事行为能力人或限制民事行为能力人时，法院在认定是否“违背他人意愿”时，会适当调整认定标准。本款中的“他人”既包括女性，也包括男性。性骚扰行为的界定与受害人的年龄、性别、性取向等因素无关。

（2）通过言语、文字、图像、肢体行为等方式实施性骚扰行为。在性骚扰案件中，肢体方式是最普遍的侵害方式，一般表现为对身体的触碰等。在本案例中，小亮对小明的身体进行接触，就属于以肢体行为的方式实施的性骚扰。同时，语言、文字、图片、影像等也可以作为实施性骚扰的方式。

知识扩展

在本案例中，小明在遭遇性骚扰后，可以通过合理、合法的方式维护自己的权益。而学校作为教育机构，也应当采取一系列措施，防止校园性骚扰，保障学生的身心健康不受侵害。

《民法典》第一千零一十条第二款规定："机关、企业、学校等单位应当采取合理的预防、受理投诉、调查处置等措施，防止和制止利用职权、从属关系等实施性骚扰。"

学校应当采取合理的手段，预防校园性骚扰案件的发生。例如，在校内安装监控摄像头，设立投诉信箱，对教职工和学生进行心理调查等。在性骚扰事件发生之后，学校应当协助受害人进行调查。此外，还应建立健全学校预防性骚扰的长效机制，防止以职权、从属关系为基础的权力型性骚扰事件的发生。

51 父亲可以将“囧”作为小明的姓吗?

——姓氏的变更

案例分析

小明的父亲为了彰显个性，没有让小明随父姓或者随母姓，而是将小明的姓氏取为“囧”。在小明的父亲为小明办理户口登记时，派出所的户籍民警以“囧”不是姓氏为由，拒绝为其办理。小明的父亲辩解称，法律赋予了自然人姓名权，因此，姓什么是自然人的权利，任何人不可以干涉。双方争执不下，小明的父亲遂诉至法院，请求法院判令确认派出所拒绝以“囧”为姓为小明办理户口登记的行为违法。

法院审理后认为，本案不存在选取其他直系长辈血亲姓氏或者选取法定抚养人以外的抚养人姓氏的情形，且“囧”字不属于现代汉语中姓氏的常用字。因此，小明的父亲为小明取“囧”姓具有明显的随意性，不属于《民法典》第一千零一十五条中规定的“有不违背公序良俗的其他正当理由”之情况。于是，法院驳回了小明的父亲要求确认派出所拒绝以“囧”为姓办理户口登记行为违法的诉讼请求。[1]

---

① 本案例改编自《“北雁云依”诉济南市公安局历下区分局》，最高人民法院发布第17批指导性案例，http://courtapp.chinacourt.org/zixun-xiangqing-70242.html。

本案例的核心争议是自然人姓名权的边界问题。小明的父母可以决定、变更小明的姓名，但是小明的父母在为小明取名时应当尊重社会公德，不得损害社会公共利益。如果允许自然人仅凭自己喜好随意创设姓氏，那么“囧”这一类违背社会善良风俗和道德要求的姓氏就会越来越多，从而阻碍文化传承，扰乱社会管理秩序。

法条解析

上述案例主要涉及《民法典》的以下法条：

第一千零一十二条 自然人享有姓名权，有权依法决定、使用、变更或者许可他人使用自己的姓名，但是不得违背公序良俗。

本条含义为，自然人享有姓名权，且能够以不违背公序良俗的方式行使姓名权。姓名权是自然人对自己的姓名所享有的权利，姓名权是自然人具有独特性的体现。自然人行使姓名权的方式是决定、使用、变更，以及许可他人使用自己的姓名。姓名权具体包含了以下内容：

（1）自主命名权。姓名包含了姓和名。自然人可以根据《民法典》第一千零一十五条的规定选择自己的姓氏，且可以根据自己的价值追求和精神内涵从汉字中选择自己的名字。自然人的姓名一般在其出生时由监护人命名，并在公安机关进行户籍登记。

（2）姓名变更权。自然人可以通过法定程序变更自己的姓名。而对于未成年人来说，其姓名的变更需要由行使监护权的父母代理变更。

（3）姓名使用权。该权利包含自然人自己使用自己的姓名以及许可他人使用自己的姓名。姓名权作为人格权，包含了一定的经济价值，现代社会对于姓名的商业化使用也越来越频繁。例如将姓名用于商标等。自然人行使姓名权并非没有限制，自然人应依法行使姓名权，不得违背公序良俗。

第一千零一十五条第一款　自然人应当随父姓或者母姓，但是有下列情形之一的，可以在父姓和母姓之外选取姓氏：

（一）选取其他直系长辈血亲的姓氏；

（二）因由法定扶养人以外的人扶养而选取扶养人姓氏；

（三）有不违背公序良俗的其他正当理由。

本条第一款的含义为自然人应当随父姓或者母姓，但在法律规定的三种情况下也可以不随父姓或者随母姓。姓氏体现了血缘关系、亲属关系，承载了对先祖的敬重、对家庭的热爱等。本条充分尊重了文化传统及夫妻之间人格平等，规定了自然人的姓氏可以自由选择随父姓或者母姓。本条也规定了可以在父姓和母姓之外选取姓氏的情形：

（1）选取其他直系长辈血亲的姓氏。父母之外的直系长辈主要是指祖父母、外祖父母、曾祖父母等。一般来说，在其他直系长辈对自然人进行抚养时，自然人可以选取该直系长辈血亲的姓氏。

（2）因由法定扶养人以外的人扶养而选取扶养人姓氏。被扶养人受到法定扶养人以外的人扶养的，允许被扶养人选取扶养人的姓氏作为自己的姓氏。该规定有利于扶养人与被扶养人通过姓氏选择形成更深的纽带，有利于未成年人的健康成长。

（3）有不违背公序良俗的其他正当理由。如果自然人具有不违背公序良俗的其他正当理由，可以在父母姓氏、其他直系长辈血亲的姓氏、扶养人姓氏之外选择姓氏。例如，某人的父亲姓“丑”，母亲姓“怪”，因父母的姓氏容易引起他人误解，他就可以在父姓和母姓之外选取其他姓氏。

赋予自然人选择姓氏权利的同时，本款用公序良俗和具有正当理由为自然人的姓氏选择增加了限制条件。自然人选择姓名不能违背社会善良风俗，不能冲击伦理观念，同时不能给社会治理带来混乱。本案例中，使用生僻汉字作为姓氏，有违公序良俗。姓名的选择应当严谨，内涵丰富，具有良好的社会价值观导向。而正当理由会通过个案予以认定，一般都需要自然人具有合理目的性以及选取与民事主体实际生活情况有关联的姓氏。

知识扩展

姓名权是很重要的人格权益，受到法律的保护，自然人自主决定名字也需要遵守法定的规则。那么，我们在生活中所使用的笔名、网名等能否受到和姓名权一样的保护呢？

《民法典》第一千零一十七条规定："具有一定社会知名度，被他人使用足以造成公众混淆的笔名、艺名、网名、译名、字号、姓名和名称的简称等，参照适用姓名权和名称权保护的有关规定。"笔名、艺名、网名、译名、字号、姓名和名称的简称也是可以得到像姓名权一样的保护的，但需要满足一定条件，即只有具有一定的社会知名度，有商品化的价值，并且被他人使用会造成公众混淆的情况下才可以适用姓名权和名称权的相关保护规定。.

52 声乐学校能否在未经小明同意的情况下使用其声音制作广告？

——自然人声音的保护

案例分析

小明不仅音色十分优美，而且唱歌天赋突出。他经常参加当地举办的青少年歌唱比赛，并屡获大奖。某日，小明发现某声乐学校在播放招生广告时使用了小明的歌声，并且以小明的声音为卖点大肆宣传。于是，小明找到该声乐学校，要求其停止使用自己的声音，并且承担相应的赔偿责任。该声乐学校辩称，其未侵犯小明的声音权益。双方协商未果后，小明便将该声乐学校诉至法院。

法院审理后认为，自然人的声音应当参照肖像权予以保护。未经本人同意，任何人不得以营利为目的使用自然人的声音。由于小明经常参加歌唱比赛，其声音具有了一定的辨识度。声乐学校在招生广告中使用小明的声音，属于对小明声音的商业化利用。因此，该声乐学校侵犯了小明的声音权益，应当停止侵害并赔偿损失。[①]

① 本案例由编者编写。

本案争议的焦点是自然人的声音权益是否受法律保护，以及声乐学校的行为是否构成对自然人声音的商业化利用。首先，声音在听觉上具有标识作用。因此，对于自然人而言，声音与肖像权一样，具有可支配性和商业利用性。所以，自然人的声音利益也应当受到法律保护。其次，小明的声音已经在当地为人们所熟知。声乐学校之所以在招生广告中插入小明的声音，就是为了扩大广告的宣传效果，招揽学生。因此，声乐学校的招生广告属于以营利为目的使用小明声音的行为，构成对小明声音的商业化利用。

法条解析

上述案例主要涉及《民法典》的以下法条：

第一千零二十三条第二款 对自然人声音的保护，参照适用肖像权保护的有关规定。

本条第二款含义为，自然人的声音权益受到与肖像权同等的法律保护。声音是自然人具有的独特性标志之一，不同人的声音由于音色、响度、音域的不同，而具有独特性。声音权益作为一种具体人格权，其内涵就是自然人可以自主支配自己的声音利益，对自己的声音进行自由使用和处分。本案例中，法院参照适用《民法典》第一千零一十九条的规定，即“未经肖像权人同意，不得制作、使用、公开肖像权人的肖像，但是法律另有规定的除外”。

声音权益包含了三种具体权利：

（1）声音的专有权。声音的专有权是声音利益最为基本的权利。即自然人可以支配自己的声音，他人不得以任何方式录制、伪造、丑化他人的声音。

（2）声音使用权。即自然人可以自由选择使用自己声音的方式。自然人既可以对自己的声音进行商业化利用或者进行改编、剪辑、公开等，也可以以签订声音许可使用合同的方式许可他人对自己的声音进行利用。

（3）声音利益保护请求权。即自然人可以对侵犯其声音利益的人请求停止侵害、赔偿损失等。随着时代的发展，对声音利益的侵权行为已经不局限于单纯的对自然人声音的“复制”。对他人声音的模仿，对他人的声音进行加工、制作、剪辑以及应用软件对用户声音的后台储存等行为都有可能构成对他人声音权益的侵犯。

知识扩展

声音权益是一种很重要的人格利益。但是，法律对于自然人的声音的保护并不是绝对的。如果所有使用声音的行为都需要经过自然人的同意，会造成很多不便。以下是两种可不经自然人同意便可以使用其声音的情形：

（1）对声音的合理使用。

《民法典》第一千零二十三条第二款规定：“对自然人声音的保护，参照适用肖像权保护的有关规定。”对自然人声音的合理使用，也应当参照适用关于肖像权合理利用的规定。《民法典》第一千零二十条规定：“合理实施下列行为的，可以不经肖像权人同意：（一）为个人学习、艺术欣赏、课堂教学或者科学研究，在必要范围内使用肖像权人已经公开的肖像；（二）为实施新闻报道，不可避免地制作、使用、公开肖像权人的肖像；（三）为依法履行职责，国家机关在必要范围内制作、使用、公开肖像权人的肖像；（四）为展示特定公共环境，不可避免地制作、使用、公开肖像权人的肖像；（五）为维护公共利益或者肖像权人合法权益，制作、使用、公开肖像权人的肖像的其他行为。”例如，某电视台在拍摄与小明有关的新闻时录入了小明的声音，就属于对小明声音的合理利用。

（2）公众人物在公众场合的讲话。

公众人物的身份具有特殊性，其在公共场合所做的演讲、评论、谈话等，是为了社会公共利益。因此，对其讲话进行录制、加工并用于公共事务，不属于侵犯其声音权益的行为。

53 小明在其发表的文学作品中，以小亮为特定描述对象进行侮辱、诽谤，他是否应承担民事责任？

——名誉权的保护

案例分析

小明爱好写作。为了增加作品的关注度和讨论度，小明在其最新的网络文学作品中，诽谤同班同学小亮在学校里到处偷窃他人物品，并且将小亮的外貌写得丑陋不堪，令人生厌。小明的文学作品在网络上发布后，被广泛传播。小亮身边同学也因此对其指指点点。小亮得知后，要求小明删除侮辱、诽谤自己的文学作品，并承担侵害自己名誉权的民事责任。小明辩解称，自己具有文学作品的创作自由，而且文学作品本身就具有虚构性，所以自己并没有侵犯小亮的名誉权。于是小亮将纠纷诉至法院，要求小明删除作品，赔礼道歉并赔偿精神损失。

法院审理后认为，小明在其网络作品中使用小亮的真实身份及姓名，以侮辱性的语言描写小亮的外貌，其在作品中对小亮盗窃行为的描写也属于捏造。而且，小明的作品被传播广泛，损害了小亮的名誉，并对小亮的精神状态与心理健康造成了严重的损害。法院判决，小明删除相关网络作品，并在相关媒体上公开赔礼道歉，以消除对小亮产生的负面影响，并支付小亮相应的精神损害赔偿。[①]

本案例中，小明在其网络文学作品中，将特定人小亮作为其描写对象，并在作品中对小亮的形象与行为进行侮辱、诽谤，且该作品被广泛传播，对小亮的名誉造成很大的负面影响，对小亮的精神也造成严重损害。虽然小明有创作自由，但其创作行为也不能侵害他人的合法权益。根据《民法典》第一千零二十四条第一款的规定，小明以写作的形式对小亮进行侮辱、诽谤，侵犯了小亮的名誉权，应承担相应的民事责任。

法条解析

上述案例主要涉及《民法典》的以下法条：

第一千零二十四条第一款 民事主体享有名誉权。任何组织或者个人不得以侮辱、诽谤等方式侵害他人的名誉权。

本条第一款的含义为，民事主体享有的名誉权不受非法侵害。名誉权是指，民事主体对自己获得的各方面的社会评价所享有的不受他人侵害的权利。名誉权的主体是自然人、法人以及非法人组织。因此，法人及非法人组织也可以因其具有的商业信誉、资金状况、服务能力等因素而享有名誉权。例如，某人散布假消息称学校欠债不还，就侵犯了学校的名誉权。名誉权的客体是名誉。名誉是对民事主体的品德、声望、才能、信用等的社会评价。同时，名誉权是一种民事主体专有的人格权益，不能够转让给他人使用。

本款还规定了侵害名誉权的具体情形：

（1）侮辱行为。侮辱他人的名誉，指通过文字、行为等方式故意贬低他人的人格。本案例中，小明对小亮外貌形象的丑化属于侮辱行为。

---

① 本案例由编者编写。

（2）诽谤行为。诽谤是指捏造或者对真实的事实进行添油加醋地描绘，并进行传播的行为。本案例中，小明编造小亮曾从事盗窃活动就属于诽谤。

（3）以其他方式侵害名誉权。

第一千零二十七条第一款 行为人发表的文学、艺术作品以真人真事或者特定人为描述对象，含有侮辱、诽谤内容，侵害他人名誉权的，受害人有权依法请求该行为人承担民事责任。

本条第一款的含义为，行为人发表的作品有侵害他人名誉权的内容时，应依法承担民事责任。文学、艺术作品虽然是虚构的，但若其中的内容是对真人真事或特定人进行描写，该作品就有可能侵害他人的名誉权。因此，文学、艺术创作者并非毫无限制。如果自然人创作的作品侵害了他人的名誉权，就需要承担相应的民事责任。

创作文学、艺术作品侵害他人名誉权需要满足三个条件：

（1）必须是已经发表的文学、艺术作品。只有已发表的作品才能达到传播的效果，从而损害他人的社会评价。

（2）该文学、艺术作品是以真人真事或者特定人为描述对象。也就是说作品中出现了与现实中基本一致的人物与事件，或者其他人通过阅读欣赏该作品可以将作品中的人物和现实中的人物联系到一起。

（3）该文学、艺术作品含有侮辱、诽谤的内容。这里的侮辱诽谤内容可以以比较直接的方式，指名道姓地侵害他人名誉权，也可以是较为隐晦地对他人的名誉进行侮辱诽谤。

知识扩展

在文学作品中对他人进行侮辱、诽谤，必须承担侵害名誉权的侵权责任。如果是新闻报道、舆论监督对他人的名誉权造成了影响，是否需要承担民事责任呢？

《民法典》第一千零二十五条规定：“行为人为公共利益实施新闻报道、

舆论监督等行为，影响他人名誉的，不承担民事责任，但是有下列情形之一的除外：（一）捏造、歪曲事实；（二）对他人提供的严重失实内容未尽到合理核实义务；（三）使用侮辱性言辞等贬损他人名誉。”新闻报道和舆论监督造成当事人的名誉权受到影响，一般不需要承担民事责任。但是，不承担民事责任需要满足以下条件：

（1）新闻报道、舆论监督必须是为了满足公共利益和保障公众的知情权。

（2）新闻报道、舆论监督应当做到客观公正、实事求是，其报道内容应以事实为依据。

（3）新闻报道、舆论监督，必须尊重客观事实，不能出现侮辱性的言辞，也不能用主观描述来误导观众。

54 小亮造谣小明的“三好学生”奖状是伪造的，并造成恶劣影响，小亮是否应承担民事责任？

——荣誉权的保护

案例分析

小明因学业优秀被当地教育部门授予市级“三好学生”的荣誉称号。小亮知道此事后心生嫉妒，便在当地论坛中发帖称小明的“三好学生”奖状是“假奖状”。该帖子在校内被广泛阅读，同学们也对此事议论纷纷。小明得知后，要求小亮发帖澄清事实，并承担侵犯自己荣誉权的民事责任。小亮辩解称，自己只是发帖，并未实际剥夺小明的荣誉称号，不构成对小明荣誉权的侵犯。协商未果之后，小明将该纠纷诉至法院。

法院审理后认为，小明所获得的“三好学生”奖状是小明荣誉权的载体。小亮在网络上的不当言论，使不特定多数人对小明获得的奖状的真实性产生怀疑，属于诋毁、贬损他人荣誉的行为。后经法院调解，小亮将原贴删除并发布声明澄清了事情的原委。同时他还向小明进行了公开赔礼道歉。[①]

---

① 本案例由编者编写。

本案的争议焦点是，小亮的行为是否侵犯了小明的荣誉权。侵犯荣誉权指侵权人故意非法剥夺和诋毁他人享有的荣誉称号或其他荣誉。本案例中，小亮因嫉妒而发帖造谣。因此，其主观上存在故意。其言论在校园内广泛传播，使其他人对于小明的荣誉称号的真实性产生质疑，对小明的荣誉造成了贬损。所以小亮的行为构成了对小明荣誉权的侵犯。

法条解析

上述案例主要涉及《民法典》的以下法条：

第一千零三十一条 民事主体享有荣誉权。任何组织或者个人不得非法剥夺他人的荣誉称号，不得诋毁、贬损他人的荣誉。

获得的荣誉称号应当记载而没有记载的，民事主体可以请求记载；获得的荣誉称号记载错误的，民事主体可以请求更正。

本条第一款含义为，民事主体的荣誉权不受任何形式的非法侵害。荣誉是由于民事主体在工作、学习中成绩显著，被有关组织给予的表扬和认可。民事主体的荣誉权受到法律保护，任何个人或者组织都不得侵犯他人的荣誉权。侵犯他人荣誉权有以下几种形式：

（1）非法剥夺他人的荣誉称号。荣誉称号的取得需要满足相应的条件，因此，只有在出现特定事由时，才能由授予称号的组织通过相应程序予以剥夺。

（2）诋毁、贬低他人的荣誉。这既可以表现为直接销毁、涂改民事主体的荣誉载体，例如毁坏荣誉奖章、荣誉证书等；也可以表现为发表不当言论和传播不实信息，例如向有关部门诬告他人。本案例中，小亮便是通过造谣的方式侵害了小明的荣誉权。

本条第二款的含义为，民事主体获得的荣誉称号是其突出成就或者重大贡献的证明，应当被记载而未被记载的，权利主体可以请求有关组织予以记载。荣誉称号记载出现错误的，权利主体可以请求有关组织对记载错误的部分予以更正。

知识扩展

荣誉权与名誉权有很多相似之处，那么我们应当如何区分这两种人格权呢?

荣誉权和名誉权的区别包括:

（1）权利的取得和丧失的方式不同。名誉权是民事主体生而享有的权利，但并非所有的民事主体都享有荣誉权。只有当民事主体在工作、学习中作出了突出贡献，被特定组织或个人授予了称号才能享有荣誉权。名誉权不会丧失，而民事主体的荣誉可能会因为特定事由的出现而被剥夺。

（2）客体不同。名誉权的客体是公民社会评价内容所体现的人格利益。而荣誉权的客体是公民被授予的荣誉称号或嘉奖背后所体现的利益。

（3）权利主体不同。每个民事主体，包括自然人和法人都享有名誉权。而荣誉权具有专属性，只有被授予荣誉称号的自然人或者法人才享有荣誉权。

名誉权和荣誉权虽然是两种不同的人格权，但这两种权利都体现了社会对民事主体的客观评价。所以，侵犯荣誉权的行为可能会造成权利主体名誉权的损害，侵犯名誉权的行为也可能会诋毁、贬损他人的荣誉。在本案例中，如果小亮发帖造谣小明的奖状的行为同时也让其他人认为小明不诚信，造成小明名誉贬损，那么小亮就同时侵害了小明的荣誉权和名誉权。

55 小亮偷看小明的日记并在教室大声朗读，小亮的行为是否合法？

——隐私权的保护

案例分析

十岁的小明一直有写日记的习惯。小亮是小明的同桌。小亮曾多次表示想看小明的日记都遭到拒绝。某日，小亮趁小明不在，便拿出小明的日记在教室里大声朗读。小明看到后非常生气，便要求小亮停止偷看和朗读其日记的行为，并向其赔礼道歉。①

本案例涉及的主要问题：小亮是否有权阅读小明的日记并将日记内容在同学中公开？小明是否有权要求小亮停止偷看并赔礼道歉？

根据《民法典》第一千零三十二条的规定，日记作为个人私密信息的载体，任何人不得非法刺探、收集与公开。本案例中，在小亮阅读日记的要求遭到小明拒绝后，小亮仍偷看并公开日记内容的行为侵犯了小明的隐私权。根据《民法典》第九百九十五条的规定，当自然人的人格权受到侵害时，受害人有权要求行为人按照法律规定承担民事责任。受害人通常可请求行为人停止侵害、赔礼道歉、赔偿损失等。因此，在本案例中，小明

---

① 本案例由编者编写。

有权要求小亮停止偷看并赔礼道歉。

法条解析

上述案例主要涉及《民法典》的以下法条：

第一千零三十二条 自然人享有隐私权。任何组织或者个人不得以刺探、侵扰、泄露、公开等方式侵害他人的隐私权。

隐私是自然人的私人生活安宁和不愿为他人知晓的私密空间、私密活动、私密信息。

本条第一款的含义为，隐私权是自然人所享有的具体人格权，任何组织和个人不得以刺探、侵扰、泄露、公开等方式侵害自然人的隐私权。这意味着，其一，隐私权的主体是自然人，法人及其他组织不享有隐私权。隐私权体现了对自然人人格尊严的尊重与维护，而法人和其他组织的商业秘密与经营秘密属于财产性利益，不属于人格权范畴。其二，隐私权属于绝对权，其义务主体为除权利人之外的一切组织与个人。任何组织或者个人不得以刺探、侵扰、泄露、公开等方式侵害他人的隐私权。

本条第二款的含义为，隐私具体包含私人生活安宁、私密空间、私密活动以及私密信息四种基本内容。

（1）私人生活安宁。私人生活安宁是指自然人享有安定宁静生活的权利。自然人享有正常生活不受他人非法打扰、非法干涉、非法窥视的权利。这是隐私权最为核心的内涵。

（2）私密空间。私密空间是指个人预保留的、与公共空间隔离的封闭、独立的空间。他人未经权利人同意，不得进入、窥视、拍摄私密空间。随着科学技术的发展，私密空间可以分为传统的物理空间和网络虚拟空间。除侵扰他人私人住宅、宾馆房间、私家车等物理空间外，侵入他人计算机等网络虚拟空间也有可能造成对他人私密空间的侵犯。

（3）私密活动。私密活动是指不愿为他人所知且与他人利益、社会利益无关的活动，通常包括个人的日常生活、家庭生活、社会交往等事务。侵扰、搜集、拍摄、录制、公开、窥视、窃听私人活动的，都构成侵犯隐私权。与私密空间相比，私密活动更体现为对自己事务的自主权，保护自己的事务免受知晓或干扰等。而私密空间则强调在私人空间内行动的自由。

（4）私密信息。私密信息的内容非常广泛，任何私人不愿意公开的且法律不强制要求公开的信息，都可以构成自然人的私密信息。一方面，该信息是个人不愿意为他人所知晓的信息；另一方面，该信息不是法律强制要求公开的信息。同时，随着信息科技的发展，私密信息的范围在不断发展变化中。生物识别信息中的人脸信息、指纹信息等都逐渐被纳入个人私密信息的范围。

知识扩展

未成年人虽然年纪尚小，但其隐私也受法律保护。父母、老师、同学都不得在未经允许的情况下随意翻动其物品，查看其日记。那在哪些情况下可以查阅孩子的信件、观看孩子的日记呢？

2020 年修订的《未成年人保护法》第六十三条规定：“任何组织或者个人不得隐匿、毁弃、非法删除未成年人的信件、日记、电子邮件或者其他网络通讯内容。除下列情形外，任何组织或者个人不得开拆、查阅未成年人的信件、日记、电子邮件或者其他网络通讯内容：（一）无民事行为能力未成年人的父母或者其他监护人代未成年人开拆、查阅；（二）因国家安全或者追查刑事犯罪依法进行检查；（三）紧急情况下为了保护未成年人本人的人身安全。”

56 未经学生允许，学校能否将学生的个人档案提供给辅导机构或者其他组织使用？

——个人信息的保护

案例分析

十岁的小明是一名小学生。最近，小明的爸爸和妈妈经常收到辅导机构发来的邀请小明参加课外辅导班的短信。通过短信可看出，该辅导机构能够准确地知道小明的年级与薄弱的学科。这些短信让小明一家感到非常困惑。经过一番追问与调查，小明的爸爸和妈妈发现，小明所在的学校未经学生本人或者其父母的同意，将很多学生的姓名、联系电话以及学习成绩等个人档案提供给辅导机构。小明的爸爸和妈妈非常生气，要求学校立即停止泄露小明个人档案的行为并向小明一家赔礼道歉。[①]

本案例涉及的主要问题：学校在未经学生及家长同意的情况下是否有权将小明等学生的姓名、联系电话以及学习成绩等个人档案提供给课外辅导机构？课外辅导机构能否未经学生本人及家长的允许，私自从学校处收集并使用学生的个人档案信息？

① 本案例由编者编写。

根据《民法典》第一千零三十四条第二款的规定和第一百一十一条的规定，自然人的个人信息受法律保护，任何组织或者个人都不得非法收集、使用、提供或公开他人个人信息。本案例中，小明的姓名、联系电话以及学习成绩等个人档案都属于个人信息的范畴。学校未经学生本人及监护人允许就私自将学生的个人信息提供给辅导机构的行为侵犯了学生的个人信息利益。而课外辅导机构私自从学校处收集学生个人信息，并利用该信息向学生家长发送课外辅导短信的行为构成非法收集、使用他人个人信息，同样侵犯了学生的个人信息利益。学校与辅导机构都应对侵犯学生个人信息利益的行为承担相应的民事责任。

法条解析

上述案例主要涉及《民法典》的以下法条：

第一百一十一条 自然人的个人信息受法律保护。任何组织或者个人需要获取他人个人信息的，应当依法取得并确保信息安全，不得非法收集、使用、加工、传输他人个人信息，不得非法买卖、提供或者公开他人个人信息。

本条含义为，自然人的个人信息受法律保护，任何组织和个人不得非法收集、使用、加工、传输他人个人信息。通过合法程序取得他人个人信息的，应当确保信息安全，不得非法买卖、提供或者公开他人个人信息。

第一千零三十四条 自然人的个人信息受法律保护。

个人信息是以电子或者其他方式记录的能够单独或者与其他信息结合识别特定自然人的各种信息，包括自然人的姓名、出生日期、身份证件号码、生物识别信息、住址、电话号码、电子邮箱、健康信息、行踪信息等。

本条第一款的含义为，自然人的个人信息受法律保护，任何组织和个人都不得非法侵害。

本条第二款的含义为，个人信息是以电子或者其他方式记录的，能够单独或者与其他信息结合识别特定自然人的各种信息。因此，个人信息具有直接或间接可识别特定人的特征。自然人的姓名、出生日期、身份证件号码、生物识别信息、住址、电话号码、电子邮箱、健康信息、行踪信息等均是个人信息的表现形式。

第一千零三十八条第一款 信息处理者不得泄露或者篡改其收集、存储的个人信息；未经自然人同意，不得向他人非法提供其个人信息，但是经过加工无法识别特定个人且不能复原的除外。

本条第一款的含义为，信息处理者对其收集、存储的个人信息，负有不得泄露、篡改的义务。未经个人信息权利人同意，信息处理者不得向他人非法提供个人信息。“提供”既包括向不特定的主体公开，也包括向特定的主体公开。个人信息经加工而无法识别特定人且无法复原的可不经自然人同意。其原因在于，此类信息已经丧失个人信息所要求的直接或间接的可识别性。

知识扩展

在本案例中，学校擅自提供以及辅导机构私自收集与使用学生个人信息的行为，侵犯了学生的个人信息利益。那应该如何合法地处理他人个人信息呢？

个人信息的处理包括个人信息的收集、存储、使用、加工、传输、提供、公开等。处理个人信息，应当遵循合法、正当、必要原则，不得过度处理。处理个人信息应符合下列条件：（1）征得该自然人或者其监护人同意，但是法律、行政法规另有规定的除外；（2）遵守公开处理信息的规则；（3）明示处理信息的目的、方式和范围；（4）不违反法律法规的规定和双方的约定。

本案例中，学校即使为了帮助学生提高成绩，也不得擅自向辅导机构提供学生个人信息，应当事先征得学生或其监护人的同意，合法、正当地处理学生个人信息。

第五编 婚姻家庭

“婚姻家庭”是《民法典》的第五编。该编包括婚姻家庭关系的一般规定、结婚、家庭关系、离婚以及收养等内容。该编中的许多内容不仅与青少年密切相关，而且体现了《民法典》对青少年的尊重与保护。家庭作为社会的基本细胞，是青少年的第一所学校，也是青少年生存与发展的基础。通过本编的学习，青少年将充分掌握父母与子女间的抚养与赡养义务、兄弟姐妹间的扶养义务；明白父母与子女的关系不会因离婚而消除，非婚生子女享有与婚生子女同等的权利；了解收养关系在什么情况下才能成立，以及青少年在收养关系成立与解除中的同意权。

57 父母可以随意打骂小明吗？
——禁止家庭暴力

案例分析

小明的妈妈与爸爸于 2008 年经法院判决离婚，四岁的小明由爸爸抚养。离婚后，小明的爸爸经常酗酒。近年来，小明的爸爸酗酒的恶习愈演愈烈，酒后经常对小明进行殴打、谩骂，甚至不允许小明与外界接触。2019 年某日，小明的爸爸再次酒后殴打小明。小明不堪忍受家庭暴力，最终向司法部门写求救信。鉴于小明的爸爸长期存在严重的家暴行为，为防止危害进一步扩大，小明的妈妈向法院提出了保护小明人身安全的申请。

法院审理后认为，家庭暴力是严重的违法行为，不仅侵犯受害人的人格尊严和身心健康，也给家庭和睦与社会稳定带来极为负面的影响。本案中，小明的爸爸在与小明共同生活期间，不仅多次殴打、威胁小明，还限制小明的人身自由，严重影响了小明的身心健康，不利于小明的健康成长。因此法院依法裁定，禁止小明的爸爸威胁、殴打小明；禁止小明的爸爸限制小明的人身自由。[①]

① 本案例改编自《胡某诉张某变更抚养关系案》，中国法院网，https://www.chinacourt.org/article/detail/2019/05/id/3988148.shtml。

本案例中，小明的爸爸长期殴打、谩骂小明，甚至限制小明的人身自由，这给小明的身体、心理都造成了巨大的伤害。未成年人的身体健康、人格尊严都受法律保护，任何人不得侵犯。小明的爸爸作为小明的直接抚养人应为小明创造良好、和睦的家庭环境，不得对小明实行殴打、谩骂等家庭暴力行为。父母虽然对未成年子女享有教育的权利，但一定要采取合理的教育方式，不得以任何理由对未成年子女变相实施家庭暴力。禁止家庭暴力，是维护家庭成员人身安全的必要措施，也是全社会的共同责任。当父母对子女实施家庭暴力，子女的成长受到不利影响甚至生命健康受到威胁时，可向法院申请人身安全保护令来加强对未成年人的保护。

法条解析

上述案例主要涉及《民法典》的以下法条：

第一千零四十二条第三款 禁止家庭暴力。禁止家庭成员间的虐待和遗弃。

本条第三款的含义为，禁止家庭成员之间实施家庭暴力以及禁止家庭成员之间的虐待和遗弃。

禁止家庭暴力是指，禁止家庭成员之间实施殴打、捆绑、残害、强行限制人身自由以及经常性谩骂、恐吓或者其他给家庭成员的身体、精神造成伤害的行为。家庭暴力的形式既包括有形的身体暴力，如殴打、捆绑等；也包括无形的精神暴力，如经常性的谩骂、恐吓等。为加强对未成年人权益的保护，目睹家庭暴力的未成年人也属于家庭暴力的受害者。

禁止家庭成员间的虐待是指，禁止家庭成员间以打骂、冻饿、生病不送医等方法摧残、折磨其他家庭成员，使他们在精神上、身体上遭受巨大痛苦，蒙受损失的行为。持续性、经常性的家庭暴力，构成虐待。虐待既包含主动作为的形式，又包含不作为的形式。虐待家庭成员破坏了家庭的和睦生活，违背了社会主义道德准则，亦为法律所不容。虐待家庭成员，情节恶劣的，构成虐待罪，行为人要受刑法制裁。

禁止家庭成员间的遗弃是指，禁止有赡养、抚养或扶养义务的人对年老、年幼、患病或其他没有独立生活能力的家庭成员，有能力履行而不履行义务的行为。家庭成员间的遗弃主要包括三种情形：（1）父母不履行抚养义务而遗弃未成年子女或者无独立生活能力的成年子女；（2）子女不履行赡养义务而遗弃无劳动能力或者生活困难的父母；（3）丈夫不履行扶养义务而遗弃没有独立生活能力的妻子或者妻子不履行扶养义务而遗弃丈夫等行为。遗弃家庭成员，情节恶劣的，依《刑法》构成遗弃罪。

知识扩展

在本案例中，小明遭受其爸爸的家庭暴力，致使身心健康都受到严重的损害。那为避免小明再次遭受家庭暴力，可以采取哪些救助措施呢？

（1）将小明带离小明的爸爸即施暴者身边。根据《最高人民法院、最高人民检察院、公安部、民政部关于依法处理监护人侵害未成年人权益行为若干问题的意见》的规定，在紧急情况下，公安机关可以将受侵害的未成年人带离实施侵害行为的监护人，就近护送至其他监护人、亲属、村（居）民委员会或者未成年人救助保护机构，并办理书面交接手续。由于未成年人通常和施暴者生活在一起，“带离”制度，能及时预防和制止对未成年人的家庭暴力。

（2）撤销小明的爸爸即施暴者的监护资格。父母或者其他监护人不履行监护职责且严重损害被监护人身心健康或者实施严重侵害被监护未成年人的合法权益的行为，人民法院可以根据有关人员或者有关单位的申请，撤销其监护人的资格，依法另行指定监护人。本案中，小明遭受家暴，严重损害其身心健康，可请求法院撤销爸爸的监护资格。

（3）变更抚养权，由妈妈直接抚养小明。本案中，与小明共同生活的爸爸有殴打、谩骂等暴力行为，若继续让小明与其共同生活将对小明的身心健康产生不利影响。因此小明或小明的妈妈可请求变更抚养关系，切实维护小明的合法权益。

58 父母不履行对小明的抚养义务怎么办？
——父母的抚养义务

案例分析

小明的爸爸与妈妈于 2006 年相识并结婚，第二年便生下了小明。2008 年，小明的妈妈因与小明的爸爸产生矛盾，离家出走，一直未归。直到 2015 年，小明才打听到妈妈的消息，得知妈妈已经回到老家。小明认为妈妈离家出走，没有尽到对自己的抚养义务，应当向自己支付抚养费。小明的妈妈则以经济条件不好、无能力支付为由拒绝向小明支付抚养费。因此，小明的爸爸代小明于 2015 年诉至法院，要求小明的妈妈给付抚养费。

法院审理后认为，根据《民法典》第二十六条第一款的规定，小明的妈妈作为小明的亲生母亲，在小明未成年时，有抚养小明的法定义务。并且根据《民法典》第一千零六十七条第一款的规定，父母不履行抚养义务时，未成年子女有要求父母给付抚养费的权利。因此，法院支持了小明提出的要求妈妈支付抚养费的诉讼请求。结合小明的现有生活状况，法院判决自 2015 年起至 2025 年止，由小明妈妈每年 12 月 31 日前一次性向小明支付抚养费 1800 元。①

① 本案例改编自《何某锦诉周某英抚养纠纷案》，中国法院网，https://www.chinacourt.org/article/detail/2015/12/id/1764258.shtml。

本案例中，双方争议的焦点是父母能否以没有抚养能力为由拒绝履行抚养义务。父母对未成年子女的抚养义务始于子女的出生，终于未成年子女的成年或独立生活。抚养未成年子女或无独立生活能力的成年子女是法律规定的义务，除当事人死亡外，不得以任何理由拒绝履行。本案中，小明的妈妈以经济条件不好、不具有支付能力为由拒绝支付抚养费，不符合法律规定，不能得到法院的支持。因此，小明的妈妈应当依法履行抚养义务，支付抚养费。

法条解析

上述案例主要涉及《民法典》的以下法条：

第一千零六十七条 父母不履行抚养义务的，未成年子女或者不能独立生活的成年子女，有要求父母给付抚养费的权利。

成年子女不履行赡养义务的，缺乏劳动能力或者生活困难的父母，有要求成年子女给付赡养费的权利。

本条第一款的含义为，抚养子女既是父母应尽的义务，也是子女应享有的权利。父母不履行抚养义务时，未成年子女或不能独立生活的成年子女，有权要求父母给付抚养费。

抚养指父母为抚育子女健康成长，从物质上、经济上对子女进行养育和照料，为子女提供必要的物质生活条件。具体包括：

（1）抚养费的范围。抚养费的范围一般包括子女的生活费、教育费、医疗费等费用。

（2）抚养的期限。父母对子女的抚养义务是基于父母与子女之间的亲子关系而产生的，因此抚养义务作为法定义务始于子女出生，终于子女成年或能独立生活。

（3）抚养的义务主体。对子女负有抚养义务的主体是父母双方。抚养子女是父母的共同义务与责任，应由双方共同承担。无论父母是否与子女共同生活、父母双方是否离婚，无论子女是婚生子女还是非婚生子女，均不影响父母对子女抚养义务的承担。

（4）抚养的对象。抚养的对象为未成年子女以及不能独立生活的成年子女。父母对未成年子女的抚养是无条件的，在任何情况下都不能免除。对成年子女的抚养是有条件的，在成年子女没有劳动能力或出于特殊原因不能维持生活时，父母也应根据其成年子女的需要，负担其生活费用或给予一定的帮助。

父母不履行抚养义务时，未成年子女或不能独立生活的成年子女，有要求父母付给抚养费的权利。因追索抚养费而发生的纠纷，可由有关部门进行调解，也可由人民法院依诉讼程序处理。对拒绝抚养、情节恶劣，构成犯罪的，应依法追究刑事责任。

本条第二款的含义为，父母对子女有抚养教育的义务，同时子女对父母也有赡养扶助义务。子女不履行赡养义务的，缺乏劳动能力或者生活困难的父母，有权要求成年子女给付赡养费。子女作为赡养人，对父母的赡养义务既包括物质赡养，也包括精神赡养。物质赡养是指，履行对老年人经济上供养与生活上照料的义务，在物质上和经济上为父母提供必要的生活条件。精神赡养是指，应当注重对父母的精神慰藉，不得忽视、冷落父母，与父母分开居住的子女应当经常看望或问候父母。

知识扩展

若在本案中，小明得知妈妈的消息时已经成年且具有独立的生活能力，这时小明再以妈妈未尽抚养义务为由向法院提出要求妈妈支付其未成年期间的抚养费的请求，该请求能得到法院的支持吗？

根据《民法典》第一千零六十七条的规定，向父母请求抚养费的权利主体为未成年子女和不能独立生活的成年子女。若小明在请求妈妈支付抚养费时已经成年且具有独立生活的能力，则不符合该条规定的主体要件。同时从抚养费设立的立法目的与所起的作用上来看，抚养费是用于保障未成年子女的基本生活与健康成长。当子女已满十八岁且具有独立生活的能力时，抚养费的功能就已经丧失，此时若再允许对抚养费进行追索，不符合抚养费的设立目的。因此，法院对子女成年后追索其未成年期间抚养费的行为一般不予支持。

59 父母丧失劳动能力，成年的姐姐对小明是否负有扶养义务？

——兄、姐对未成年弟、妹的扶养义务

案例分析

小明的姐姐今年二十二岁，大学毕业并参加工作，具有一定的经济能力。小明的爸爸和妈妈在国家开放二胎政策后养育了一个儿子小明，今年两岁。但两人均靠低保生活，经济收入较低。今年，小明父母的身体均出现问题，无力再抚养小明，便要求已经参加工作的姐姐扶养。但姐姐强烈反对并拒绝扶养弟弟小明。①

本案例涉及的主要问题：小明的爸爸妈妈作为小明的亲生父母与法定监护人，对小明具有抚养义务，而作为小明的姐姐，是否有扶养其弟弟的义务呢？若要小明的姐姐承担对小明的扶养义务需满足哪些法定条件？若小明的姐姐不履行扶养义务，应当承担什么法律后果？

在一般情况下，子女应由父母抚养，兄弟姐妹相互之间不发生扶养与被扶养的权利义务关系。但是在父母死亡或丧失劳动能力等特定情况下，兄、

① 本案例改编自《22岁姐姐拒养低保爸妈生的二胎，竟被父母告了！》，《杭州司法》微信公众号，https://mp.weixin.qq.com/s/kKpoBerWaN7reBFBW-outA。

姐与弟、妹之间会产生有条件的扶养义务。根据我国《民法典》第一千零七十五条第一款的规定，父母对未成年子女负有抚养义务，但当父母死亡或无力抚养未成年子女时，成年且具有经济能力的哥哥、姐姐则对未成年的弟弟、妹妹负有扶养的义务。在本案例中，一方面，小明的爸爸、妈妈由于身体和经济原因无力抚养未成年的小明；另一方面，小明的姐姐，已经成年且具有经济能力。因此，小明的姐姐对未成年的弟弟小明负有扶养的义务，且该扶养义务为法定义务，具有强制性。因此，小明的姐姐不得拒绝对弟弟小明的扶养。若小明的姐姐拒绝履行扶养义务，遗弃被扶养人，情节恶劣，可能会被追究刑事责任。

法条解析

上述案例主要涉及《民法典》的以下法条：

第一千零七十五条　有负担能力的兄、姐，对于父母已经死亡或者父母无力抚养的未成年弟、妹，有扶养的义务。

由兄、姐扶养长大的有负担能力的弟、妹，对于缺乏劳动能力又缺乏生活来源的兄、姐，有扶养的义务。

本条第一款的含义为，当父母已经死亡或者父母无力抚养未成年子女时，有负担能力的兄、姐，对未成年弟、妹有扶养的义务。具体是指：

（1）可能形成扶养关系的兄弟姐妹的范围。此处的兄弟姐妹包括同胞兄弟姐妹、同父异母或同母异父兄弟姐妹、养兄弟姐妹和继兄弟姐妹。没有血缘关系的养兄弟姐妹和继兄弟姐妹，属于法律上的拟制血亲关系，如果符合法律规定的条件，其相互之间也将产生扶养与被扶养的权利义务关系。

（2）兄弟姐妹形成扶养关系的条件。兄、姐扶养弟、妹不是必然发生的法定义务，兄、姐对弟、妹承担扶养义务，必须同时满足以下三个条件：其一是父母已经死亡或无力抚养。无力抚养指父母因年老、患病等原因丧失抚养能力。如本案例中的小明的爸爸、妈妈经济困难、身体状况不佳，符合没有抚养能力的条件；其二是被扶养的弟、妹必须是未成年人，即不满十八周岁且不具备独立生活能力的人。如果弟、妹已经成年，虽无独立生活能力，兄、姐亦无法定扶养义务；其三是兄、姐要有负担能力。如果兄、姐自身生活难以维系，或者仅能保障自己的基本生活需要，那么他们对弟、妹不负有法定的扶养义务。

本条第二款的含义为，由兄、姐扶养长大的有负担能力的弟、妹，当扶养其长大的兄、姐缺乏劳动能力又缺乏生活来源时，对兄、姐负有扶养义务。弟、妹履行扶养义务，须满足以下条件：其一是兄、姐缺乏劳动能力又缺乏经济来源。如果兄、姐虽缺乏劳动能力但并不缺少经济来源，比如受到他人经济上的捐助或自己有可供生活的积蓄，则弟、妹不承担扶养义务。其二是弟、妹由兄、姐扶养长大，且具有扶养兄、姐的能力。

知识扩展

若本案例中，小明还有爷爷奶奶，且爷爷奶奶身体健康，收入稳定，具有负担能力，此时小明的爷爷奶奶对小明有抚养义务吗？小明的姐姐和爷爷奶奶该如何对小明承担抚养（扶养）义务呢？

首先，小明的爷爷奶奶对小明负有抚养义务。《民法典》第一千零七十四条第一款规定："有负担能力的祖父母、外祖父母，对于父母已经死亡或者父母无力抚养的未成年孙子女、外孙子女，有抚养的义务。"在本案中，小明仅有两岁，属于未成年人且不能独立生活，而小明的爷爷奶奶身体健康，收入稳定，具有一定经济能力，因此小明的爷爷奶奶对小明具有抚养义务。其次，根据《民法典》第一千零七十五条第一款的规定，小明的姐姐也具有扶养小明的义务。故小明的姐姐与小明的爷爷奶奶均对小明负有抚养（扶养）义务，因此应当根据他们的经济条件，共同承担抚养（扶养）义务。

60 父母离异后，小明应该由谁抚养？

——未成年子女抚养权的归属

案例分析

小明今年十岁，一直与爸爸、妈妈还有奶奶一起生活，小明平时由奶奶接送上学。最近小明的爸爸、妈妈正在协议离婚，双方约定离婚后由爸爸继续居住在现有的房子中，妈妈搬出去住。但双方对小明的抚养权产生争议，双方都想在离婚后直接抚养小明。小明的妈妈将该纠纷诉至法院。

法院审理后认为，根据《民法典》第一千零八十四条的规定，离婚案件中未成年子女抚养权归属应当以最有利于未成年子女的合法权益为原则，同时考虑父母双方的抚养意愿与抚养能力等具体情况。本案中，小明的父母都愿意在离婚后继续抚养小明，但小明的爸爸能为小明提供更稳定、便利的学习和生活条件；而小明的妈妈暂无固定居所，且其临时居所距离学校较远，不利于小明学习。从主观意愿来看，小明不排斥与爸爸一起生活。在综合考量小明的生活环境、学习现状与主观意愿后，法院最终判决小明由爸爸直接抚养。[①]

① 本案例改编自《庄建玉诉吴建光变更抚养关系案》，中国法院网，https://www.chinacourt.org/article/detail/2014/11/id/1490666.shtml。

本案中，小明从小随父母和奶奶一起居住，主要由奶奶照料他的生活起居，并在家附近的小学就读。小明原有的生活环境具有稳定性、便利性。而小明的妈妈无固定居所，无法立即给小明提供稳定的居住环境，且其现在的临时住所也不利于小明的学习，可能对小明的健康成长产生不利影响。虽然本案中小明已年满十周岁，但法院在尊重未成年子女意愿的同时也要考虑未成年子女的辨识能力、直接抚养人的责任能力及其他有利于未成年人成长的因素等。本案中，小明并不排斥与爸爸一起生活。同时，法院也查明小明的爸爸并无影响小明健康生活的恶习，并且爸爸能为小明提供更便利的教育条件。因此，由爸爸直接抚养更有利于小明的健康成长。

法条解析

上述案例主要涉及《民法典》的以下法条：

第一千零八十四条 父母与子女间的关系，不因父母离婚而消除。离婚后，子女无论由父或者母直接抚养，仍是父母双方的子女。

离婚后，父母对于子女仍有抚养、教育、保护的权利和义务。

离婚后，不满两周岁的子女，以由母亲直接抚养为原则。已满两周岁的子女，父母双方对抚养问题协议不成的，由人民法院根据双方的具体情况，按照最有利于未成年子女的原则判决。子女已满八周岁的，应当尊重其真实意愿。

本条第一款的含义为，子女与父母的关系不会因为父母离婚而发生改变，离婚后无论父母是否直接抚养子女，亲子关系保持不变。

本条第二款的含义为，父母对未成年子女具有抚养、教育、保护的权利和义务，该权利与义务不因离婚而消灭。

本条第三款的含义为，在审理离婚案件时，法院必须遵循“最有利于未成年子女的原则”来处理涉及未成年子女抚养权归属的纠纷。即法院应从有利于子女身心健康、保障子女的合法权益出发，结合父母双方的抚养意愿与抚养能力等具体情况妥善解决。具体为：

不满两周岁的子女，原则上由母亲直接抚养。不满两周岁的子女，通常还需要母亲的哺育与悉心照料。因此子女不满两周岁，为子女的健康成长，一般由母亲直接抚养。

已满两周岁的子女由父母双方协商解决抚养问题，协商不成的由人民法院根据双方的具体情况，按照最有利于未成年子女的原则判决。此时的“具体情况”是以有利于未成年子女的成长为原则，通常包括与子女之间的亲情关系、抚养子女的经济能力、给子女提供的居住环境和教育条件以及品行情况（是否具有赌博、吸毒、家庭暴力等恶习）等。

子女已满八周岁的，应当尊重子女的真实意愿。年龄是衡量一个人的知识水平和生活经验的重要标准之一。通常情况下，未成年人达到一定年龄后就可以在一定程度上形成对事物的认知能力。本款规定“子女已满八周岁的，应当尊重其真实意愿”是对未成年人自主意识的尊重，是保护未成年人合法权益的体现。

知识扩展

离婚后，若小明父母的情况发生重大变化，一方要求变更抚养关系，且变更理由符合法定事由时，可以变更抚养关系。但在变更抚养关系时，应当切实维护未成年人的合法权益，实现未成年人利益的最大化。

《最高人民法院关于人民法院审理离婚案件处理子女抚养问题的若干具体意见》第十六条规定了一方可以要求变更子女抚养关系的多种情形：

（1）与子女共同生活的一方因患严重疾病或因伤残无力继续抚养子女的；

（2）与子女共同生活的一方不尽抚养义务或有虐待子女行为，或其与子女共同生活对子女身心健康确有不利影响的；

（3）十周岁以上未成年子女，愿随另一方生活，该方又有抚养能力的。

61 父母离异后，小明的抚养费该由谁承担？

——抚养费用的承担

案例分析

小明八岁时，小明的妈妈与爸爸协议离婚。双方在离婚协议中约定，小明由妈妈直接抚养，爸爸则每年支付抚养费 3000 元直至小明成年。但小明的妈妈与爸爸离婚后，爸爸仅支付了 1 年的抚养费后就再未支付。现小明已经十五岁，即将进入高中学习，其所需的生活费、教育费等费用大大提高。小明的妈妈诉至法院，要求小明的爸爸支付拖欠的抚养费，并将高中三年的抚养费增加至每年 7000 元。

法院审理后认为，抚养未成年子女是父母的法定义务，不因离婚而免除。本案中，小明的爸爸应按照离婚协议的约定及时支付抚养费。同时，小明即将进入高中学习，原离婚协议约定的每年 3000 元抚养费已不能满足小明的生活和学习需要。因此，小明的妈妈提出适当提高抚养费的请求，理由充分。后经人民法院调解，小明的父母双方自愿达成如下协议：小明的爸爸立即支付所拖欠的抚养费，并按照每年 7000 元的标准支付小明高中三年的抚养费用。[①]

---

① 本案例改编自《陈某琪与被告陈某明抚养费纠纷案》，中国法院网，https://www.chinacourt.org/article/detail/2015/12/id/1763487.shtml。

本案例诉争的焦点为被抚养人能否请求抚养人支付拖欠的抚养费以及增加抚养费。根据离婚协议的约定，小明的爸爸应每年支付 3000 元，现已拖欠 6 年，且小明的爸爸的经济收入并未恶化。因此，小明的爸爸应当立即支付其所拖欠的抚养费。同时，法院在审理该类抚养费纠纷案件时，直接抚养未成年子女的一方因未成年子女生活、学习环境等情况发生变化，提出增加抚养费等合理要求的，法院一般予以支持。此外，在涉及未成年人的案件中，法院为促进纠纷的解决，保障未成年子女拥有良好的成长环境，通常会引导争议双方通过调解解决纠纷。

法条解析

上述案例主要涉及《民法典》的以下法条：

第一千零八十五条 离婚后，子女由一方直接抚养的，另一方应当负担部分或者全部抚养费。负担费用的多少和期限的长短，由双方协议；协议不成的，由人民法院判决。

前款规定的协议或者判决，不妨碍子女在必要时向父母任何一方提出超过协议或者判决原定数额的合理要求。

本条第一款的含义为，父母对子女的抚养义务不会因离婚而免除。父母离婚后，不直接抚养子女的一方仍负有教育、抚养子女的义务，应当负担子女全部或部分的生活费、教育费等其他保障基本生活需要的费用。本款是法律对父母负担未成年子女抚养费的强制性规定。

抚养费的具体数额、期限由父母双方协议确定，无法达成协议的，由人民法院判决决定。抚养费的确认应以保障未成年子女的合法权益为首要考量因素，同时综合考虑子女的实际需要和父母双方的负担能力。具体为：

（1）抚养费的范围一般包括子女的生活费、教育费、医疗费用等，用以保障子女的基本生活与健康成长。

（2）抚养费的数额应以满足子女基本的生活教育需要为基础，并符合当地的实际生活水平。有固定收入的，一般按其月收入的一定比例给付；无固定收入的，其给付抚养费的标准不得低于当地平均水平。

（3）抚养费的给付方式，原则上应为定期给付，有条件的也可一次性给付。

（4）抚养费的给付期限，一般应至子女十八周岁成年或独立生活时止。子女十六周岁以上不满十八周岁，能以其劳动收入为主要生活来源，并能维持当地一般生活水平的，父母可以停止支付抚养费。

本条第二款的含义为，在协议或者判决确定抚养费之后，子女可根据实际情况在必要时向父母提出超过协议或者判决原定抚养费数额的合理要求。未成年子女抚养费的数额是根据离婚或判决时的社会生活水平、父母负担能力以及子女需求等因素确定的。但随着经济的发展以及子女需求的变化，原抚养费的数额可能无法满足子女需求或维持子女的基本生活。因此，本款赋予子女向父母提出超过原协议或判决的抚养费的请求权。当父母具有给付能力同时又满足下列情况的，法院应当支持子女合理增加抚养费的请求：

（1）原定抚育费数额不足以维持当地实际生活水平的；

（2）因子女患病、上学，实际需要已超过原定数额的。

知识扩展

抚养费的给付期限，一般应至子女十八周岁成年时止。若本案例中，小明在读高中时已满十八周岁，小明的爸爸是否还负有抚养小明并支付抚养费的义务呢？

虽然抚养费的给付期限，一般应至子女十八周岁成年时止，但在特殊情况下，对无独立生活能力的成年子女，有抚养能力的父母仍然负有给付抚养费的义务。根据《最高人民法院关于人民法院审理离婚案件处理子女抚养问题的若干具体意见》第十二条的规定，具有给付能力的父母对尚未独立生活的成年子女仍负有给付抚养费的义务的情形包括：

（1）丧失劳动能力或虽未完全丧失劳动能力，但其收入不足以维持生活的；

（2）尚在校就读的；

（3）确无独立生活能力和条件的。

62 非婚生子女能否与婚生子女享有同等权利?

——非婚生子女的保护

案例分析

小明的妈妈与爸爸按家乡的风俗举行了婚礼，并以夫妻名义同居生活。但因未达到法定婚龄，两人一直未办理结婚登记手续。两人于2012年6月生育小明。2013年12月，因夫妻感情不和，小明的妈妈离家出走，小明的爸爸便独自抚养小明。现小明的爸爸得知了小明妈妈的消息，并要求小明的妈妈支付小明的抚养费。小明的妈妈以与小明的爸爸没有婚姻关系为由拒绝。因此，小明的爸爸向法院提起诉讼，要求小明的妈妈支付抚养费。

法院审理后认为，本案中小明的妈妈与爸爸于2012年3月未经登记即以夫妻名义同居生活，至今未进行结婚登记，应当按照同居关系处理。小明系两人同居期间所生子女，为非婚生子女。根据《民法典》第一千零七十一条的规定，非婚生子女与婚生子女享有相同的法律地位，生父母对非婚生子女有抚养、教育与保护的权利与义务。因此小明的妈妈对非婚生子小明负有抚养、教育的义务。由于小明一直由爸爸抚养，改变其生活环境对其健康成长明显不利。法院判决，小明继续由爸爸进行抚养，小明的妈妈则按期支付小明的抚养费。[1]

本案例中，小明的妈妈与爸爸是否具有婚姻关系并不影响非婚生子女与其父母之间的法律关系。同时，小明的妈妈作为不直接抚养小明的一方，应当负担小明的抚养费，且不能因小明是非婚生子女而拒绝支付。在法律地位上，非婚生子女与婚生子女完全相同。

法条解析

上述案例主要涉及《民法典》的以下法条：

第一千零七十一条 非婚生子女享有与婚生子女同等的权利，任何组织或者个人不得加以危害和歧视。

不直接抚养非婚生子女的生父或者生母，应当负担未成年子女或者不能独立生活的成年子女的抚养费。

本条第一款的含义为，非婚生子女与婚生子女享有相同的法律地位，我国法律中与婚生子女权利有关的规定同样适用于非婚生子女。非婚生子女是相对婚生子女而言的，是指男女双方在不具备合法婚姻关系时所生的子女。

非婚生子女与婚生子女享有相同的法律地位，具体包括：

（1）生父母对非婚生子女负有抚养、教育与保护的义务。如果生父母或其中一方不履行抚养、教育义务，未成年的非婚生子女或不能独立生活的非婚生成年子女有要求父母给付抚养费和教育费的权利。

（2）非婚生子女有赡养生父母的义务。非婚生子女成年后对缺乏劳动能力或者生活困难的父母也有赡养扶助的义务，子女不履行赡养义务的，

---

① 本案例改编自《马某文诉魏某红子女抚养纠纷案》，中国法院网，https://www.chinacourt.org/article/detail/2015/12/id/1764254.shtml。

父母有权要求成年子女给付赡养费。

（3）非婚生子女与婚生子女享有同等的继承权。非婚生子女与其生父母的婚生子女享有同等继承其生父母遗产的权利。

（4）对于非婚生子女依法享有的权利，任何人都不得干涉和侵犯。任何组织或个人对非婚生子女亦不得加以危害和歧视，并对其隐私给予应有的尊重和保护，给予非婚生子女健康的成长环境。

本条第二款的含义为，非婚生子女与婚生子女享有同样的被抚养的权利，不直接抚养非婚生子女的生父或者生母，应当负担未成年子女或者不能独立生活的成年子女的抚养费。《民法典》第一千零六十七条第一款规定："父母不履行抚养义务的，未成年子女或者不能独立生活的成年子女，有要求父母给付抚养费的权利。"此处的"子女"包含非婚生子女。

知识扩展

由于社会大众对非婚生子女存在歧视，很多非婚生子女与生父母之间的亲子关系难以确认。我国实践中对婚生或非婚生子女的亲子关系是如何确认的呢？

（1）在司法实践中，婚生子女的认定一般采取推定制度。即只需证明在子女出生或受胎时丈夫与子女的母亲有婚姻关系，且子女是丈夫之妻所生即可。这就意味着，凡是在婚姻关系存续期间出生或受胎的，均为婚生子女。

（2）非婚生子女的认定一般需要由专业的司法鉴定中心，对自然人之间的亲子关系进行鉴定。在无法进行亲子鉴定的情况下，法院可以根据《最高人民法院关于适用〈中华人民共和国婚姻法〉若干问题的解释（三）》的规定，结合民事诉讼证据规则和案件事实，推定亲子关系的成立。非婚生子女的生母、生父或有关当事人诉请法院确认亲子关系，并提供必要证据予以证明，另一方没有相反证据又拒绝做亲子鉴定的，人民法院可以推定请求确认亲子关系一方的主张成立。

63 父母离异后，与小明共同生活的一方能否拒绝另一方对小明的探望？

——父母的探望权

案例分析

小明三岁时，小明的妈妈与爸爸因性格不合协议离婚。离婚协议约定，小明由爸爸直接抚养，妈妈则每月支付抚养费直至小明成年。并且，协议中还明确规定了小明的妈妈享有对小明的探望权。但现在，小明的爸爸以民族信仰不同、小明的妈妈工作时间不稳定等为由，多次拒绝小明的妈妈对小明的探望。经协商未果后，小明的妈妈诉至法院，请求保障其探望权。

法院审理后认为，根据《民法典》第一千零八十六条的规定，在探望权纠纷案件中，应以保障未成年子女身心健康为原则，确保离婚后不直接抚养子女的一方享有探望子女的权利。同时，直接抚养子女的一方负有协助探望的义务。在本案中，小明的妈妈享有探望小明的权利。因此，小明的爸爸应当对其探望进行积极的协助。并且，离婚协议中约定的小明的妈妈探望小明的时间、方式，符合法律规定，小明的妈妈也不具有不利于小明身心健康的情形。因此，法院最终判决，支持小明的妈妈依离婚协议探望小明的请求。[1]

本案例中，小明的爸爸以民族信仰冲突、小明的妈妈不能保证探望时间等理由，拒绝小明的妈妈行使探望权，不符合法律的规定和双方的约定，更不利于小明的健康成长。探望权是不直接抚养子女的父母一方享有的一项基本权利，该项权利不得被任意剥夺，直接抚养的一方不应加以干涉、阻挠。离婚后的双方应当本着有利于孩子身心健康的原则，对涉及子女的探望、教育等纠纷进行协商解决，为孩子营造和谐的成长环境。因此，本案例中，小明的爸爸应根据小明的妈妈的实际情况，积极协助其探望权的行使，保障小明的妈妈能依法、合理地行使探望权。

法条解析

上述案例主要涉及《民法典》的以下法条：

第一千零八十六条 离婚后，不直接抚养子女的父或者母，有探望子女的权利，另一方有协助的义务。

行使探望权利的方式、时间由当事人协议；协议不成的，由人民法院判决。

父或者母探望子女，不利于子女身心健康的，由人民法院依法中止探望；中止的事由消失后，应当恢复探望。

本条第一款的含义为，父母离婚后，不直接抚养子女的一方依法享有对未成年子女进行探望、联系、会面或短期共同生活的权利。直接抚养的一方应积极地履行协助义务，确保另一方探望权的实现。

本条第二款的含义为，探望权的行使时间与行使方式，首先由父母双

---

① 本案例改编自《韩理诉杨延铭探望权纠纷案》，中国法院网，https://www.chinacourt.org/article/detail/2015/12/id/1763978.shtml。

方通过协商的方式进行确定。当父母双方不能就探望权的行使达成一致意见时，由法院进行判决：其一，法院在确定探望时间、方式时，应优先考虑子女的便利，再结合父母双方的实际情况进行确定。如尽量不占用子女的学习时间，尽量降低探望的负面影响。其二，法院还应根据未成年子女的年龄、智力、认知水平等，在有利于未成年子女健康成长的原则下，充分尊重未成年子女的意愿。并且，法院在确认探望权行使的时间与方式时，应当将子女的意愿作为重要参考因素。

本条第三款的含义为，不直接抚养子女的父母一方的探望行为不利于子女的身心健康时，未成年子女、直接抚养子女的父或母以及其他对未成年子女负有抚养教育义务的法定监护人可向法院申请中止探望，法院应当依法中止探望。当不利于子女身心健康的事由消失后，法院应当根据其申请，恢复其探望子女的权利。只有在法定情形下，不直接抚养子女的一方的探望权才能被加以限制。并且，探望权的中止不同于终止，它只是暂时停止当事人的探望权，待中止的事由消失后，根据当事人的申请，法院应恢复其探望的权利。

知识扩展

探望权设立的目的为，在父母离异的情况下增进未直接抚养子女的一方与子女的感情，保障子女的健康成长。若在本案中，小明的妈妈患有精神性疾病且具有暴力倾向，那小明的爸爸能否以此为由拒绝小明的妈妈对小明的探望呢？

《民法典》第一千零八十六条第三款规定：“父或者母探望子女，不利于子女身心健康的，由人民法院依法中止探望；中止的事由消失后，应当恢复探望。”本款中“不利于子女身心健康”的情形具体包括：（1）患有精神性、传染性等疾病，影响子女身体健康的；（2）具有吸毒、赌博等恶习的；（3）对子女有暴力行为、骚扰子女行为的；（4）滥用探望权，挑唆、损害子女与直接抚养方的关系或具有教唆、引诱子女实施违法行为的。

本案例中，若小明的妈妈患有精神性疾病且具有暴力倾向，此时对小明进行探望，不仅不能达到弥补关爱、增进感情的效果，反而会对小明的身心健康产生不利影响。因此小明的爸爸可以此为由拒绝小明的妈妈对小明的探望，并向法院提出中止探望的请求。

64 什么情况下小明可以被收养？
——未成年人的收养

案例分析

小明今年十五周岁，与父亲一起在乡下生活。小明的父亲瘫痪在床，丧失自理能力，母亲早年已改嫁外地，常年在外务工，无暇照看小明。小明的姨妈今年四十岁，配偶离世，自己的女儿也已经长大成人。于是姨妈提出收养小明，并将小明接到了城里读书。但转学后，正处于叛逆期的小明经常在校惹事。因此，姨妈为了严格教育小明，采用了殴打、辱骂等不当的教育方式。某日，小明的班主任偶然间发现了小明的伤情，并将情况反映给了当地未成年人救助保护机构。而小明的姨妈以其为小明的收养人为由，拒绝未成年人救助保护机构的探望。未成年人救助保护机构调查后发现，小明的姨妈从未办理过收养登记手续。于是未成年人救助保护机构诉至法院，请求确认小明的姨妈与小明间未成立收养关系，并由该机构承担临时监护责任。

法院审理后认为，本案中小明的姨妈与小明的收养关系不成立。经调查，小明的姨妈收养小明的三年间，从未办理过任何收养登记手续，也未曾和小明的父母签订收养协议。并且，小明的姨妈对小明的身心健康造成严重损害，故由未成年人救助保护机构承担对小明的临时监护责任。[1]

本案涉及两位民事主体，即小明和小明的姨妈。根据《民法典》第一千零九十三条的规定，被收养人生父母有特殊困难无力抚养子女的，该未成年人可以被收养。本案中，小明的父亲瘫痪在床，生活无法自理，小明的母亲又因改嫁远在他乡务工，没有能力和时间照料小明，可认为小明的生父母确有困难无法抚养小明。根据《民法典》第一千零九十九条的规定，收养三代以内旁系同辈血亲的子女，可不受无配偶者收养异性子女的年龄限制，也不受其生父母抚养能力的限制。小明的母亲与姨妈属于三代以内旁系同辈，因此，小明的姨妈可以不受年龄限制收养小明，但其必须经由法定程序办理收养手续。本案例中，小明的姨妈在收养小明的三年间未办理收养手续，故小明虽然符合未成年人的收养条件，但因缺乏相关手续，收养关系并不成立。

法条解析

上述案例主要涉及《民法典》的以下法条：

第一千零九十三条 下列未成年人，可以被收养：

（一）丧失父母的孤儿；

（二）查找不到生父母的未成年人；

（三）生父母有特殊困难无力抚养的子女。

本条含义为，未成年人符合法定条件的可被收养。《民法典》放宽了被收养未成年人的年龄范围，只要符合规定条件，所有年龄段的未成年人均可被收养。该规定符合收养制度中“最有利于被收养人”的原则。本条

① 本案例改编自申琳《人民日报一线视角：南京虐童案中的法治温度》，人民网，http://opinion.people.com.cn/n/2015/0420/c1003-26871192.html。

列举式地规定了未成年人可被收养的不同情形。在一般情况下，出于对未成年人身心健康的保护，以及防范以收养为名的未成年人买卖，不宜让未成年人脱离生父母组成的家庭。因此，本条规定只有未成年人丧失父母、查找不到生父母以及生父母有特殊困难无力抚养子女时才能被收养。

第一千零九十九条第一款 收养三代以内旁系同辈血亲的子女，可以不受本法第一千零九十三条第三项、第一千零九十四条第三项和第一千一百零二条规定的限制。

本条第一款的含义为，收养人在收养三代以内旁系同辈血亲的子女时，可以突破有关收养条件的限制，即无需被收养未成年人的生父母有特殊困难；在无配偶者收养异性子女时，也无需受四十周岁年龄差的限制。本款规定放宽了收养人在收养三代以内旁系同辈血亲子女时的条件，能够让被收养的未成年人尽可能地留在原家庭之中，能为被收养的未成年人提供更加稳定的成长环境。

第一千一百零五条第一款 收养应当向县级以上人民政府民政部门登记。收养关系自登记之日起成立。

本条第一款的含义为，在收养时，必须到民政机关进行登记。该规定为法律的强制性规定，未按规定办理登记的，收养关系不成立。即使收养人已与养子女长期共同生活，缺乏登记这一关键环节，收养关系依然自始不成立。未办理收养登记，后期补办登记的，收养关系自在民政机关登记之日起成立。

知识扩展

除收养三代以内旁系同辈血亲子女外，收养人在收养异性子女时，有什么限制条件呢？

《民法典》第一千一百零二条规定：“无配偶者收养异性子女的，收养人与被收养人的年龄应当相差四十周岁以上。”本条针对的是无配偶者收养异性子女的情形。“无配偶”既可指收养人未婚无配偶，也可指离婚或丧偶后无配偶。法律之所以规定四十周岁的年龄差，是为了维护收养关系的伦理性，避免不法分子借收养名义实施有违公序良俗之行。有配偶者收养异性子女时，不受本条收养人和被收养人年龄差的限制。

65 小明被收养时是否需要征得他的同意？
——被收养人的同意权

案例分析

十岁的小明自小就失去了双亲，一直以来都和作为监护人的爷爷一同生活。不幸的是，小明的爷爷在体检中发现自己罹患胃癌，且已经是晚期。于是，他打算将小明送给他人收养。小明的爷爷有位值得信赖的朋友，其夫妻二人举案齐眉，家庭和睦，但一直膝下无子。在得知小明爷爷的情况后，两人提出愿意收养小明。与此同时，小明的姨妈一直觉得小明非常乖巧听话，也提出愿意收养小明。两方就谁才是小明最适合的收养人争执不下，遂将该纠纷诉至法院。

法院审理后认为，本案中小明已经年满八周岁，在收养小明时，应充分尊重小明的意愿，征得小明的同意。经了解，小明年幼时曾与姨妈共同生活过一段时间，与姨妈更为熟悉。在征询小明的意愿时，他也提出愿意和姨妈一同生活。出于对被收养未成年人意愿的尊重，法院认为由小明的姨妈作为小明的收养人更为合适。①

① 本案例由编者编写。

本案例涉及送养人、收养人、被收养人多方民事主体。根据《民法典》第一千一百零四条的规定，在收养的过程中，除需收养人与送养人双方自愿外，在收养八周岁以上未成年人时，还应当征得被收养人的同意。本案例中，被收养的未成年人小明已经十岁，其主观意愿为选择姨妈作为收养人，故应当尊重小明的选择。

法条解析

上述案例主要涉及《民法典》的以下法条：

第一千一百零四条 收养人收养与送养人送养，应当双方自愿。收养八周岁以上未成年人的，应当征得被收养人的同意。

本条含义为，收养时，首先需收养人与送养人双方自愿。在此基础上，收养八周岁以上未成年人，还应当征得被收养未成年人的同意。之所以如此规定，一方面是基于我国目前民事行为能力的年龄划分标准。根据《民法典》第十九条的规定，八周岁的未成年人在法律上属于限制民事行为能力人，可以进行与他的年龄、智力相适应的民事活动，其已经具备一定的认知能力和选择能力。因此，在收养中需要征得八岁以上的被收养人同意。另一方面，收养这一民事活动与被收养人未来的成长与发展息息相关。家庭作为未成年人成长的港湾，除了物质条件外，还将在未成年人成长的过程中给予未成年人有力的精神支撑。因此，合适的收养家庭对被收养人的人格形成和未来发展至关重要。只有赋予被收养人对未来家庭和成长环境的选择权，充分尊重和保护被收养未成年人的意愿，才能使收养行为真正有利于被收养人。并且，此举也有利于被收养人得到更充分的关心和爱护，防范未成年人因教育和关爱缺失而产生的青少年犯罪问题。

知识扩展

（1）本案例中，如果小明只有六周岁，在被收养时，是否需要得到小明的同意?

根据《民法典》第一千一百零四条的规定，法律仅就被收养人为八周岁以上未成年人的情况进行了规定。如果本案例中小明只有六周岁，在收养时无需征得小明的同意。但因设置收养制度的出发点和落脚点都是为了保护被收养未成年人的合法权益，以“最有利于被收养人”为原则，作出最有利于小明的收养决定。因此，即使被收养人只有六岁，也可以根据具体情况，征询小明的意见，并将其意见作为重要的参考。

（2）本案例中，若小明的叔叔愿意照顾、帮助小明，是否适用《民法典》第五章有关收养的相关规定?

《民法典》第一千一百零七条规定：“孤儿或者生父母无力抚养的子女，可以由生父母的亲属、朋友抚养；抚养人与被抚养人的关系不适用本章规定。”抚养与收养在法律性质上有所不同：抚养是指长辈对晚辈在生活中的帮助和经济上的扶持，抚养人与被抚养人之间不适用父母子女关系的相关规定。收养则是通过法律程序，在收养人与被收养人之间形成一种法律拟制的父母子女关系，适用有关父母子女关系的相关规定。因此，若小明的叔叔只是单纯地愿意照顾、帮助小明，其与小明之间形成的是抚养人与被抚养人之间的关系，无需适用有关收养的一般规定。

（3）小明在被姨妈收养后，转学去了新学校。小明的姨妈曾明确表示希望其班主任不要向他人透露小明被收养的事实。但在某次班会过程中，班主任无意间说出了小明被收养的实情，并号召班级同学多关心小明。班主任认为即便她说出了实情，但初衷是好的。请问小明的班主任是否做错了呢?

首先，《民法典》第一千一百一十条规定：“收养人、送养人要求保守收养秘密的，其他人应当尊重其意愿，不得泄露。”根据该条规定，在收养人、送养人要求保守收养秘密的情况下，得知收养秘密的人负有保密义务。尤其在被收养人为未成年人时，心智尚不成熟，较为敏感。出于对未成年人的保护，得知收养关系的人更应严守秘密。其次，有关收养关系的内容系收养人与被收养人的个人隐私，我国《民法典》第一千零三十二条第一款规定："自然人享有隐私权。任何组织或者个人不得以刺探、侵扰、泄露、公开等方式侵害他人的隐私权。"在收养人、送养人要求保守秘密的情况下，他人不得泄露和公开有关收养关系的信息。故即便班主任的初衷是好的，也不得泄露小明被收养的事实。

66 父母不幸去世，小明可以被育有两名子女的邻居收养吗？

——收养人应具备的条件

案例分析

刚满十岁的小明在一场地震中失去了双亲，家中只剩年过七旬的祖父母与小明相依为命。两位老人年事已高，且没有收入来源，因此无力抚养小明。小明的邻居老王一家在得知小明的家庭状况后，决定收养小明。在办理收养手续的过程中，民政部门告知老王，他们夫妇已经育有两名子女，不符合法律中与收养人有关的规定。老王夫妇不甘心，认为自己有资格抚养小明，因此诉至法院。

法院审理后认为，原则上，收养人应当无子女或者只有一名子女。但根据《民法典》第一千一百条的规定，收养孤儿时，不受法律对收养人子女数量相关规定的限制。本案中，老王夫妇想要收养的小明是孤儿，只要老王夫妇符合除《民法典》第一千零九十八条第一项外有关收养人的其他条件，即可收养小明。[①]

① 本案例改编自《暖心！柳州一对夫妇十年助养汶川地震三孤儿》，人民网，http://gx.people.com.cn/n2/2018/0425/c179430-31503898.html。

本案主要涉及收养人老王夫妇和被收养人小明。在收养时，收养人老王夫妇应具备法律规定的条件。根据我国《民法典》第一千零九十八条的规定，在一般情况下，收养人需无子女或只有一名子女。本案例中，收养人老王夫妇已有两名子女，原则上不得再收养小明。但是，本案例中被收养的小明是孤儿，根据《民法典》第一千一百条的规定，收养孤儿时可不受收养人子女数量的限制，因此老王夫妇虽有两名子女，仍可收养小明。

法条解析

上述案例主要涉及《民法典》的以下法条：

第一千零九十八条 收养人应当同时具备下列条件：

（一）无子女或者只有一名子女；

（二）有抚养、教育和保护被收养人的能力；

（三）未患有在医学上认为不应当收养子女的疾病；

（四）无不利于被收养人健康成长的违法犯罪记录；

（五）年满三十周岁。

本条含义为，一般情况下，收养人应需同时符合五项条件。第一项是对收养人子女数量的要求。原则上，收养人需无子女或只有一名子女。本条第一项涉及的“无子女”，既指收养人没有亲生子女，也包括收养人没有养子女和继子女。第二项是对收养人能力的要求。在考察收养人是否具备抚养、教育和保护被收养人的能力时，首先要求收养人是完全民事行为能力人，能够通过自己独立的行为从事民事活动。其次，收养人还需具备一定的物质经济条件，并且能够关心、爱护、教育子女，履行父母对子女应尽的义务。第三项是对收养人身体状况的要求。此处所指的疾病主要是精神性疾病和传染性疾病。第四项规定在个案中可根据具体情况进行考量，如曾犯虐待罪、强奸罪、故意杀人罪等，均可视为“不利于被收养人健康成长的违法犯罪记录”。第五项是对收养人年龄的相关要求。一般情况下，三十周岁的成年人具备了一定的物质条件，心智也相对成熟，能够承担起收养子女的责任。在此应明确，夫妻共同收养的情形下，需二人均年满三十周岁。通过上述条件，能够更好地筛选出适合收养子女的收养人。

第一千一百条第二款 收养孤儿、残疾未成年人或者儿童福利机构抚养的查找不到生父母的未成年人，可以不受前款和本法第一千零九十八条第一项规定的限制。

本条第二款的含义为，在特殊情况下对收养人条件的放宽。为更大程度地保护被收养人的利益，法律允许在被收养人为孤儿、残疾人或福利机构找不到生父母的未成年人时，放宽对收养人子女数量要求的限制。此种情况下，即便收养人有两名以上的子女，仍可收养其他子女。应当注意的是，在上述情况下，收养人仅是不受子女数量的限制，但仍需同时满足收养人应具备的其他条件。

知识扩展

（1）如果本案例中收养人是英国人，是否可以收养小明？如果可以收养，是否需经英国主管机关审查同意？

《民法典》第一千一百零九条规定：“外国人依法可以在中华人民共和国收养子女。外国人在中华人民共和国收养子女，应当经其所在国主管机关依照该国法律审查同意。收养人应当提供由其所在国有权机构出具的有关其年龄、婚姻、职业、财产、健康、有无受过刑事处罚等状况的证明材料，并与送养人签订书面协议，亲自向省、自治区、直辖市人民政府民政部门登记。”如果收养人是英国人，根据本条的规定，他可以收养小明，但需要经英国主管机关按照英国法律审查同意。不仅如此，收养人还需出示经认证的相关证明材料，并与送养人签订书面收养协议，并进行收养登记。

（2）若小明还有一位未成年的哥哥，老王夫妇在收养小明时，能否将其哥哥一起收养？

《民法典》第一千一百条规定：“无子女的收养人可以收养两名子女；有子女的收养人只能收养一名子女。收养孤儿、残疾未成年人或者儿童福利机构抚养的查找不到生父母的未成年人，可以不受前款和本法第一千零九十八条第一项规定的限制。”一般情况下，有子女的收养人只能收养一名子女。但在本案例中，小明和他哥哥属于失去双亲的孤儿，符合该条第二款规定的情况。因此，老王夫妇可以突破收养人收养子女的数量限制，收养小明和他的哥哥。

（3）本案例中，若只有小明的父亲不幸遇难，在小明的母亲确有困难，想将小明送养时，具备抚养能力的爷爷奶奶是否可以优先抚养小明?

《民法典》第一千一百零八条规定：“配偶一方死亡，另一方送养未成年子女的，死亡一方的父母有优先抚养的权利。”在小明母亲送养小明时，作为死亡一方配偶的父母，小明的爷爷奶奶有优先抚养小明的权利。

67 被收养后，小明与生父母或其他近亲属之间还存在法律上的权利义务关系吗？

——收养的法律后果

案例分析

小明的亲生父母在生下小明前，已育有一女。当时我国还没有开放二胎政策，小明的亲生父母因害怕违反国家生育政策会被征收社会抚养费，于是将小明抛弃在妇幼医院的门口。幸运的是，小明被好心人送往了儿童福利机构，并由老王夫妇收养。如今，小明已年满十七周岁。有一日，小明的亲生父母经过多方打听，找到了小明。他们认为自己才是小明的父母，打算强行带走小明，并要求小明在成年之后赡养他们。小明和他的养父母均不同意。小明的养父母认为，小明的生父母在小明一出生就将其遗弃。而早在多年前，养父母就已合法办理小明的收养手续，因此小明与生父母之间已经毫无关系。双方就上述问题争执不下，于是将此纠纷诉至法院。

法院审理后认为，养子女与生父母和其他近亲属间的权利义务关系因收养关系成立而消除。因此，本案中，小明与生父母间的权利义务关系在小明被收养后即自行消除。因此，小明的生父母无权强行带走小明，也无权要求小明在成年后履行对生父母的赡养义务。自小明被收养之日起，小明与养父母之间即产生父母子女关系，小明的养父母才是小明法律意义上的父母。[①]

本案涉及三方民事主体，即养子女小明、小明的亲生父母以及作为小明收养人的养父母。根据《民法典》第一千一百一十一条的规定，收养关系成立后，养子女与生父母以及其他近亲属间的权利义务即消除。小明虽然即将成年，但其与生父母之间早已不存在父母子女间的权利义务关系，因此小明无需履行赡养生父母的义务。小明的养父母才是小明法律意义上的父母，小明成年后需赡养养父母。

法条解析

上述案例主要涉及《民法典》的以下法条：

第一千一百一十一条 自收养关系成立之日起，养父母与养子女间的权利义务关系，适用本法关于父母子女关系的规定；养子女与养父母的近亲属间的权利义务关系，适用本法关于子女与父母的近亲属关系的规定。

养子女与生父母以及其他近亲属间的权利义务关系，因收养关系的成立而消除。

本条第一款的含义为，收养关系成立之日起，养子女与养父母及其近亲属之间法律关系发生变动。养父母与养子女之间，自收养登记之日起，产生法律拟制的血亲关系，适用《民法典》有关父母子女权利义务的相关规定。养父母的近亲属也因收养关系的成立，与被收养人间产生法律有关近亲属的权利义务关系。

① 本案例改编自“冯某甲、阮某等与冯某乙解除收养关系纠纷案”［广西壮族自治区桂平市人民法院（2015）浔民初字第3339号民事判决书］。

本条第二款的含义为，收养关系成立之时，被收养人与其生父母间的法律关系发生变动。收养关系成立后，被收养人的生父母就不再是其法律意义上的父母，被收养人与其生父母间，不再适用法律有关父母子女关系的规定。与此同时，被收养人与其生父母及其近亲属间的权利义务关系也自此消除。

第二十六条第二款 成年子女对父母负有赡养、扶助和保护的义务。

本条第二款含义为，在子女成年后，为弘扬中华民族的传统美德，报答父母的养育之恩，法律要求成年子女承担起对父母的赡养、扶助和保护的义务。此处义务的承担不应附有条件，成年子女不得以自身经济条件差为由，拒绝承担对父母的赡养、扶助和保护义务。在收养关系中，自收养关系登记之日起，养父母与养子女间产生法律上有关父母子女的权利义务关系。因此，在被收养人成年后，应当履行对养父母的赡养、扶助和保护义务。

知识扩展

（1）在收养小明后，养父母是否可以根据他们的姓氏给小明取名？

《民法典》第一千一百一十二条规定："养子女可以随养父或者养母的姓氏，经当事人协商一致，也可以保留原姓氏。"收养关系成立后，小明的身份关系随之发生变化，作为身份标志的姓名也可以因此而改变。本案例中，小明在被收养时属于未成年人，养父母可以选择改变小明的名字。取名时，小明可以随养父或者养母的姓氏。若小明的养父母与生父母间协商一致，也可以保留小明被收养前的姓氏。

（2）本案例中，在办理小明的收养手续时，民政部门是否需将相关信息予以公告并对收养人进行评估？

《民法典》第一千一百零五条第二款规定："收养查找不到生父母的

未成年人的，办理登记的民政部门应当在登记前予以公告。”本案例中，小明自小就被父母遗弃在医院门口，如果在被收养时可以查找到小明的生父母，在办理收养登记前就无需公告小明的相关信息。若小明被收养时仍无从查知其生父母，办理收养登记的民政部门就应当在小明被收养前，对相关信息予以公告。在收养登记前，对查找不到生父母的未成年人设置公告环节，可以有效避免走失儿童或被拐卖儿童被收养的情形出现。

《民法典》第一千一百零五条第五款规定：“县级以上人民政府民政部门应当依法进行收养评估。”民政部门进行收养评估，是办理收养手续的必要环节之一。要求民政部门对收养进行科学评估，能最大限度地保障被收养人的合法权益，确保收养人无任何不利于被收养人的情况。因此，在小明被收养时，民政部门必须对收养人进行评估。

68 收养人能否随意解除其与小明的收养关系？

——收养关系的解除

案例分析

小明的父亲在小明出生之后便离家出走，从此杳无音信。小明的母亲在小明三岁那年遭遇意外，不幸失去双腿，丧失了劳动能力。于是她将小明送养给了一直膝下无子的老王夫妇，并办理了收养登记。在小明十二岁这年，老王夫妇有了自己的孩子。他们认为继续收养小明将带来沉重的经济负担，于是与小明的生母协商，打算解除收养关系，并将小明送回生母处。但小明的生母依旧没有能力抚养小明，而且小明本人也不同意解除收养关系。各方就能否解除收养关系争执不下，于是将此纠纷诉至法院。

法院审理后认为，本案中，被收养人小明尚未成年。收养人老王夫妇与小明的生母未能就解除收养关系达成一致，且小明本人也不同意解除收养关系。收养人在育有亲生子女后，仅以继续养育小明将背负过重的经济负担为由，主张解除与小明的收养关系，法院不予支持。经法院调解，老王夫妇同意继续收养小明，小明的生母自愿每月给小明的养父母 500 元作为小明的抚养费。[①]

本案例涉及三方民事主体，即收养人老王夫妇、被收养人小明以及送养人小明的生母。根据《民法典》第一千一百一十四条第一款的规定，在被收养人成年以前，除非收养人与送养人双方协议解除收养关系，否则收养人不得随意解除其与被收养人间的收养关系。养子女八周岁以上的，还需征得养子女本人的同意。在本案例中，收养人老王夫妇意图解除收养关系时，被收养人小明已满八周岁，但尚未成年。老王夫妇与小明的生母未就解除小明收养关系的事项达成一致，小明本人也不同意解除收养关系。因此，收养人老王夫妇不得随意解除与小明间的收养关系。

法条解析

上述案例主要涉及《民法典》的以下法条：

第一千零九十七条 生父母送养子女，应当双方共同送养。生父母一方不明或者查找不到的，可以单方送养。

本条含义为，生父母应双方都同意，才能送养子女；生父母只有一方时，可以单方决定送养。收养关系的成立，将带来相关民事主体身份关系的转变，其权利义务关系也会随之发生变化。原则上，法律不允许生父母任意放弃抚养权，将子女送给他人抚养。确有特殊情况需要送养亲生子女的，需经生父母一致同意。因此，在被收养人的生父母均可查知的情况下，应由被收养人的生父母双方共同送养。仅由生父母一方单独送养的，送养行为不发生法律效力。只有在被收养人生父母一方无法查知或下落不明时，客观上不能实现双方共同送养，才可由被收养人生父或生母单方送养。

① 本案例由编者编写。

第一千一百一十四条第一款 收养人在被收养人成年以前，不得解除收养关系，但是收养人、送养人双方协议解除的除外。养子女八周岁以上的，应当征得本人同意。

本条第一款的含义为，被收养人成年以前，收养人不得任意解除收养关系，但与送养人协商后可以解除，养子女已满八周岁的，解除收养关系还需经其同意。收养关系的成立与解除都属于民事法律行为，并且需要登记才能发生法律效力。在解除收养关系时，单凭一方的意思表示无法产生解除的法律效果。收养人和送养人是解除收养关系的主体，在双方协商一致的情形下，经民政部门办理解除登记手续，收养关系才能解除。夫妻共同收养的，解除收养关系时，需夫妻双方一致同意。只有一方同意的，收养关系不能解除。为保护被收养人，解除收养关系时，还应征得八周岁以上被收养子女的同意。此项规定有利于保护被收养未成年人的心理健康，给被收养人一个稳定的成长环境。

知识扩展

（1）本案例中，如果收养人存在虐待小明的行为，小明的生母能否主张解除收养关系？

《民法典》第一千一百一十四条第二款规定："收养人不履行抚养义务，有虐待、遗弃等侵害未成年养子女合法权益行为的，送养人有权要求解除养父母与养子女间的收养关系。送养人、收养人不能达成解除收养关系协议的，可以向人民法院提起诉讼。"如果收养人虐待小明，作为送养人的小明生母可以通过两种途径，解除小明与养父母间的收养关系。小明的生母可以和小明的养父母通过协商的方式解除收养关系；在不能协商一致的情况下，小明的生母还可以通过提起诉讼的方式，请求人民法院解除小明与养父母的收养关系。

（2）小明成年后，在什么情况下，收养人可以解除与小明的收养关系？

如果解除了收养关系，小明是否还需赡养养父母？

《民法典》第一千一百一十五条规定："养父母与成年养子女关系恶化、无法共同生活的，可以协议解除收养关系。不能达成协议的，可以向人民法院提起诉讼。"小明在成年后，如果与养父母间的关系恶化，双方已经无法共同生活，可以通过协商或提起诉讼的方式解除收养关系。

《民法典》第一千一百一十七条规定："收养关系解除后，养子女与养父母以及其他近亲属间的权利义务关系即行消除，与生父母以及其他近亲属间的权利义务关系自行恢复。但是，成年养子女与生父母以及其他近亲属间的权利义务关系是否恢复，可以协商确定。"如果解除了小明与养父母的收养关系，他们之间的权利义务关系也将随着收养关系的解除而消除。解除收养关系后，小明无需再赡养养父母。但如果养父母缺乏劳动能力又没有生活来源，小明应当给付养父母一定的生活费。

第六编 继承

“继承”是《民法典》的第六编。该编规定了遗产分配与继承的基本原则和一般规则，维护了被继承人的生前意愿及继承人的合法权益，彰显了法律的人文关怀。这些原则和规则与青少年的权益保护密切相关。在法定继承关系中，青少年可以依据法定继承、代位继承等制度，享有平等的继承权。在遗嘱继承和遗赠关系中，青少年可以通过有效遗嘱行使继承权，或通过履行义务的方式接受附义务的遗赠。在遗产处理过程中，青少年有权申请法院指定遗产管理人，也可通过放弃继承的方式拒绝债务继承。本编将从法定继承、遗嘱继承、遗赠和遗产处理的规定出发，讲解“继承”中青少年应当掌握的法律知识，解答青少年在继承问题中的困惑。

69 小明的父亲、祖父母在同一车祸中死亡，无法确定具体死亡时间，遗产应如何继承？

——死亡时间的推定

案例分析

小明暑假期间跟随妈妈一起在乡下生活。某日，小明的父亲和祖父母在自驾回乡看望小明的途中不幸遭遇车祸。救援人员到达现场时发现三人均已身亡。在处理小明的父亲和祖父母的遗产过程中，小明的大伯和小明的妈妈对于遗产应当如何继承产生了分歧。小明的大伯认为，既然小明的父亲和祖父母同时去世，其祖父母的遗产就应当由小明的大伯一人继承。而小明的妈妈则认为，小明的祖父母的遗产应当由小明的父亲和小明的大伯共同继承。于是，二人将该纠纷诉至法院。

法院审理后认为，小明的父亲和祖父母在同一车祸中死亡，但无法确定各自的死亡时间。根据《民法典》第一千一百二十一条的规定，法院认定小明的祖父母先于小明的父亲死亡，并判决小明的祖父母的遗产由小明的父亲和小明的大伯共同继承，小明的父亲继承所得份额应作为其遗产由小明的母亲和小明共同继承。[①]

本案例涉及三位相互具有继承关系的民事主体死亡时间的确定。本案中，小明的父亲和祖父母除彼此外，均有其他继承人。因此，需要根据死者的辈分来推定三人死亡时间的先后。根据《民法典》第一千一百二十一条的规定，小明的祖父母为小明的父亲的长辈，因此推定小明的祖父母先于小明的父亲死亡。小明的祖父母之间属于同辈，因此推定二人同时死亡且互相不发生继承。小明的祖父母先死亡，其遗产应由小明的父亲和小明的大伯作为第一顺序继承人共同继承。小明的父亲因辈分小而被推定后死亡，其继承所得的遗产份额，应作为他的遗产由小明的母亲和小明共同继承。

法条解析

上述案例主要涉及《民法典》的以下法条：

第一千一百二十一条 继承从被继承人死亡时开始。

相互有继承关系的数人在同一事件中死亡，难以确定死亡时间的，推定没有其他继承人的人先死亡。都有其他继承人，辈分不同的，推定长辈先死亡；辈分相同的，推定同时死亡，相互不发生继承。

本条第一款的含义为，被继承人死亡的时间是继承的开始时间。这里的“死亡”包括被继承人的生理死亡和宣告死亡。自然人被宣告死亡的，以法院判决中确定的自然人的死亡日期，为继承开始的时间。如果被继承人尚未死亡，即便已经订立了遗嘱，也不发生继承。

本条第二款的含义为，相互有继承关系的数人在同一事件中死亡，难

① 本案例改编自“高某某与岳某甲被继承人债务清偿纠纷案”［陕西省西安市人民法院（2017）陕0113民初12406号民事判决书］。

以确定死亡时间的，应当对死亡时间进行推定。本款的适用前提是同时遇难的数人之间相互有继承关系。在确定相互有继承关系的共难者死亡时间先后时，首先应当考虑死者是否有其他继承人，推定没有其他继承人的先死亡。例如，在出现小明和父母、祖父母、外祖父母同时遇难的情况下，由于小明没有其他继承人，法律将推定小明先死亡。在共难者均有其他继承人的情况下，即上文案例中出现的情形，则应以辈分大小作为推定死亡时间先后的标准。即推定长辈先于晚辈死亡，如果辈分相同，则推定同时死亡，且死者之间相互不发生继承，由死者各自的继承人分别继承。

知识扩展

若小明的父亲生前是他人遗产的受遗赠人，现小明的父亲先于遗嘱人死亡，未来将如何处理该遗赠份额？

《民法典》第一千一百五十四条规定：“有下列情形之一的，遗产中的有关部分按照法定继承办理：（一）遗嘱继承人放弃继承或者受遗赠人放弃受遗赠；（二）遗嘱继承人丧失继承权或者受遗赠人丧失受遗赠权；（三）遗嘱继承人、受遗赠人先于遗嘱人死亡或者终止；（四）遗嘱无效部分所涉及的遗产；（五）遗嘱未处分的遗产。”小明的父亲先于遗嘱人去世，符合本条第三款的法定情形，该遗产份额在未来将作为遗嘱人的遗产，按照法定继承处理。

70 小明能否继承父亲的死亡抚恤金？

——死亡抚恤金的法律性质

案例分析

小明的父亲常年在矿场打工，母亲则在家中照顾小明。二人因长期分居导致感情破裂，并于小明八岁时办理了离婚手续。小明十岁时，父亲在矿井作业过程中不幸身亡。小明的叔叔和小明的母亲一同与矿场负责人商讨了相关赔偿事宜。最终，矿场同意支付各项死亡抚恤金，共计 35 万元。但是，小明的叔叔与小明的母亲对抚恤金的后续分配发生争议。小明的母亲认为，死亡抚恤金作为小明父亲的遗产，小明有权继承。小明的叔叔则认为，死亡抚恤金应用于支付小明父亲的丧葬费用，小明无权继承。双方就此问题无法达成一致意见，遂将纠纷诉至法院。

法院审理后认为，死亡抚恤金是死者所在单位给予死者近亲属和被抚养人的生活补助费，具有精神抚慰的性质。死亡抚恤金不是给死者的，也不是死者生前的财产，不属于死者的遗产。因此，本案中，矿场所支付的死亡抚恤金是给小明父亲的近亲属和被抚养人的，不属于小明父亲的遗产。因此，小明无权以继承的方式取得小明父亲的死亡抚恤金。[①]

---

① 本案例改编自“程某某、张某与张某某、第三人刘某某、聂某某、熊某某财产权属纠纷案”［陕西省旬阳县人民法院（2010）旬民初字第 416 号民事判决书］。

本案涉及死亡抚恤金的定性问题，根据《民法典》第一千一百二十二条的规定，被继承人死亡时遗留的个人合法财产属于遗产。根据法律规定或者依照其性质不属于遗产的，不得继承。本案例中，矿场发放的死亡抚恤金不是小明父亲生前取得的财产，不属于遗产的范围，不适用继承的相关规定。因此，小明无法通过继承的方式获得死亡抚恤金。

法条解析

上述案例主要涉及《民法典》的以下法条：

第一千一百二十二条 遗产是自然人死亡时遗留的个人合法财产。

依照法律规定或者根据其性质不得继承的遗产，不得继承。

本条第一款的含义为，财产成为遗产应当符合法定条件。其一，遗产是自然人的财产，公司的财产不能成为遗产，但自然人的股东身份可以依照相关规定进行继承或者转让股份。其二，遗产是被继承人死亡时遗留的财产。遗产的确定以被继承人死亡为时间节点。其三，遗产需为被继承人的个人财产。国家所有、集体所有的财产和他人所有的财产不得作为被继承人的遗产。如果财产属于被继承人和他人共同所有，在确定遗产范围时，需对共有财产进行分割。其四，遗产必须是合法财产。被继承人通过非法途径占有的财产，不属于遗产。

本条第二款的含义为，并非所有遗产均可继承。不可被继承的遗产主要有两类：第一类是根据其性质不得继承的遗产。这主要指与被继承人人身或人格相关的专属性权利，如自然人的肖像权益。虽然肖像权具有经济属性，但肖像权作为人格权，与特定的自然人密不可分，所以不得作为遗产被继承。第二类是法律规定不得继承的遗产，此规定属于兜底性质的条款。

知识扩展

（1）本案例中，小明父亲的死亡抚恤金应当如何分配？

死亡抚恤金是单位给予死者近亲属和被抚养人的生活补助费，是对近亲属的精神抚慰和物质性帮助。如果死者生前的工作单位的用工赔偿协议中有相关的分配方法，则依照用工赔偿协议载明的内容进行分配。如果没有相关分配方法，则死亡抚恤金由死者的近亲属共有。在分配时，应当按照死者近亲属之间达成的协议进行分配；未能达成协议的，则参照遗产继承的顺序进行分配。

（2）如果小明父亲生前有一个价值很高的游戏账号，小明能否继承该账号？微信账号又能否被继承？

遗产的种类丰富多样，因此，《民法典》第一千一百二十二条采取了概括式规定的方法对遗产进行规定。该条并未具体列举遗产的种类。原则上，自然人死亡时遗留的个人合法财产都可以被继承，包括虚拟财产。小明父亲的游戏账号具备财产属性，且属于通过合法途径取得的，应当允许小明进行继承。

但是，微信则不同。根据微信的用户协议，微信账号所有权属于腾讯公司，小明的父亲仅拥有该账号的使用权。微信账号内的资金余额应作为小明父亲的遗产，依法由继承人继承。但微信账号本身与使用者人身密切相关，包含大量小明的父亲的个人隐私。如果小明的父亲生前未声明如何处理微信账号，则应本着对死者个人隐私的尊重，不宜将该微信账号的使用权作为小明父亲的遗产。因此，在小明父亲去世后，应注销该微信账号。

71 小明是否有权根据奶奶的遗嘱继承其全部遗产？

——遗嘱继承

案例分析

小明的爷爷与奶奶共同订立了一份遗嘱，并办理了遗嘱公证。遗嘱载明，二人去世后，共有的一处房屋由小明的父亲和小明的姑姑继承。数年后，小明的爷爷因病去世，留下小明的奶奶独自生活。小明的姑姑、小明的爸爸与小明的奶奶之间素来不和，因此，二人都不愿赡养小明的奶奶。只有小明与奶奶关系较好，时常探望、照顾奶奶。于是，小明奶奶重新订立了一份遗嘱，并进行了公证。新的遗嘱载明，其全部遗产由小明继承。小明的奶奶因病去世后，小明的姑姑提出变卖小明的爷爷与奶奶共同拥有的房屋并分割遗产。小明的姑姑认为，小明年幼，不具备理财能力。因此，该房屋应由作为第一顺序继承人的小明姑姑和小明的爸爸按相同比例继承。而小明的爸爸则认为，应当遵从小明的奶奶的遗愿，按遗嘱内容分配遗产。二人争执不下，遂将该纠纷诉至法院。

法院审理后认为，被继承人在生前订立了遗嘱的，应按照遗嘱继承。房屋系小明的爷爷、奶奶共同所有，因此，小明的爷爷、奶奶各占该房屋一半的财产份额。小明的爷爷拥有的份额应按照经公证的遗嘱的内容，由小明的父亲和姑姑共同继承。小明的奶奶公证了新的遗嘱，因此，她的遗产应依照其后续订立的遗嘱进行继承。综合两份遗嘱的内容，小明的姑姑、小明的爸爸均继承房屋 25% 的份额，小明继承房屋 50% 的份额。[①]

本案涉及法定继承和遗嘱继承的优先顺位。根据《民法典》第一千一百二十三条的规定，被继承人订立了遗嘱的，应按照遗嘱进行继承。本案例中，小明的奶奶公证了新的遗嘱，她的遗产应根据新的遗嘱内容进行继承。如果遗嘱继承人小明放弃继承或者丧失继承权，则其应当继承的份额应当按照法定继承进行处理。

法条解析

上述案例主要涉及《民法典》的以下法条：

第一千一百二十三条 继承开始后，按照法定继承办理；有遗嘱的，按照遗嘱继承或者遗赠办理；有遗赠扶养协议的，按照协议办理。

本条含义为，继承方式的优先顺位不同，当同时存在法定继承、遗嘱继承、遗赠和遗赠扶养协议时，首先适用遗赠扶养协议，其次是遗嘱继承或者遗赠，最后适用法定继承。遗赠扶养协议由遗赠人与抚养人自愿协商订立，双方互相履行约定的权利义务。为充分尊重遗赠人的意思自治，遗赠扶养协议为第一顺位。遗嘱继承或者遗赠也同样体现了被继承人的自由意志，即被继承人可以通过订立遗嘱的方式自由处置个人遗产，不受法定继承中继承顺序和继承份额的限制。因此，遗嘱继承或者遗赠也优先于法

① 本案例改编自“邵某某与邵某甲、邵某乙、邵某丙、邵某戊、邵某己、邵某庚遗嘱继承纠纷案”［黑龙江省牡丹江市东安区人民法院（2013）东民初字第 368 号民事判决书］。

定继承。

第一千一百三十三条第二款 自然人可以立遗嘱将个人财产指定由法定继承人中的一人或者数人继承。

本条第二款的含义为，自然人订立遗嘱时，享有处分个人财产的自由。民法尊重当事人的意思自治，在不违背公序良俗和法律强制性规定的前提下，当事人可以自由处置个人合法拥有的财产。在订立遗嘱时，自然人可以通过遗嘱指定法定继承人中的一人或数人继承自己的遗产，不受他人干涉。

第一千一百五十四条 有下列情形之一的，遗产中的有关部分按照法定继承办理：

（一）遗嘱继承人放弃继承或者受遗赠人放弃受遗赠；

（二）遗嘱继承人丧失继承权或者受遗赠人丧失受遗赠权；

（三）遗嘱继承人、受遗赠人先于遗嘱人死亡或者终止；

（四）遗嘱无效部分所涉及的遗产；

（五）遗嘱未处分的遗产。

本条含义为，特殊情况下，遗嘱继承或者遗赠按照法定继承办理。由于遗嘱继承或者遗赠优先于法定继承，当被继承人立有遗嘱时，原则上应按照遗嘱的内容进行遗产分配。在订立遗嘱时，仅依靠遗嘱人一方的意思表示，遗嘱即可成立，无需他人同意。但遗嘱继承和遗赠都属于双方法律行为，还需要继承人或受遗赠人表示接受。当继承人或受遗赠人放弃继承或遗赠、丧失继承权或受遗赠权、先于遗嘱人死亡或终止时，都无法顺利完成继承或遗赠。若遗嘱继承或遗赠因继承人或受遗赠人的原因无法进行，或是涉及遗嘱无效或未处分的遗产时，应按照法定继承办理。

知识扩展

虽然遗嘱的订立可以采取多种形式，但无论哪种形式的遗嘱都需要符合法律规定的要件，才能具备相应的法律效力。

（1）小明的奶奶能否通过打印的方式订立遗嘱?

《民法典》第一千一百三十六条规定：“打印遗嘱应当有两个以上见证人在场见证。遗嘱人和见证人应当在遗嘱每一页签名，注明年、月、日。”小明奶奶可以通过打印的方式订立遗嘱，但需要有两个以上见证人在场见证，并由小明的奶奶和见证人在遗嘱的每一页签名，注明年、月、日，并且上述两个形式条件缺一不可。

（2）小明的奶奶能否通过录音录像的方式订立遗嘱?

《民法典》第一千一百三十七条规定：“以录音录像形式立的遗嘱，应当有两个以上见证人在场见证。遗嘱人和见证人应当在录音录像中记录其姓名或者肖像，以及年、月、日。”因此，小明的奶奶可以通过录音录像的方式订立遗嘱，但需满足录音录像遗嘱的形式要求。

72 小明能否以沉默的方式接受邻居的遗赠？

——遗赠的接受方式

案例分析

小明是个乐于助人的中学生。他见邻居刘大爷一个人生活不方便，就经常照顾其起居。刘大爷的儿子小亮和刘大爷关系不好，常年不在刘大爷身边照顾。刘大爷过世后，留下一封遗嘱。遗嘱上载明刘大爷死后，他的房产遗赠给小明。小明在刘大爷过世当日获悉了遗嘱，但并未作出是否接受遗赠的意思表示，也没有对刘大爷遗赠给自己的房屋进行处理。刘大爷过世三个月后，小亮准备售卖刘大爷的房产时，小明认为该房产是刘大爷遗赠给他的，不允许小亮售卖。小亮认为小明不能接受遗赠，遂将该纠纷诉至法院。

法院审理后认为，小明对遗嘱的内容早已知晓，却并未在知道受遗赠之后的六十日内作出接受的意思表示。根据《民法典》第一千一百二十四条第二款的规定，小明未在六十日内表示接受遗赠，视为放弃受遗赠。因此，法院支持了小亮的诉讼请求，小明失去了接受遗赠的资格。[①]

---

① 本案例改编自“安增玲诉孟广燕、孟广东赠与合同纠纷案”［山东省济南市槐荫区人民法院（2013）槐民初字第75号民事判决书］。

本案例涉及被继承人刘大爷、法定继承人小亮、受遗赠人小明三个民事主体。遗赠指自然人通过遗嘱这一方式将自己遗产的一部分或全部赠与给法定继承人以外的个人或者社会组织，并于遗嘱人死亡时发生法律效力的行为。根据《民法典》第一百四十条的规定和第一千一百二十四条第二款的规定，沉默不能作为接受遗赠的意思表示方式。小明并未在六十日的期限内通过口头或者书面的方式表示接受遗赠，所以视为小明放弃遗赠，即丧失了接受遗产的资格。

法条解析

上述案例主要涉及《民法典》的以下法条：

第一百四十条 行为人可以明示或者默示作出意思表示。

沉默只有在有法律规定、当事人约定或者符合当事人之间的交易习惯时，才可以视为意思表示。

本条第一款的含义为，行为人在作出意思表示时可以有两种形式，即明示或默示。行为人的真实意思只有通过明示或默示的方式表示出来，才能产生法律效果。“明示”指行为人明确以口头或书面进行意思表示（文字、照片等）；“默示”指行为人以消极沉默的不作为表达同意或者拒绝的意思。

本条第二款含义为，沉默一般不产生意思表示的法律效果，只有在三种情况下，才能将其视为意思表示，即“法律规定”、“当事人约定”以及“符合当事人之间的交易习惯”。最高人民法院在《中华人民共和国民法总则条文理解与适用》中指出，“沉默原则上不具有意思表示的意义，其既不表示同意，也不表示拒绝，是一个法律上纯然不价值或零价值的状态，应严格限制其构成意思表示的情形。因此，在审理具体案件时，应严格按照本条规定，谨慎地将沉默认定为意思表示”。

第一千一百二十四条 继承开始后，继承人放弃继承的，应当在遗产处理前，以书面形式作出放弃继承的表示；没有表示的，视为接受继承。

受遗赠人应当在知道受遗赠后六十日内，作出接受或者放弃受遗赠的表示；到期没有表示的，视为放弃受遗赠。

本条第一款的含义为，被继承人死亡后开始继承，继承人如果不愿意继承遗产，应在遗产处理前以书面形式明确表示放弃，否则视为接受继承。我国遗产继承的方式分为以下四种：法定继承、遗嘱继承、遗赠、遗赠扶养协议。本款中的继承人指法定继承人和遗嘱继承人，遗嘱继承人必须是法定继承人范围内的人。法定继承人包括第一顺序的配偶、父母、子女，以及第二顺序的兄弟姐妹、祖父母、外祖父母。

本条第二款的含义为，在受遗赠的情形下，受遗赠人需要在得知遗赠后的六十日内作出是否接受遗赠的意思表示，如果逾期没有表示，视为自动放弃受遗赠。受遗赠人是指遗赠中指定的法定继承人以外的继承人。例如，保姆、邻居等其他无直系血亲关系的人。受遗赠人在接受遗赠时，有六十日的意思表示期限限制，在此期间必须明确作出接受遗赠的意思表示，才能接受遗赠。

知识扩展

实践中，作出接受遗赠的意思表示的方式有很多，包括但不限于以下几种：

（1）口头表示。受遗赠人可以向法定继承人或其他遗嘱继承人口头表示自己接受遗赠。通过口头表示的方式接受遗赠，在出现纠纷时会难以证明。所以，受遗赠人可以在作出表示的时候进行录音录像等，以留存证据。

（2）书面表示。受遗赠人可以出示接受遗赠确认书等书面文件以表明接受遗赠。受遗赠人可以将自己接受遗赠的书面文件进行公证，以加强其证明力。

（3）行动表示。受遗赠人可以通过自己的实际行动表示自己接受遗赠，如对遗产进行占有、使用或者处分。在房产遗赠中，实际占有房屋可视为接受遗赠。

73 小明家乡的习俗是只有家中的男子有权继承遗产，这种习俗是否合法？

——继承权男女平等

案例分析

小明有一个哥哥、一个姐姐。母亲早逝后，三人均与父亲共同居住。小明的家乡重男轻女的观念比较严重。小明的父亲体弱多病，子女三人轮流对其进行了照顾。某日，小明的父亲病发身亡，去世时并未留下遗嘱。小明家乡的习俗是只有男子有权继承遗产，因此，小明与哥哥按照村里的习俗平分了父亲的遗产。但小明的姐姐表示不服，认为自己对父亲也尽到了赡养义务，对遗产也应享有继承权。于是小明的姐姐诉至法院，请求继承遗产。

法院审理后认为，本案涉及小明、小明的哥哥和小明的姐姐是否平等享有继承权的问题。根据《民法典》第一千一百二十六条的规定，无论男女，均享有平等的继承权，故小明及其哥哥不能以习俗为借口剥夺其姐姐的继承权。小明及其哥哥的行为违背了继承权男女平等的原则，侵犯了小明的姐姐的继承权。法院最终判决，小明及其哥哥退还多占有的遗产份额，并由小明的姐姐继承该部分遗产。[1]

本案例为小明、小明的哥哥和小明的姐姐之间的继承权纠纷。男女平等是我国法律始终贯彻的原则之一。《宪法》第四十八条第一款也明确规定："中华人民共和国妇女在政治的、经济的、文化的、社会的和家庭的生活等方面享有同男子平等的权利。"根据《民法典》第一千一百二十六条的规定，小明、小明的哥哥和小明的姐姐都享有平等的继承权。并且，小明家乡的地方习俗也不能与法律相违背。故法院依法判决小明及其哥哥退还多占有的遗产份额，由小明的姐姐继承。

法条解析

上述案例主要涉及《民法典》的以下法条：

第一千一百二十六条 继承权男女平等。

本条含义为，无论男女，均享有平等的继承权。法定继承中，所有继承人不分男女，一律平等地依照其继承顺序进行继承。根据《民法典》第一千一百二十七条的规定，第一顺序继承人为配偶、子女、父母；第二顺序继承人为兄弟姐妹、祖父母、外祖父母。法定继承顺位不因性别不同而区别对待。《民法典》第一千一百二十九条规定："丧偶儿媳对公婆，丧偶女婿对岳父母，尽了主要赡养义务的，作为第一顺序继承人。"可见，在遗产的法定继承中，无论男女，都依法平等地享有继承权。

贯彻男女平等原则，能够确保男女具有独立的人格权，保障男女都能在社会政治、经济和家庭生活中平等地行使法律所赋予的权利、履行法律规定的义务。在继承中则体现为，继承人行使继承权时如果遭遇性别歧视时，

---

① 本案例改编自"张某子女继承权纠纷案"［江西省南昌市青山湖区人民法院（2014）湖民三初字第187号民事判决书］。

继承人有权提出异议，必要时还可以诉诸法律，以保护自己的合法权益。

知识扩展

本案例中，如果小明的爸爸过世时留下遗嘱，将大部分遗产都留给小明及其哥哥，小明的姐姐则只能获得一小部分遗产。此时，小明的姐姐能否以违反男女继承权平等为由向法院请求平分遗产？

上述情况属于遗嘱继承。虽然在法定继承中，男女平等享有继承权，但在遗嘱继承中，应首先尊重被继承人的遗嘱意愿。《民法典》第一千一百三十三条第二款规定：“自然人可以立遗嘱将个人财产指定由法定继承人中的一人或者数人继承。”同时，遗嘱要产生效力，还必须满足下列要件：（1）遗嘱人必须要有完全民事行为能力；（2）遗嘱人所立的遗嘱必须是其真实意思表示，即未受胁迫、欺骗、篡改等；（3）遗嘱人对遗嘱所处分的财产必须是有处分权的；（4）遗嘱的内容必须合法；（5）遗嘱采用公证、自书、代书、录音、口头等形式的，应符合法定的形式要求。如果小明的爸爸立下的遗嘱符合以上有效要件，则应当尊重其所立遗嘱的意愿。所以，小明的姐姐不能以违反男女继承权平等为由向法院请求平分遗产。

74 小明的父亲因病去世，未留下遗嘱，其遗产应当如何继承？

——法定继承的顺序

案例分析

小明与其父亲、母亲是幸福的三口之家，但天有不测风云。某日，小明的父亲因心脏病去世，其生前未留下遗嘱。小明的父亲并无其他亲属在世，其去世后，家中只有小明和母亲相依为命。[1]

本案例涉及的主要问题：小明父亲留下的遗产要如何继承呢？

本案例中，小明的父亲死亡后，其遗产开始继承时，首先应明确的是遗产继承的方式。小明的父亲没有留下遗嘱和遗赠抚养协议，根据《民法典》第一千一百二十三条的规定，应该适用法定继承对遗产进行分配。法定继承是指在被继承人没有对其遗产的处理立有遗嘱或遗赠扶养协议的情况下，由法律直接规定继承人的范围、继承顺序、遗产分配原则的一种继承形式。根据《民法典》第一千一百二十七条的规定，法定继承存在继承的顺序问题。法定继承中，第一顺序继承人包括被继承人的配偶、子女、父母；第二顺序继承人包括被继承人的兄弟姐妹、祖父母、外祖父母。继承开始后，存

① 本案例由编者编写。

在第一顺序继承人的，由第一顺序继承人均分其遗产，第二顺序继承人不发生继承；没有第一顺序继承人继承的，遗产由第二顺序继承人均分继承。本案例中，小明及其母亲是小明父亲的配偶和儿子，且小明的父亲无其他亲属。因此，在对小明父母的夫妻共同财产进行分割后，小明父亲的个人财产应由作为第一顺位继承人的小明及其母亲均等继承。

法条解析

上述案例主要涉及《民法典》的以下法条：

第一千一百二十三条 继承开始后，按照法定继承办理；有遗嘱的，按照遗嘱继承或者遗赠办理；有遗赠扶养协议的，按照协议办理。

本条含义为，继承开始后，无遗嘱和遗赠扶养协议的，按照法定继承进行遗产分配；但是如果存在遗嘱或者遗赠抚养协议，则先按照遗嘱或者遗赠扶养协议的内容处理遗产，有剩余遗产的，应再按照法定继承方式进行。遗赠扶养协议的法律效力高于法定继承和遗嘱继承。因此，在遗产继承中，如果多种继承方式并存甚至发生冲突时，应首先遵循遗赠扶养协议，其次是遗嘱，最后才是法定继承。

第一千一百二十七条 遗产按照下列顺序继承：

（一）第一顺序：配偶、子女、父母；

（二）第二顺序：兄弟姐妹、祖父母、外祖父母。

继承开始后，由第一顺序继承人继承，第二顺序继承人不继承；没有第一顺序继承人继承的，由第二顺序继承人继承。

本条第一款的含义为，法定继承需要按照第一顺序、第二顺序进行，其中被继承人的配偶、子女、父母并列为第一顺序继承人，兄弟姐妹、祖父母、外祖父母并列为第二顺序继承人。子女，包括婚生子女、非婚生子女、养子女和有扶养关系的继子女。父母，包括生父母、养父母和有扶养关系的继父母。兄弟姐妹，包括同父母的兄弟姐妹、同父异母或者同母异父的兄弟姐妹、养兄弟姐妹、有扶养关系的继兄弟姐妹。

本条第二款的含义为，存在第一顺序继承人时，第二顺序继承人不能继承遗产。法定继承是一种法律推定的顺序继承，即法律根据被继承人之间的近亲属关系，推定被继承人生前的意愿，将遗产按近亲属由近至远来进行分配。第一顺序中的亲属与被继承人的关系最为密切，因此法律赋予其优先继承的资格。

知识扩展

如果小明的父亲在生前留下遗嘱，但只涉及小明的母亲，小明是否还有权继承父亲的遗产?

根据《民法典》第一千一百二十三条的规定，遗嘱继承的效力优先于法定继承。所以法律尊重遗嘱人的意思表示，在遗嘱满足有效要件的情况下，按照遗嘱进行处理。如果在遗嘱继承完成后，还有遗产可供继承，则小明可按法定继承获得遗产份额。

此外，此种情况下还需要考虑小明的年龄。如果小明已经成年且具有收入来源，无需依靠父亲的遗产也可生存，则遗嘱有效，小明无法继承父亲的遗产。但是，根据《民法典》第一千一百五十九条的规定，分割遗产应当为缺乏劳动能力又没有生活来源的继承人保留必要的遗产。因此，如果小明是未成年人，且没有收入来源，则应当为小明保留必要的遗产份额。

75 父亲先于奶奶去世，小明是否有权继承奶奶的遗产？

——代位继承

案例分析

小明的爷爷和奶奶有三个儿子。小明的父亲是最小的儿子，最受疼爱。爷爷早年就已离世，奶奶一个人生活。但天有不测风云，某日，小明的爸爸在工作时突发疾病去世。奶奶听闻噩耗悲伤过度，不久后也告别了人世。在处理遗产时，小明的两个伯伯平分了奶奶留下的遗产。小明表示不服，并认为虽然父亲早于奶奶去世，但自己应有权继承奶奶的遗产。于是小明将两个伯伯起诉至法院，要求参与分配奶奶的遗产。

法院审理后认为，本案属于继承权纠纷。小明系被继承人的孙子，其父先于被继承人死亡。根据《民法典》第一千一百二十八条第一款的规定，小明有权代位继承奶奶的遗产。最终，法院判决小明的两个伯伯退还继承的遗产，并重新进行分配。[①]

---

① 本案例改编自“张某甲与张某乙代位继承纠纷案”［湖北省云梦县人民法院（2016）鄂0923民初682号民事判决书］。

本案例涉及代位继承问题。代位继承又称间接继承，是指当被继承人的子女先于被继承人死亡或者被宣告死亡时，被继承人子女的晚辈直系血亲可以代替被继承人子女的继承顺序，继承其本应继承的遗产份额，即代位继承人可以继承被代位继承人有权继承的遗产份额。本案例中，小明的父亲作为奶奶的儿子，属于小明奶奶的第一顺序继承人，本应具有继承资格，但其先于小明的奶奶死亡。因此，小明的父亲应继承的份额依法由其晚辈直系血亲代为继承，即小明作为代位继承人，可以依法取得其父亲应继承的遗产份额。

法条解析

上述案例主要涉及《民法典》的以下法条：

第一千一百二十八条 被继承人的子女先于被继承人死亡的，由被继承人的子女的直系晚辈血亲代位继承。

被继承人的兄弟姐妹先于被继承人死亡的，由被继承人的兄弟姐妹的子女代位继承。

代位继承人一般只能继承被代位继承人有权继承的遗产份额。

本条第一款的含义为，被继承人的子女作为第一顺序继承人，如果先于被继承人死亡的，那么本应由其继承的遗产份额由其直系晚辈血亲继承。被代位继承人仅限于被继承人的子女，被继承人的配偶、父母等均不能成为被代位继承人。被代位继承人的直系晚辈血亲可以代位继承，代位继承人不受辈数的限制。

本款第二款的含义为，如果作为第二顺序继承人的兄弟姐妹在被继承人之前死亡，那么其本应继承的遗产份额由其子女代位继承。第二顺序继承人与被继承人的关系并不如第一顺序继承人那样亲近，因此第二顺序的代位继承被限制为被继承人的兄弟姐妹的“子女”而非“直系晚辈血亲”。

本条第三款的含义为，代位继承人只能在被代位继承人本应享有的遗产份额之内继承遗产。不论代位继承人的人数多少，代位继承人参加继承时，都不能与其他同顺序的法定继承人一同按人数均分遗产，而只能共同继承被代位继承人有权继承的份额。

知识扩展

本案例中，如果小明的奶奶生前留下遗嘱，遗产由除小明父亲外的另外两个儿子继承，小明还能主张代位继承属于其父亲的继承份额吗？

存在遗嘱时，小明就无法通过代位继承取得其奶奶的遗产份额。因为，代位继承建立在法定继承的基础之上，并不适用于遗嘱继承。遗嘱继承的效力优先于法定继承。如果奶奶并未在遗嘱上提及小明的父亲，小明就无法通过遗嘱继承取得遗产。即只有通过法定继承进行遗产分配时才能发生代位继承，在遗嘱继承中不会再发生代位继承。换言之，即使小明的父亲被写在奶奶的遗嘱上，小明也无法进行代位继承。但因为小明父亲已死亡，遗嘱中应由其继承的份额应按照法定继承的方式进行重新分配，小明此时可以再依代位继承取得其父亲应得的遗产份额。

76 父母去世时未留下遗嘱，在分配遗产时是否应对小明予以照顾？

——遗产继承中的未成年人保护

案例分析

小明的父母育有两名子女。小明正在上中学，哥哥小亮已经大学毕业并参加工作。某天，小明的父母在回家途中遭遇严重车祸，当场死亡。由于事发突然，小明的父母并未留下遗嘱。小明的祖父母、外祖父母也早已不在人世。小明与哥哥小亮应该如何分配父母的遗产呢？[①]

本案例涉及的主要问题：小明与小亮作为第一顺序的法定继承人，应当如何继承遗产？小明属于缺乏劳动能力的未成年人，对遗产分配是否有影响？

按照法定继承的一般规则，被继承人的子女属于第一顺序的法定继承人，在没有遗嘱或者遗赠扶养协议的情况下，应当由第一顺序的法定继承人平均分配遗产。本案例中，小明和小亮均属于第一顺序继承人。按照《民法典》第一千一百三十条第一款的规定，同一顺序继承人继承遗产的份额，一般应当均等。但是，根据《民法典》第一千一百三十条第二款的规定，

① 本案例由编者编写。

小明属于缺乏劳动能力的继承人，分配遗产时，应当予以照顾。因此，小明作为中学生，属于未成年人且缺乏劳动能力，在分配遗产时，应当对其照顾。此外，根据《民法典》第一千一百三十条第五款的规定，继承人协商同意的，遗产分配也可以不均等。所以，小明还可以先与哥哥协商，要求适当的份额倾斜。如果协商不成，再根据《民法典》第一千一百三十条第二款的规定通过诉讼进行处理。

法条解析

上述案例主要涉及《民法典》的以下法条：

第一千一百三十条 同一顺序继承人继承遗产的份额，一般应当均等。

对生活有特殊困难又缺乏劳动能力的继承人，分配遗产时，应当予以照顾。

对被继承人尽了主要扶养义务或者与被继承人共同生活的继承人，分配遗产时，可以多分。

有扶养能力和有扶养条件的继承人，不尽扶养义务的，分配遗产时，应当不分或者少分。

继承人协商同意的，也可以不均等。

本条第一款的含义为，在法定继承中，一般情况下，处于同一顺序的继承人应按均等份额进行分配。“一般情况”指同一顺序的法定继承人，在生活状况、劳动能力以及对被继承人所尽的抚养、扶养或赡养义务等方面基本相同。“按均等份额进行分配”指同一顺序的各个法定继承人所取得的被继承人遗产数额比例相同，没有明显差别。

本条第二款的含义为，当继承人在生活上存在困难、没有收入来源，同时也缺乏劳动能力时，应当在遗产分配时予以倾斜。规定本款的目的是为了保障特殊继承人的基本生活需要。适用本款，继承人需具备“生活有特殊困难”“缺乏劳动能力”两个条件。“生活有特殊困难”指无法维持正常生活，而非与其他继承人相比生活质量较差。“予以照顾”是指分割遗产时，分得的遗产能满足其基本的生活需求。如果被继承人遗产数额较大，通过均等分配能够保证其基本生活需要，就无需再给予照顾。

本条第三款的含义为，在两种情形下，继承人分配遗产时可以多分。一是对被继承人尽了主要扶养义务；二是和被继承人共同生活。本款是《民法典》“权利义务相统一”精神的体现。“尽了主要扶养义务”指对被继承人的生活提供了主要经济来源，或者在生活或劳务方面给予了主要帮扶。“与被继承人共同生活的继承人”往往与被继承人的关系更为亲密，其可能是对被继承人进行赡养的子女，也可能是被继承人正在抚养的子女。

本条第四款的含义为，不尽扶养义务的继承人，在分配遗产时，应当不分或者少分，主要包含两个条件：一是被继承人在经济上或生活上有困难，需要继承人扶养；二是继承人有条件和能力，却不扶养被继承人。两者需要同时具备。如果被继承人不需要扶养，或者继承人没有能力和条件履行扶养义务，都不适用该规定。

本条第五款的含义为，同一顺序的法定继承人之间可以协商确定继承份额。继承人对遗产分配达成一致意见时，既可以均等分配，也可以根据协商进行不均等分配。这是继承人间平等自愿行使继承权的结果，法律对此予以尊重和保护。

知识扩展

未成年人在父母死亡或无抚养能力时，可以被兄、姐或者其他亲属扶养。扶养人死亡时，未成年人作为继承人以外的被扶养人可以获得遗产吗？

《民法典》第一千一百三十一条规定：“对继承人以外的依靠被继承人扶养的人，或者继承人以外的对被继承人扶养较多的人，可以分给适当的遗产。”根据本条规定，未成年人虽然不是扶养人的继承人，但属于依靠被继承人扶养的人，可以适当分得部分遗产。

77 父母留下的遗产被哥哥全部占有，小明应当如何维护自己的合法权利？

——继承纠纷的解决方式

案例分析

小明家有四口人。哥哥小亮在本地工作，小明在外地上中学。某日，小明的父母在一场火灾中被严重烧伤，不治身亡。由于小明在外地上学，待其赶回家时，父母留下的遗产已被小亮全部占有。小明认为自己也是合法继承人，有权继承父母的遗产，但他不知该如何解决与哥哥的继承权纠纷。①

本案例涉及的主要问题：小明作为第一顺序的法定继承人，其遗产份额被其他法定继承人占有时，小明有哪些解决纠纷的方式呢？

在本案例中，小明的父母因意外身亡，并未立下遗嘱，因此遗产的继承应按照法定继承方式进行。小明和小亮作为儿子，依法享有继承权，且都属于第一顺序继承人。哥哥小亮占有父母全部遗产的行为，侵害了小明的继承权。根据《民法典》第一千一百三十二条的规定，在此种情况下，小明可以首先与哥哥沟通，协商遗产分配问题。一般情况下，同一顺序继承人继承财产的份额应当均等。若二人无法通过协商达成一致意见，小明

---

① 本案例由编者编写。

可以通过向人民调解委员会申请调解或者向法院起诉的方式来解决纠纷。

法条解析

上述案例主要涉及《民法典》的以下法条：

第一千一百三十二条 继承人应当本着互谅互让、和睦团结的精神，协商处理继承问题。遗产分割的时间、办法和份额，由继承人协商确定；协商不成的，可以由人民调解委员会调解或者向人民法院提起诉讼。

本条含义为，继承人解决继承纠纷应先协商，协商不成可以通过调解或诉讼解决。具体来说，遗产如何分配可以由继承人本着互谅互让、和睦团结的精神通过协商的方式确定；无法协商一致时，可以向人民调解委员会提出调解申请，或者向法院起诉。继承纠纷不同于一般的财产纠纷，它往往与亲情密切相关，具有特殊性。如果处理得当，可以化解矛盾，维护家庭和睦和社会稳定；如果处理不当，会激化矛盾，使亲人反目成仇，使家庭分崩离析。实践中，协商解决继承产生的问题，并不限于遗产分割的时间、方法、份额，只要是能进行自由处分的遗产，继承人都可以通过协商进行合理安排。若协商不成，可以通过人民调解委员会进行调解，达成关于遗产继承的调解协议。继承人也可以选择诉讼的手段，将纠纷起诉至法院，法院也会贯彻调解原则，力求实现遗产继承与家庭和睦之间的最大化平衡。

知识扩展

继承纠纷可分成两类：一类是非侵权纠纷，如继承人对遗嘱效力、遗产范围及数额、继承的范围、继承顺序等问题的认识不一致所产生的纠纷；另一类是侵权纠纷，即侵犯继承权、受遗赠权所产生的纠纷。

侵权继承纠纷具体包括：

（1）非法剥夺继承人、受遗赠人资格的行为；

（2）隐匿、侵吞或者争抢遗产的行为；

（3）非法处分未分割的遗产的行为；

（4）非法扣减继承人应继承的遗产份额或遗赠财产的数额的行为；

（5）法定代理人损害被代理人的继承权、受遗赠权的行为；

（6）遗产分割时，未保留胎儿的继承份额的行为。

这些侵犯继承权的行为都存在一个共性，即违背了被继承人生前的意愿，侵害了其他继承人和受遗赠人的合法权益。出现上述情形时，被侵权人可以以继承权受侵犯为由向法院提起侵权之诉。

78 小明能否作为其奶奶订立遗嘱时的见证人？

——遗嘱见证人资格

案例分析

小明的奶奶年事已高，想订立一份遗嘱。于是奶奶请邻居老张代写，由十四岁的小明和老张一同作为见证人。奶奶去世后，小明的爸爸和叔叔按照奶奶的遗嘱进行了遗产分配。但分得财产较少的叔叔对遗嘱有意见。他认为小明不能作为奶奶的遗嘱见证人。于是他向法院起诉，请求认定遗嘱无效。

法院审理后认为，小明的奶奶订立的遗嘱属于代书遗嘱。根据《民法典》第一千一百三十五条的规定，代书遗嘱应当有两个以上的见证人在场见证，由其中一人代书。并且，小明的父亲是小明的奶奶的遗产继承人，而小明不仅与继承人有利害关系，而且属于限制民事行为能力人。根据《民法典》第一千一百四十条的规定，小明不能作为遗嘱见证人。本案所涉遗嘱缺乏两个以上的合法见证人，故代书遗嘱不能生效。法院最终判决，支持原告的诉求，小明的奶奶立下的遗嘱无效，其遗产应按照法定继承方式进行继承。[①]

① 本案例由编者编写。

本案例涉及的核心问题是遗嘱见证人的法定资格。根据《民法典》第一千一百三十五条至第一千一百三十八条的规定，代书遗嘱、打印遗嘱、录音录像遗嘱、口头遗嘱以及公证遗嘱等都需要两名以上的见证人。《民法典》第一千一百四十条则对遗嘱见证人资格进行了限制性规定。本案例中，小明属于限制性规定中的“与继承人、受遗赠人有利害关系的人”以及“限制民事行为能力人”，故小明不能作为遗嘱见证人。本案例中的代书遗嘱因缺乏法定生效要件，故无效。

法条解析

上述案例主要涉及《民法典》的以下法条：

第一千一百三十五条 代书遗嘱应当有两个以上见证人在场见证，由其中一人代书，并由遗嘱人、代书人和其他见证人签名，注明年、月、日。

本条的含义为，设立代书遗嘱应满足三个法定条件：其一，代书遗嘱在订立时应有两个及以上的见证人在场见证。代书遗嘱的见证人必须由个人担任，不能由社会组织等担任。如果只有一名遗嘱见证人，代书遗嘱将不发生效力。其二，遗嘱人应亲自口述遗嘱的内容，并由一名见证人代书。针对被继承人因为身体原因或者不具备书写能力等无法设立自书遗嘱的情形，法律规定了多种遗嘱形式。代书遗嘱是遗嘱人口述遗嘱内容，由见证人之一代为书写的遗嘱。记录人应如实记录被继承人的真实意思。其三，遗嘱人、代书人和其他的见证人都要在遗嘱上签名，并注明年、月、日。遗嘱人若无能力书写签名，也可以用盖章、按手印等方式替代。

第一千一百四十条 下列人员不能作为遗嘱见证人：

（一）无民事行为能力人、限制民事行为能力人以及其他不具有见证能力的人；

（二）继承人、受遗赠人；

（三）与继承人、受遗赠人有利害关系的人。

本条含义为，担任遗嘱见证人应符合法定条件。见证人是证明遗嘱真实性的人员，与遗嘱的效力密切相关。其一，只有完全民事行为能力人才能作为遗嘱见证人，而无民事行为能力人、限制民事行为能力人由于缺乏对继承的理解判断能力，不具备见证人资格。其二，继承人、受遗赠人与继承具有直接利害关系，因此不能作为遗嘱见证人。其三，与继承人、受遗赠人有利害关系的人不能作为遗嘱见证人。虽然他们与遗嘱内容以及继承无直接关系，但他们在知悉遗嘱内容之后，可能受利益驱使与继承人、受遗赠人串通，作出有违公正的行为。

知识扩展

虽然在奶奶订立遗嘱时，小明不具备遗嘱见证人的资格，但如果有两个邻居作为见证人，遗嘱是否还有效呢？

根据《民法典》第一千一百三十五条的规定，见证人需要有两人以上。若除去缺乏资格的见证人外，其他见证人仍然符合法定的见证人人数、资格要求时，且遗嘱的成立要件具备，则应认定遗嘱有效。因此，在有两个邻居作为见证人的情况下，小明的奶奶的代书遗嘱有三个见证人，若小明因不具备遗嘱见证人的资格被排除后，其余两位见证人仍满足见证人的资格条件的，遗嘱仍然有效。

79 小明所立的遗嘱是否有效？

——限制民事行为能力人的遗嘱效力

案例分析

小明是一个九岁的小学生。他从书上了解到，可以通过立遗嘱来分配遗产。于是小明也立下遗嘱，其内容为：如果自己身故，就把自己的压岁钱留给父母，把心爱的小狗送给自己的好朋友小亮。小明立下的这份遗嘱是否有效呢？[①]

本案例中，虽然小明对自己的财产进行了分配，其意思表示是真实的，但并不意味着小明的遗嘱就有效。遗嘱的订立和遗嘱的生效是不同的概念。遗嘱只有同时具备了实质要件和形式要件才能发生法律效力，缺一不可。遗嘱的形式主要有公证、自书、代书、录音、口头遗嘱这五种形式，形式要件包括对签名、见证人数等的要求。遗嘱生效的实质要件之一是遗嘱人必须具备遗嘱能力，即遗嘱人需要具备订立遗嘱、依法自由处分其财产的民事行为能力。小明今年九岁，属于限制民事行为能力人，因此根据《民法典》第一千一百四十三条的规定，其订立的遗嘱不发生法律效力。无民事行为能力人或者限制民事行为能力人，年龄尚小，认知水平、判断能力与社会经验不足。出于对未成年人的保护，法律规定了上述两类主体所立

① 本案例由编者编写。

的遗嘱无效。

法条解析

上述案例主要涉及《民法典》的以下法条：

第一千一百四十三条第一款 无民事行为能力人或者限制民事行为能力人所立的遗嘱无效。

本条第一款的含义为，无民事行为能力人、限制民事行为能力人不具备遗嘱能力，所订立的遗嘱无效。只有具备完全民事行为能力的人所立的遗嘱才能生效。其中，无民事行为能力人是指八周岁以下的未成年人，或者不能辨认自己行为的成年人；而限制民事行为能力人是指八周岁以上的未成年人，或者不能完全辨认自己行为的成年人。出于保护未成年人的目的，法律对其处分财产的行为进行限制甚至禁止。

知识扩展

设立遗嘱需要具备遗嘱能力，那么何为遗嘱能力？哪些人具有遗嘱能力呢？

遗嘱能力是自然人依法享有的设立遗嘱，依法自由处分其财产的行为能力。遗嘱能力是民事行为能力中的一种。有完全民事行为能力人才具备遗嘱能力。即使具备完全民事行为能力人在设立遗嘱后成为无民事行为能力或者限制民事行为人，其先前设立的遗嘱仍然有效。例如，小明在成年以后订立了一份遗嘱，后来遭遇事故精神失常、神志不清，但其订立的遗嘱不受其现在的精神状态的影响，仍然有效。反之，无民事行为能力或者限制民事行为能力人不具有遗嘱能力，即使其成为完全民事行为能力人，其先前设立的遗嘱仍然无效。例如，小明在九岁时写下一份遗嘱，成年后，先前所设立的遗嘱仍然无效。

根据《民法典》第二十一条、第二十二条的规定，除未成年人外，不能辨认自己行为的成年人属于无民事行为能力人，不能完全辨认自己行为的成年人属于限制民事行为能力人。根据《民法典》第一千一百四十三条的规定，这两类成年人所订立的遗嘱都无效。但不能完全辨认自己行为的成年人，在其智力与精神健康状况不影响遗嘱能力时，订立的遗嘱有效。

患盲、聋、哑等严重身体疾病，或其他身体残疾、行为不便的完全民事行为能力人，只要他们心智健全，并且能正确清楚地作出意思表示，也都具有遗嘱能力。

十六岁以上、未满十八岁的公民，以自己的劳动收入作为主要生活来源的未成年人，视其为完全民事行为能力人。相应地，他们也就具备了遗嘱能力，其所订立的遗嘱符合生效要件时就有效。

80 小明的父亲去世前先后订立两份不同的遗嘱，应以哪份遗嘱为准？

——先后订立不同遗嘱的效力

案例分析

小明的父亲因心脑血管疾病住院治疗。卧床期间，他立下了一份遗嘱，对自己的财产进行了安排。一段时间后，小明的父亲改变了主意，重新订立了一份遗嘱。小明的父亲去世后，继承人在处理财产时对两份遗嘱的效力发生争议，应该以哪一份遗嘱为准呢？[①]

本案例主要涉及前后两份遗嘱的效力问题。遗嘱人所立的遗嘱是否有效，需要考察以下条件：

（1）遗嘱的内容必须是被继承人的真实意思表示。遗嘱人受欺诈、胁迫所立的遗嘱无效。小明的父亲立下的两份遗嘱都是其真实意思表示，未受欺诈、胁迫，满足遗嘱有效的实质要件。

（2）遗嘱还需要符合法律规定的形式要件。例如，自书遗嘱应由被继承人亲笔书写、签名，并注明年、月、日。从实质要件和形式要件来看，小明的父亲所订立的两份遗嘱均满足遗嘱有效的基本要件。但对

① 本案例由编者编写。

先后订立的两份遗嘱的效力，法律有明确的规定。根据《民法典》第一千一百四十二条第三款的规定，立有数份遗嘱的，内容相抵触的，以最后的遗嘱为准。即若先后订立的两份遗嘱，内容不相抵触，则两份遗嘱均有效。若先后订立的两份遗嘱，存在相抵触的内容的，以后订立的遗嘱为准。本案例中，小明的父亲先后订立了两份内容相抵触的遗嘱，因此，应以后订立的遗嘱为准。

法条解析

上述案例主要涉及《民法典》的以下法条：

第一千一百四十二条 遗嘱人可以撤回、变更自己所立的遗嘱。

立遗嘱后，遗嘱人实施与遗嘱内容相反的民事法律行为的，视为对遗嘱相关内容的撤回。

立有数份遗嘱，内容相抵触的，以最后的遗嘱为准。

本条第一款的含义为，遗嘱人在遗嘱设立之后、尚未生效之前，可以对该遗嘱进行撤回或者变更。遗嘱人在对遗嘱进行撤回、变更时，需要具备遗嘱能力、意思表示真实且满足遗嘱的形式要件。

本条第二款的含义为，在遗嘱订立后，如果遗嘱人实施的民事法律行为与原订立遗嘱的内容相反，则视作撤回遗嘱中的相关内容。遗嘱可以通过明示或者默示的方式撤回，本款规定的是遗嘱的默示撤回。遗嘱的默示撤回主要表现为遗嘱人在生前对遗嘱记载的财产进行了不同于遗嘱内容的处分。例如，小明的父亲在遗嘱中明确把房屋留给小明，但其生前将房屋出卖给第三人，并办理了房产过户登记。小明的父亲的行为可以视为撤回了原遗嘱中关于房产处置的内容。

本条第三款的含义为，如果同一人先后订立数份不同的遗嘱，内容有相矛盾和抵触部分的，以最后订立的遗嘱为准。此处所规定的遗嘱撤回的标准是遗嘱设立的时间先后，而不是设立的形式。即遗嘱人可以通过设立新的遗嘱撤回原设立的遗嘱。

知识扩展

如果小明的父亲立下的第一份遗嘱进行了公证，之后其又订立了第二份遗嘱，且先后两份遗嘱内容存在冲突，应该以哪一份遗嘱为准？

在《民法典》颁布之前，《继承法》规定公证遗嘱具有优先效力。但《民法典》删除了公证遗嘱优先于其他遗嘱形式的规定。公证遗嘱虽然在证明力上具有优势，但如果遗嘱人想要变更、撤销原遗嘱时，只能通过再次公证新遗嘱的形式来进行。这对遗嘱人变更遗嘱造成很大的不便。首先，公证的程序比较复杂，流程较多；其次，公证遗嘱的成本也较高。因此，根据《民法典》第一千一百四十二条的规定，即使小明的父亲对第一份遗嘱进行了公证，只要其所订立的第二份遗嘱满足遗嘱的有效要件，在先后两份遗嘱发生冲突时，就应该以第二份遗嘱为准。

81 小明的父亲生前指定的遗产管理人能否变更？

——遗产管理人的变更

案例分析

某日，小明的父母驾车送小明去培训班。不料，小明的父母返回途中与一辆失控的大客车相撞。小明的父母当场死亡。小明的父母生前曾立有书面遗嘱：“阳光花苑”学区房的所有权归大儿子小亮，黑色“红旗”汽车的所有权归二儿子小凯和小儿子小明，其余的现金部分由三兄弟平均分配。小亮称，父母生前已经指定自己为遗嘱执行人。然而，小亮在处理完父母的丧事之后，一直独占遗产中的现金部分，并拒绝对该部分进行分割。小明和小凯认为，小亮一直在外地打工，从未履行过赡养父母的义务，并无资格担任遗嘱执行人。并且，小亮的行为已经损害到其他继承人的合法权益。因此，小明和小凯诉至法院，请求法院重新指定遗产管理人。[①]

本案例涉及的主要问题：小亮履行赡养义务的情况与其能否担任遗产管理人是否相关？若小亮是合法的遗产管理人，法院可否依据小明和小凯

① 本案例由编者编写。

的请求，重新指定遗产管理人?

根据《民法典》第一千一百四十五条的规定，法定的遗产管理人主要包括遗嘱执行人、继承人、被继承人生前住所地的民政部门或者村民委员会。我国并未对担任遗产管理人的资格作出任何限制。因此，小亮既是合法的遗嘱执行人，也是合法的遗产管理人。小亮也不因未履行赡养义务而丧失担任遗产管理人的资格。在本案例中，小明、小凯和小亮作为遗嘱继承人，对遗产管理人的选任存在争议，无法达成一致意见，且小亮作为遗产管理人直接影响到小明和小凯的财产利益。根据《民法典》第一千一百四十六条的规定，小明和小凯作为本案例中的利害关系人，有权请求法院依据实际情况，重新指定遗产管理人。

法条解析

上述案例主要涉及《民法典》的以下法条：

第一千一百四十五条 继承开始后，遗嘱执行人为遗产管理人；没有遗嘱执行人的，继承人应当及时推选遗产管理人；继承人未推选的，由继承人共同担任遗产管理人；没有继承人或者继承人均放弃继承的，由被继承人生前住所地的民政部门或者村民委员会担任遗产管理人。

本条含义为，遗产管理人的选任存在先后顺序，依次为遗嘱执行人、继承人、被继承人生前住所地的民政部门或者村民委员会。设立遗产管理人的意义在于维护继承人、受遗赠人、债权人的合法权益，实现遗产的公平分配。通过将被继承人生前住所地的民政部门、村民委员会纳入遗产管理人范围内，有利于弥补特殊情况下遗产无人管理的漏洞。例如，在本案例中，若小明的父母生前没有通过设立遗嘱的方式指定遗嘱执行人或遗产管理人，则应当由小明、小凯和小亮共同商讨，推选出遗产管理人。若小明、小凯和小亮没有推选出遗产管理人，则应当由三人共同担任遗产管理人。

若小明、小凯和小亮均放弃继承，则应当由被继承人生前住所地的民政部门或者村民委员会担任遗产管理人。

第一千一百四十六条 对遗产管理人的确定有争议的，利害关系人可以向人民法院申请指定遗产管理人。

本条含义为，若利害关系人对遗产管理人的确定存在争议，无法达成一致意见时，为了维护自身的合法权益，利害关系人有权请求法院指定遗产管理人。其中，利害关系人主要是指对于诉讼标的有直接或间接利害关系的人。在继承案件中，利害关系人主要包括继承人、债权人、被遗赠人等。例如，在本案例中，小明、小凯和小亮三人对于遗产管理人的选任无法达成共识时，可以向法院申请指定遗产管理人。法院需结合具体案件情况，综合衡量继承人与被继承人的关系、遗产的占有状态等多种因素，从法定的遗产管理人范围内指定一个或数个遗产管理人，保障利害关系人的合法权益不受侵犯。本条规定与《民法典》第一千一百四十五条共同保障了遗产管理人选任程序的合理性和合法性，确立了以尊重被继承人和继承人意思自治为主，以法律规定、法院指定为辅的遗产管理人产生方式。

知识扩展

若在本案例中，法官综合考虑继承人的意愿、年龄等因素，指定小凯作为新的遗产管理人。为了更好地开展遗产管理工作，小凯需要了解遗产管理人应当承担的职责，以及享有的权利。

（1）遗产管理人的职责。

《民法典》第一千一百四十七条规定："遗产管理人应当履行下列职责：（一）清理遗产并制作遗产清单；（二）向继承人报告遗产情况；（三）采取必要措施防止遗产毁损、灭失；（四）处理被继承人的债权债务；（五）按照遗嘱或者依照法律规定分割遗产；（六）实施与管理遗产有关的其他必要行为。"因此，小凯应当在上述范围内审慎地履行职责。

若小凯在管理遗产的过程中，因故意或者重大过失造成继承人、受遗赠人、债权人的权益受到损害，应当依据《民法典》第一千一百四十八条的规定，承担相应的民事责任。

（2）遗产管理人的权利。

《民法典》第一千一百四十九条规定："遗产管理人可以依照法律规定或者按照约定获得报酬。"因此，遗产管理人享有获得报酬的权利。

82 “父债子偿”是否有法律依据?

——债务的继承

案例分析

小明的母亲去世后，十五岁的小明跟随父亲小亮一起生活。为了给小明提供更好的生活条件，小亮决定购买一辆机动车从事网约车工作。某日，小亮与小凯达成借贷合意，并于当日出具借条一份，内容为“今欠小凯现金拾万元整（10万元）”。半年后，小亮在开车途中发生车祸，不治身亡。随后，小凯找到小明，要求其偿还父亲所欠的10万元债务。然而小明认为，自己无能力偿还此债务，且其父亲已经死亡，故不应由自己偿还债务。小凯多次上门讨债未果，遂将该纠纷诉至法院。

法院审理后认为，在本案中，小亮去世后，小明为小亮的唯一继承人，且小明并未表示放弃继承。根据《民法典》第一千一百六十一条的规定，小明作为小亮的继承人，应当以其所得遗产实际价值为限，清偿被继承人小亮的债务，超过遗产实际价值的部分，小明可以自愿偿还。经查明，小亮的遗产只有一辆机动车及少许存款。该辆机动车在交通事故中遭受严重损毁，现在的实际价值为4万元。故小亮的遗产价值总额少于10万元。又因小明属于缺乏劳动能力又没有生活来源的继承人，必须在遗产中为小明保留一定份额的遗产。因此，法院最终判决，根据《民法典》第一千一百五十九条、第一千一百六十一条的规定，小明需对小凯偿还 4 万元债务，其余遗产作为保留份额归小明所有。[①]

本案例涉及三个民事主体，即被继承人小亮、继承人小明以及债务人小凯。小亮与小凯之间存在真实有效的债权债务关系。小亮死亡前并未立下任何书面遗嘱，因此，小明作为小亮的唯一继承人继承其财产。根据《民法典》第一千一百六十一条的规定，小明应当以继承的遗产价值为限清偿小亮所欠的债务。又因小亮死亡后，小明属于缺乏劳动能力又没有生活来源的继承人，根据《民法典》第一千一百五十九条的规定，应当在遗产范围内为小明保留必要的遗产份额，剩余部分再用于偿还小亮的债务。

法条解析

上述案例主要涉及《民法典》的以下法条：

第一千一百五十九条 分割遗产，应当清偿被继承人依法应当缴纳的税款和债务；但是，应当为缺乏劳动能力又没有生活来源的继承人保留必要的遗产。

本条含义为，在对遗产进行分割时，若继承人为缺乏劳动能力且没有生活来源的民事主体，则应当优先为该类继承人保留一定数量的遗产份额。然后，再将剩余的遗产用于清偿被继承人尚未缴纳的税款和债务，即特殊主体的保留遗产份额优先于被继承人依法应当缴纳的税款和债务。即使扣除掉相应的遗产份额后，剩下的遗产不足以清偿所有的税款和债务，也应当优先保障该类特殊主体的合法权益。本条规定的意义在于保障未成年人、

① 本案例改编自“郭新阳与孙引芳、乔彬等民间借贷纠纷案”［山西省运城市中级人民法院（2019）晋 08 民终 3243 号民事判决书］。

残疾人、老年人等特殊弱势群体的基本生活。例如，在本案例中，十五岁的小明为限制民事行为能力人，属于既没有劳动能力也没有生活来源的继承人。因此在处理遗产时，应当为小明保留足以维持正常生活的遗产，保留后剩余的部分，才可以用于清偿债务。

第一千一百六十一条 继承人以所得遗产实际价值为限清偿被继承人依法应当缴纳的税款和债务。超过遗产实际价值部分，继承人自愿偿还的不在此限。

继承人放弃继承的，对被继承人依法应当缴纳的税款和债务可以不负清偿责任。

本条第一款的含义为，继承人对被继承人生前尚未缴纳的税款和清偿的债务进行偿还时，偿还的范围以被继承人遗产的实际价值为限，对于超过遗产实际价值的部分，继承人可以自愿选择是否进行偿还。即继承人承担的是有限清偿责任。例如，在本案例中，小明在遗产范围内对小凯进行清偿后，超出遗产数额的债务，小明没有义务进行清偿，但可以自愿偿还。

本条第二款的含义为，继承人对被继承人生前尚未缴纳的税款和清偿的债务进行偿还的前提条件应当为，继承人未放弃继承。若继承人明确表示放弃继承遗产，就不需要承担被继承人的债务。因此继承人在下列两种情况中不需要承担被继承人的债务：其一，继承人明确表示放弃继承遗产；其二，债务中超过遗产实际价值的部分。例如，在本案例中，一方面，继承人小明并未表示放弃继承。另一方面，被继承人小亮的遗产价值小于债务。因此，小明应以遗产价值为限向小凯偿还欠款。并且，继承人小明是缺乏劳动能力又没有生活来源的继承人。因此，根据《民法典》第一千一百五十九条的规定，需要为小明在遗产中保留一定的份额之后，才能用剩余的遗产清偿被继承人的债务。

知识扩展

在继承关系中，通常存在法定继承、遗嘱继承和遗赠并存的情况。若被继承人生前还留有未缴纳的税款和债务，法定继承人、遗嘱继承人、受遗赠人之间就税款和债务的清偿存在先后顺序。

《民法典》第一千一百六十三条规定："既有法定继承又有遗嘱继承、遗赠的，由法定继承人清偿被继承人依法应当缴纳的税款和债务；超过法定继承遗产实际价值部分，由遗嘱继承人和受遗赠人按比例以所得遗产清偿。"例如，小亮在生前立下遗嘱，将价值4万元的机动车遗赠给小亮的表弟。而小亮的儿子小明今年二十岁，是小亮唯一的法定继承人，继承小亮剩余的遗产2万元。根据《民法典》第一千一百六十三条的规定，对小亮应缴的税款和债务，小明作为法定继承人，应当首先在2万元的范围内进行清偿，不足部分由受遗赠人小亮的表弟在4万元的范围内进行清偿。

第七编　侵权责任

“侵权责任”是《民法典》的第七编。该编规定了民事侵权责任承担的基本原则和特殊规则，是青少年维护自身合法权益的指南。民事侵权责任的归责原则主要包括过错责任原则、无过错责任原则、过错推定责任原则和公平责任原则。在一般侵权法律关系中，侵权人承担过错责任。例如，青少年在校内被蓄意殴打后，应当要求侵权人就其过错承担侵权责任。在特殊侵权法律关系中，侵权人承担无过错责任、过错推定责任或公平责任。例如，生产者与销售者对因产品缺陷造成的损害承担无过错责任；学校对无民事行为能力人在校期间遭受的损害承担过错推定责任。本编将通过一般侵权责任和特殊侵权责任相关知识的讲解，解答青少年在侵权问题中的困惑。

83 小明在小凯的教唆下打伤小亮，小亮可以请求谁承担赔偿责任？

——教唆帮助侵权

案例分析

小明是一名十五岁的中学生。某日凌晨，小明与其表叔小凯在某大排档吃夜宵。其间，小凯以小亮欠债未还为由，教唆小明与其一同前往小亮住处“教训”他一下，并让小明随身携带钢管。小凯、小明到达小亮住处后，与其发生争执。言语冲突升级为肢体冲突后，小明用随身携带的钢管打伤小亮，导致小亮受伤住院。伤愈后，小亮起诉至法院，要求小明的父母与小凯承担赔偿责任。

法院审理后认为，小亮受到的伤害是由小凯带领未成年人小明前往小亮住处滋事造成的。根据《民法典》第一千一百六十九条第二款的规定，一方面，小凯作为完全民事行为能力人，教唆未成年人小明实施侵权行为，应对小亮遭受的损害承担赔偿责任。另一方面，小明的父母作为小明的监护人，应教育子女遵纪守法。但小明的父母未尽到教育监护职责，所以其父母也应对小亮遭受的损害承担相应的赔偿责任。[①]

---

① 本案例改编自“陈某某与梁某某、刘某某生命权、健康权、身体权纠纷案”［广东省阳江市江城区人民法院（2019）粤 1702 民初 2911 号民事判决书］。

本案例涉及五个民事主体，即受害人小亮，教唆人小凯，直接侵权行为人小明以及作为小明监护人的父母。小凯与小明共同对小亮实施加害行为，对小亮造成人身损害，构成共同侵权。但由于十五岁的小明属于限制民事行为能力人，根据《民法典》第一千一百六十九条第二款的规定，教唆人小凯须就侵权行为所导致的损害结果承担侵权责任。而小明作为限制民事行为能力人无须对损害结果承担侵权责任。此外，小明的父母虽然没有直接实施侵权行为，但其未尽到教育监护职责，也应当承担相应的赔偿责任。

法条解析

上述案例主要涉及《民法典》的以下法条：

第一千一百六十九条 教唆、帮助他人实施侵权行为的，应当与行为人承担连带责任。

教唆、帮助无民事行为能力人、限制民事行为能力人实施侵权行为的，应当承担侵权责任；该无民事行为能力人、限制民事行为能力人的监护人未尽到监护职责的，应当承担相应的责任。

本条第一款的含义为，教唆、帮助完全民事行为能力人实施侵权行为的，教唆人、帮助人与侵权行为人构成共同侵权，对损害结果承担连带责任。本款中的“他人”是指具有完全民事行为能力的民事主体。“教唆”是指通过怂恿、利诱、威胁等方式使他人实施侵权行为。教唆应当以明示、积极的方式作出。“帮助”是指以协助或者帮助的方式使他人实施侵权行为。教唆、帮助他人实施侵权行为的，教唆人、帮助人与行为人构成共同侵权。被侵害人可以请求教唆人、帮助人、行为人中的一人或者数人承担赔偿责任。

本条第二款的含义为，教唆、帮助无民事行为能力人、限制民事行为能力人实施侵权行为的，教唆人、帮助人应就侵权行为导致的损害承担赔偿责任。而无民事行为能力人、限制民事行为能力人无需承担侵权责任。

如此规定的原因在于，无民事行为能力人、限制民事行为能力人的认知能力、识别能力还不健全，无法对事件作出正确的判断。而教唆人、帮助人利用这一特征，将无民事行为能力人、限制民事行为能力人作为侵权工具，利用其行为实现自身的非法目的。因此，教唆人、帮助人应当对教唆、帮助行为造成的损害结果承担责任。此外，如果无民事行为能力人、限制民事行为能力人的监护人未尽到监护职责，也须承担相应的责任。

知识扩展

在本案例中，小明和小凯的侵权行为侵害了小亮的人身权益。小亮不仅可以请求物质损害赔偿，还可以请求精神损害赔偿。《民法典》第一千一百八十三条规定："侵害自然人人身权益造成严重精神损害的，被侵权人有权请求精神损害赔偿。""因故意或者重大过失侵害自然人具有人身意义的特定物造成严重精神损害的，被侵权人有权请求精神损害赔偿。"即被侵权人在前述两种情况下可以行使精神损害赔偿请求权。

根据本条第一款的规定，精神损害赔偿的范围被限定在人身权益内。人身权益是指公民依法享有的与人身直接相关的权利和利益，主要包括人格权、身份权、人身自由权、生命健康权、人格尊严权等。本条第二款为《民法典》新增条款，是我国首次将特定物侵权纳入国家法律之中。例如，小凯在争执中将小亮举办婚礼时录制的光盘打碎，那么小亮不仅可以向小凯请求物质损害赔偿，还可以请求精神损害赔偿。其原因在于，一方面，该摄影作品不具有可替代性；另一方面，根据我国的民俗习惯，该摄影制品也不具有重新拍摄的可能，是具有人身意义的特定物。

84 小明参加校内篮球比赛时，被小亮撞倒摔伤，小明能否请求小亮或学校承担赔偿责任?

——自甘风险

案例分析

十七岁的小明通过选拔，成为学校篮球队的队员。某日，篮球队组织队员进行小组对抗训练。小明在训练过程中与球员小亮发生身体碰撞后摔倒在地。篮球队的教练迅速将小明送至医院进行检查治疗。医院的诊断结果：膝关节损伤（左）、膝内侧半月板撕裂（左）、膝关节积血（左）。小明的母亲认为，小明是在学校训练期间与小亮发生碰撞后才受伤的，因此学校和小亮都应当对小明承担赔偿责任。小亮认为，小明受到的伤害在对抗性体育运动中无法避免，并且这一损害结果并非自己有意造成，因此不愿承担责任。学校认为，教练在小明受伤后及时采取了一系列的救助行为，因此学校无需对小明承担责任。小明的母亲、学校、小亮对于赔偿责任的承担无法达成一致。小明的母亲遂将该纠纷诉至法院。

法院审理后认为，一方面，篮球活动属于具有肢体对抗性和人身损害风险性的活动。小明作为篮球队队员，对参与此项体育活动可能存在的风险应当具有一定的预见性。小明虽然是在学校的组织下参加训练，但也属于自愿参加。另一方面，篮球队的教练在小明受伤后对其进行了及时、必要的救助，学校尽到了必要的救助义务。同时，小亮对于碰撞的发生并不具有故意或重大过失。因此，法院认为，小明在训练过程中因身体碰撞而造成的损害应自行承担责任，小亮和学校无需对小明受到的伤害承担侵权赔偿责任。①

本案例涉及三个民事主体，小明、小亮以及学校。根据《民法典》第一千一百七十六条的规定，小明自愿参加的篮球队训练活动属于具有一定风险的文体活动。若小亮对损害的发生不具有故意或重大过失，那么小明就无权要求小亮承担赔偿责任。在本案例中，小亮与小明之间产生的碰撞行为，是在训练过程中意外发生的，小亮并不存在故意或重大过失，因此，小亮无需承担侵权责任。另外，学校尽到了教育、管理职责，对于小明的受伤不存在过错，也无需承担侵权责任。

法条解析

上述案例主要涉及《民法典》的以下法条：

第一千一百七十六条 自愿参加具有一定风险的文体活动，因其他参加者的行为受到损害的，受害人不得请求其他参加者承担侵权责任；但是，其他参加者对损害的发生有故意或者重大过失的除外。

活动组织者的责任适用本法第一千一百九十八条至第一千二百零一条的规定。

① 本案例改编自“北京电子科技职业学院与于洪达生命权、健康权、身体权纠纷案”［北京市第三中级人民法院（2017）京03民终8739号民事判决书］。

本条第一款的含义为，行为人自愿参加具有一定风险的文体活动时受到损害的，一般情况下，其他参加者对受害人的损害结果免责。其他参加者不承担侵权责任需满足以下三个条件：其一，受害人自愿参加具有一定风险的文体活动。其二，参加者的行为导致该损害结果发生。活动组织者或第三人的行为导致受害人受到损害的，不适用本款。其三，参加者对损害的发生不具有故意或重大过失。在本案例中，若小亮基于报复的心理，在训练过程中故意将小明撞倒在地，那么小亮就应当对小明承担侵权责任。

本条第二款的含义为，组织者举办具有一定风险的文体活动时，负有严格的谨慎义务和安全保障义务。若此类具有风险性的文体活动的组织者没有尽到安全保障义务，应当根据《民法典》第一千一百九十八条至第一千二百零一条的规定，承担相应的侵权责任或补充责任。

知识扩展

小明在与小亮进行的乒乓球友谊赛中，不慎跌倒在地，造成膝盖严重扭伤。若小明的母亲没有工作，无力支付小明的治疗费用。小明的母亲可否要求小亮承担部分治疗费用？

《民法典》第一千一百八十六条规定：“受害人和行为人对损害的发生都没有过错的，依照法律的规定由双方分担损失。”在侵权法律关系中，若受害人的损害是基于自己的过错、行为人的过错或第三人的过错造成的，则应当由过错方对损害结果承担侵权责任。然而，若在侵权法律关系中不存在过错方时，则应当适用公平分担损失规则。公平分担损失并不意味着受害人和行为人各自承担百分之五十的责任，而应当理解为，法院在综合考量损害大小、双方经济情况等多种因素后，酌情确定损失的分担比例。在本案例中，小明与小亮进行的是低风险的无身体接触对抗的运动，不适用“自甘风险”的规则。小明与小亮对损害的发生均不具有过错，即本案例中不存在过错方，因此应适用公平分担损失的规则。根据《民法典》第一千一百八十六条的规定，小亮应当对小明所受的损害进行一定比例的补偿。

85 小明将邻居家的车划坏，应当由谁承担赔偿责任？

——监护人责任

案例分析

小明与小亮两家是邻居，两人父母因为屋外公共面积的使用问题积怨已久。某日，小亮的爸爸下班回家后，将自己的红色小轿车停放在门外的停车位内。数小时后，小明的妈妈带着五岁的小明来到小亮的爸爸的小轿车附近玩耍。小明不仅用小石头在轿车的车身上乱划，还爬上引擎盖蹦跳。小明的母亲看到小明的行为后，并未制止。小区保安经过时，看见小轿车四处有划痕，急忙通知小亮的爸爸。小亮的爸爸赶到现场后，要求小明的妈妈赔偿车辆维修费。然而，小明的妈妈以孩子还小为借口，企图推卸责任。因双方就车辆维修事宜无法达成协议，小亮的爸爸遂将该纠纷诉至法院。

法院审理后认为，行为人因过错侵害他人民事权益，应当承担侵权责任。在本案中，行为人小明随手乱划，导致小亮爸爸的小轿车的车身上出现明显划痕。而行为人小明不满八周岁，是无民事行为能力的未成年人，应当由监护人承担侵权责任。在本案中，小明的父母是小明的监护人，但其并未尽到教育、管理、引导的监护职责，因此不存在减轻责任的事由，且小明属于无财产的未成年人。根据《民法典》第一千一百八十八条的规定，小明的父母应当以自己的财产，对小亮的爸爸在修车过程中产生的维修费、误工费、替代性交通工具费进行赔偿。[①]

本案例涉及三个民事主体：小明、小明的妈妈、小亮的爸爸。公民的合法财产受到法律保护。小明的侵权行为导致小亮爸爸的小轿车受到损害，根据《民法典》第一千一百八十八条的规定，五岁的小明属于无民事行为能力人，其造成他人损害，应由监护人承担侵权责任。所以应当由小明的父母对小亮的爸爸受到的损害承担侵权责任。同时，小明的父母未尽到监护职责，由其承担的侵权责任不能被减轻。在赔偿费用的支付主体方面，若实施侵权行为的无民事行为能力人、限制民事行为能力人通过继承等方式拥有自己的合法财产，那么赔偿费用优先从其所有的财产中进行支付。若该部分财产不足以清偿所有的侵权损害赔偿费用，不足部分由监护人以自己所有的财产进行赔偿。本案中，在小明无财产的情况下，应由小明的父母支付全部赔偿费用；若小明有财产，则应从其财产中支付赔偿费用，不足部分由小明的父母支付。

法条解析

上述案例主要涉及《民法典》的以下法条：

第一千一百八十八条 无民事行为能力人、限制民事行为能力人造成他人损害的，由监护人承担侵权责任。监护人尽到监护职责的，可以减轻其侵权责任。

有财产的无民事行为能力人、限制民事行为能力人造成他人损害的，从本人财产中支付赔偿费用；不足部分，由监护人赔偿。

① 本案例改编自“闫磊与余佳骏、余山山财产损害赔偿纠纷案”［河南省信阳市平桥区人民法院（2018）豫1503民初949号民事判决书］。

本条第一款的含义为，无民事行为能力人、限制民事行为能力人实施侵权行为造成他人损害的，无民事行为能力人、限制民事行为能力人作为侵权行为人应当承担的侵权责任转移到监护人身上。本款中的“监护职责”是指监护人应当承担的监护义务，主要包括管理教育被监护人、照顾被监护人的生活、管理保护被监护人的财产等。若监护人能够证明自己尽到了管理、教育、引导的监护职责，则可以减轻其责任。在本案例中，小明的父母应当履行监护职责，教育小明不得随意损坏他人所有的财物，并在小明划伤小亮爸爸的车辆时及时阻止，这样，方可减轻小明父母应承担的侵权责任。

本条第二款的含义为，若实施侵权行为的无民事行为能力人、限制民事行为能力人通过接受继承、遗赠等方式取得财产的，损害赔偿费用应当优先从该部分财产中进行支付。当赔偿费用超过无民事行为能力人、限制民事行为能力人拥有的财产时，则从监护人的财产中支付剩余的赔偿费用。若实施侵权行为的无民事行为能力人、限制民事行为能力人为没有独立财产的未成年人，那么应当由监护人支付全部赔偿费用。

知识扩展

在本案例中，若小明的父母在小明实施侵权行为之前已经离婚，法院判决小明跟随妈妈一起生活。但小明的妈妈无力偿还全部的赔偿费用。小亮的爸爸找到小明的爸爸，要求小明的爸爸支付剩余的赔偿费用。那么，小明的爸爸是否有权以婚姻关系已解除为由，拒绝支付赔偿费用?

婚姻关系解除并非监护关系消灭的法定事由。根据《民法典》第三十九条的规定，监护关系终止的情形主要包括：（1）被监护人取得或者恢复完全民事行为能力；（2）监护人丧失监护能力；（3）被监护人或者监护人死亡；（4）人民法院认定监护关系终止的其他情形。

根据《民法典》第三十六条的规定，监护人资格被撤销的情形主要包括：（1）监护人实施严重损害被监护人身心健康的行为；（2）监护人怠于履行监护职责，或者无法履行监护职责且拒绝将监护职责部分或者全部委托给他人，导致被监护人处于危困状态；（3）监护人实施严重侵害被监护人合法权益的其他行为。

在本案例中，小明的爸爸与小明是父子关系，是小明的法定监护人之一，并且其与小明之间不存在监护关系终止或监护资格被撤销的法定情形。因此，小明的爸爸不得以婚姻关系解除为由进行抗辩。当小明的妈妈无法支付全部赔偿费用时，小明的爸爸应当补足余下的所有赔偿费用。

86 小明在被父母委托给邻居照顾期间将小亮打伤，小亮可以请求谁承担赔偿责任?

——委托监护

案例分析

小明的父母在同一公司工作。某日，公司指派小明的父母到外地进行为期一周的市场调研。于是，小明的父母将六岁的小明送到隔壁邻居小凯家中，并请求小凯帮忙照顾小明一周。小凯欣然同意。某日下午，小明的同学小亮到小凯家找小明玩耍，但两人很快因争夺一根棒棒糖发生矛盾。小凯看到后一言不发，继续埋头玩手机。不料，小明突然冲上前去朝小亮的下巴打了一拳，导致小亮的门牙被打掉一颗。小凯急忙将小亮送至医院并与小亮的父母取得联系。小亮的父母要求小凯赔偿小亮住院期间花费的各项费用。然而，小凯认为，自己只是好心帮忙照看小明，无需对小明造成的损害承担责任。并且，他还认为，小明的父母才是小明的法定监护人，应当由小明的父母承担损害赔偿责任。小亮的父母与小凯多次交涉未果后，遂将该纠纷诉至法院。

法院审理后认为，在本案中，六岁的小明是无民事行为能力人，并且小明的侵权行为是造成小亮受伤的直接原因。根据《民法典》第一千一百八十九条的规定，小明的父母作为小明的监护人，应当承担主要责任。小凯作为受托人，基于委托关系产生对小明的监护义务。小凯发现小明和小亮打闹后，并未采取有效措施加以制止。小凯并没有尽到相应的监护义务，应当承担相应的赔偿责任。[1]

本案例涉及四个民事主体，侵权人小明、受害人小亮、监护人小明的父母以及受托人小凯。小明的行为造成小亮的门牙掉落，因此，小明是直接侵权行为人，小亮是受害人。根据《民法典》第一千一百八十九条的规定，小明的父母将监护职责委托给小凯后，无论小明的父母对侵权行为的发生是否具有过错，都应承担侵权责任。而受托人小凯只有在有过错时，才承担相应的责任。在本案例中，小凯作为委托监护的受托人，对小明负有教育、管理和保护的义务。其存在未尽监护职责的过错行为，因此，小凯应当承担与其过错相适应的责任。

法条解析

上述案例主要涉及《民法典》的以下法条：

第一千一百八十九条 无民事行为能力人、限制民事行为能力人造成他人损害，监护人将监护职责委托给他人的，监护人应当承担侵权责任；受托人有过错的，承担相应的责任。

本条含义为，在委托监护下，对无民事行为能力人、限制民事行为能力人实施侵权行为造成的损害，监护人应当承担侵权责任，受托人有过错的，承担与其过错相适应的过错责任。本条规定明确了监护人和受托人之间的

① 本案例改编自“刘文文、王某侵权责任纠纷案”［山东省德州市中级人民法院（2018）鲁14民终3393号民事判决书］。

责任分担，强调了监护人是第一责任主体，监护人不得通过合同等形式免除自己的责任。若监护人与受托人签订委托合同，约定无民事行为能力人或限制民事行为能力人造成的损害一律由受托人承担责任，则应当认定该项条款无效。受托人只有在对损害的发生存在过错时，才需要承担与该过错相适应的责任。在本案例中，若小凯发现小明和小亮发生争执后，第一时间对小明和小亮的行为进行劝阻。然而，小明趁小凯不注意时，将小亮的门牙打掉。此时，小凯已经尽到教育、管理和保护的义务，无需承担赔偿责任。

知识扩展

在本案例中，若小明的父母拒不承担责任，小亮的父母能否要求小凯对小亮就医期间产生的所有费用承担全部责任？

根据《民法典》第一千一百八十九条的规定，即使小明的父母将监护责任转移给受托人小凯，小明的父母也应该对小亮的损害承担侵权责任。小凯作为受托人，只需承担与其过错相适应的责任。因此，小亮的父母无权要求小凯承担超出其过错范围的责任。

87 小明在游泳馆游泳时突然抽筋，因工作人员未及时救助，小明溺水身亡，游泳馆是否应承担责任？

——安全保障义务

案例分析

小明是一名高中生。某日下午，不会游泳的小明与小亮一起到小凯经营的“阳光花苑”游泳馆游泳。两人付费购票后进入场馆游泳。小明在浅水区玩耍一段时间后，在未穿戴任何救生防护装备的情况下，独自一人进入深水区游泳。两个小时后，小亮发现其不见踪影。在游泳馆工作人员的帮助下，小明被打捞上岸。经赶到现场施救的医护人员确诊，小明在被打捞起来前就已溺水身亡。事后，通过查看现场的监控视频得知，从小明发生溺水到被打捞上岸，“阳光花苑”游泳馆没有任何救生员或其他工作人员对小明进行施救。小明的父母认为，“阳光花苑”游泳馆没有尽到安全保障义务是导致小明淹溺身亡的直接原因。因此，“阳光花苑”游泳馆应当对小明的死亡承担全部责任。然而，“阳光花苑”游泳馆的经营者却认为，游泳馆已经尽到合理的安全保障义务。双方无法就赔偿问题达成一致意见。小明的父母遂将该纠纷诉至法院。

法院审理后认为，一方面，“阳光花苑”游泳馆没有设置救生观察台，没有配备足够的水上救生人员，且兼职救生员没有履行好职责，从而导致小明在从溺水挣扎到溺水死亡期间，没有安全人员巡查和施救。因此，根据《民法典》第一千一百九十八条第一款的规定，小凯作为经营者，应当承担与没有尽到的安全保障义务相对应的过错责任。另外，小明作为高中生，应当对进入深水区游泳可能存在的危险有足够的认知和防范能力。在本案中，小明明知自己不会游泳，仍然不穿戴任何救生装备，独自一人进入深水区。对自己的安全疏于注意，是导致小明溺水身亡的重要原因。因此，小明对自己溺水身亡存在较大过错。故而，应当减轻游泳馆经营者小凯的赔偿责任。综上，根据双方的过错，法院最终判决“阳光花苑”游泳馆承担 70% 的赔偿责任。[①]

本案例涉及两个民事主体，受害人小明和“阳光花苑”游泳馆的经营者小凯。在本案例中，“阳光花苑”游泳馆没有在各个区域配备足够数量的救生员以及救助设施。小明在深水区游泳，突发意外之际，游泳馆的工作人员也没有及时注意到小明面临的危险并进行施救，最终导致小明溺水死亡较长时间才被发现并打捞上岸。因此，小凯作为“阳光花苑”游泳馆的经营者，应当对游泳馆没有履行安全保障义务的过错，承担相应的侵权责任。另一方面，小明作为年近十八周岁的限制民事行为能力人，明知自己不会游泳，仍在未携带任何救生工具的情况下独自一人进入深水区。其对自身的安全疏于注意，存在较大过错，亦应承担一部分责任。

① 本案例改编自“上诉人刘兴华、文金兰与上诉人阳光庄园有限责任公司违反安全保障义务责任纠纷案”［云南省楚雄彝族自治州中级人民法院（2017）云 23 民终 1247 号民事判决书］。

法条解析

上述案例主要涉及《民法典》的以下法条：

第一千一百九十八条第一款 宾馆、商场、银行、车站、机场、体育场馆、娱乐场所等经营场所、公共场所的经营者、管理者或者群众性活动的组织者，未尽到安全保障义务，造成他人损害的，应当承担侵权责任。

本条第一款的含义为，经营场所、公共场所的经营者、管理者或者群众性活动的组织者因未尽到安全保障义务，导致他人受到损害的，应当承担相应的侵权责任。本款中的“安全保障义务”是指保护他人的人身和财产安全不受侵犯的义务。不同类型的经营者、管理者、组织者承担的安全保障义务不同。安全保障义务的内容一般包括：在可能存在危险的地方设置明显标示语、提供安全的环境和设施、制止危险的行为、保管私人物品等。承担安全保障义务的主体分为两类：第一类是经营场所、公共场所的经营者、管理者。例如，公园、餐厅、车站、商场等区域的经营者或管理者。第二类是群众性活动的组织者。群众性活动主要包括音乐会、演唱会、车展、社区游园等。

在本案例中，虽然小明对自己的死亡存在过错，但“阳光花苑”游泳馆作为收费的游泳场所，没有尽到安全保障义务，是导致小明溺水身亡的主要原因。因此，“阳光花苑”游泳馆应当对小明的损害承担 70% 的赔偿责任。

知识扩展

在本案例中，若小明与小亮在岸上嬉戏时，不小心被小亮推下深水区。小明在挣扎了数分钟后，由于无人施救，溺水身亡。小亮害怕自己的行为被人发现，急忙跑出游泳馆。一个小时后，小明的尸体被其他游泳爱好者发现并打捞上岸。事后，通过查看监控录像得知，小亮的行为直接导致小明的死亡。小明的父母在无法联系到小亮的家人后，是否可以要求“阳光花苑”游泳馆的经营者小凯承担全部侵权责任?

《民法典》第一千一百九十八条第二款规定：“因第三人的行为造成他人损害的，由第三人承担侵权责任；经营者、管理者或者组织者未尽到安全保障义务的，承担相应的补充责任。经营者、管理者或者组织者承担补充责任后，可以向第三人追偿。”若小亮将不会游泳的小明推入深水区，导致小明溺水身亡。那么，小亮是直接侵权行为人，应当对小明的死亡承担侵权责任。另外，“阳光花苑”游泳馆配备的救生观察台以及救生员，不符合安全保障义务的强制性规定。因此，经营者小凯应当承担与其过错相适应的补充责任。但小亮的父母承担的侵权责任与小凯承担的补充责任之间存在先后顺序。即小明的父母应当优先向小亮的父母行使损害赔偿请求权。若小亮的父母没有赔偿能力，或者只能承担部分赔偿费用，那么，小明的父母可以要求小凯承担相应的补充责任。小凯承担补充责任之后，可以就该部分赔偿费用向小亮的父母行使追偿权。此外，小亮将小明推下深水区，小亮还可能因触犯《刑法》而被追究刑事责任。

88 小明在课间与小亮追逐打闹时摔倒受伤，学校是否应承担责任?

——学校的教育、管理职责

案例分析

小明与小亮今年均七岁，都是“阳光花苑”小学的学生。某日课间，小明和小亮在厕所外排队等候时，嬉戏打闹。嬉闹中，小明因地面湿滑而摔倒，导致牙齿磕断。放学回家后，小明的母亲发现小明的牙齿受损，便将小明带至医院进行检查、治疗。数日后，小明的母亲以“阳光花苑”小学没有尽到管理职责导致小明牙齿受损为由，要求学校赔偿医疗费、交通费等各项费用共计 800 元。然而“阳光花苑”小学认为，是小亮的嬉闹行为导致小明摔倒并磕断牙齿，且学校已经尽到了教育、管理职责。因此，“阳光花苑”小学不应对小明的损失进行赔偿。双方协商未果后，小明的母亲将该纠纷诉至法院。

法院审理后认为，一方面，在本案中，学校的卫生间在课间使用频率很高，排队秩序混乱，但是“阳光花苑”小学并没有安排老师或者相关工作人员去维护秩序。另一方面，教学楼走廊的地面湿滑，存在安全隐患，但是“阳光花苑”小学并未及时采取处理措施。上述均表明，“阳光花苑”小学在可预见的范围内并未采取必要的安全措施以履行教育、管理的职责。

根据《民法典》第一千一百九十九条的规定，“阳光花苑”小学应当对小明的损害承担侵权责任。小亮与小明嬉闹属于该年龄段同学之间的正常行为，且未超过合理的限度，小亮的行为不应受到苛责。因此，小亮无需对小明的损害承担侵权责任。[①]

本案例中，小明作为不满八周岁的小学生，属于无民事行为能力人。根据《民法典》第一千一百九十九条的规定，小明在学校学习、生活期间受到人身损害的，学校若不能证明自己尽到了教育、管理职责的，应当对小明的损害承担侵权责任。“阳光花苑”小学作为教育机构，应当及时对走廊湿滑的地面进行处理。学校的老师或其他工作人员发现学生嬉戏打闹的行为具有危险性时，也有必要进行告诫或者制止。然而在本案例中，“阳光花苑”小学并未在可预见的范围内对湿滑的地面采取必要的安全措施，也没有制止学生可能存在危险性的嬉闹行为。且事发后，老师也没有及时发现小明的受伤情况，并进行及时的救治。因此，“阳光花苑”小学并未尽到教育、管理职责，应当承担全部侵权责任。

法条解析

上述案例主要涉及《民法典》的以下法条：

第一千一百九十九条 无民事行为能力人在幼儿园、学校或者其他教育机构学习、生活期间受到人身损害的，幼儿园、学校或者其他教育机构应当承担侵权责任；但是，能够证明尽到教育、管理职责的，不承担侵权责任。

本条含义为，无民事行为能力人在幼儿园、学校或其他教育机构学习、

① 本案例改编自“刘某 1 等与北京市顺义区木林中心小学校等教育机构责任纠纷案”［北京市第三中级人民法院（2020）京 03 民终 3013 号民事判决书］。

生活期间，基于非第三人的原因受到人身损害时，幼儿园、学校或其他教育机构承担过错推定责任。“过错推定责任”指当损害发生时，推定幼儿园、学校或其他教育机构存在过错。上述主体只有证明自己尽到了教育、管理职责才能免责。如此规定的意义在于，无民事行为能力人对事物的判断能力和自我保护能力较差，幼儿园、学校或其他教育机构应当对无民事行为能力人承担更高的保护义务。本条中的“教育、管理职责”指学校应承担的注意义务，主要包括对学生安全的教育与管理，对校园、教学设施以及生活设施安全的管理，对学生的救助与保护等。

知识扩展

在本案例中，如果小明今年十岁，“阳光花苑”小学应当承担何种侵权责任?

《民法典》第一千二百条规定：“限制民事行为能力人在学校或者其他教育机构学习、生活期间受到人身损害，学校或者其他教育机构未尽到教育、管理职责的，应当承担侵权责任。”与无民事行为能力人相比，限制民事行为能力人拥有更成熟的心智，可以对事物进行更理智的判断。因此，与《民法典》第一千一百九十九条规定的过错推定责任不同，学校或其他教育机构只有在存在过错的情况下，才需要对因过错造成的损害承担侵权责任，即学校或其他教育机构只需对限制民事行为能力人承担一般性的保护义务。

在本案例中，十岁的小明属于限制民事行为能力人。“阳光花苑”小学没有安排工作人员及时对湿滑的地面进行清理，未尽到对学生安全的管理职责，且路面湿滑直接导致了小明的牙齿被磕断的后果。因此，“阳光花苑”小学的过错行为与小明的损害之间存在因果关系，应当承担过错侵权责任。

89 小明在学校操场玩耍时，被进入学校的社会人员打伤，学校是否应承担责任？

——校园内第三人侵权

案例分析

十一岁的小明与七岁的小亮就读于“阳光花苑”小学的不同年级。某日课间，小明与小亮相互追逐打闹时，小亮被小明推倒在地上。小亮摔倒后，牙齿受伤。数日后，老师通知小明与小亮的父亲前往学校就赔偿问题进行协商。小亮的父亲来到“阳光花苑”小学后，被告知小明的父亲拒绝前来协商。随后，小亮的父亲看到小明独自一人在操场玩耍，周围没有任何老师和同学。一怒之下，小亮的父亲冲上前去对小明进行殴打。经医院检查，小明被诊断为脑震荡，需要进行住院治疗。小明的父亲认为，小亮的父亲在操场对小明实施追逐殴打时，没有任何老师或学校工作人员上前劝阻，学校的管理工作存在漏洞。因此，小明的父亲将小亮的父亲与“阳光花苑”小学一同作为被告，起诉至法院。

法院审理后认为，在本案中，虽然小亮被小明推倒后受伤，但小亮的父亲作为学生家长，应当通过文明、正确的方法解决问题。根据《民法典》第一千二百零一条的规定，小亮的父亲作为第三人，在校内对小明实施殴打行为，侵害了小明的健康权，应当承担侵权责任。“阳光花苑”小学作为教育机构，在学生发生意外事件后，没有妥善组织双方解决问题，导致家长在学校操场殴打学生的事情发生，且学校的安保人员没有及时发现并上前劝阻。因此，“阳光花苑”小学疏于对学生的安全进行管理，未尽到教育机构的管理职责，应当承担补充责任。①

本案例涉及三个民事主体，小亮的父亲、小明以及“阳光花苑”小学。自然人的生命权和健康权受法律保护。侵害自然人身体造成伤害的，应当承担民事赔偿责任。小亮的父亲的行为导致小明脑震荡，因此，小亮的父亲作为学校以外的第三人，属于直接侵权行为人，应当对小明承担侵权责任。十一岁的小明作为“阳光花苑”小学的学生，事发时未满十六周岁，属于限制民事行为能力人。同时，“阳光花苑”小学作为学生的管理单位，未能及时阻止小亮的父亲对小明的殴打行为，管理上存在明显疏漏。因此，根据《民法典》第一千二百零一条的规定，“阳光花苑”小学应当对小明的损害承担补充责任。

法条解析

上述案例主要涉及《民法典》的以下法条：

第一千二百零一条 无民事行为能力人或者限制民事行为能力人在幼儿园、学校或者其他教育机构学习、生活期间，受到幼儿园、学校或者其他教育机构以外的第三人人身损害的，由第三人承担侵权责任；幼儿园、学校或者其他教育机构未尽到管理职责的，承担相应的补充责任。幼儿园、学校或者其他教育机构承担补充责任后，可以向第三人追偿。

① 本案例改编自“周文俊与吴群生、遂平县和兴镇初级中学教育机构责任纠纷案”［河南省遂平县人民法院（2020）豫1728民初1494号民事判决书］。

本条含义为，无民事行为能力人或限制民事行为能力人在幼儿园、学校或其他教育机构学习、生活期间，因校外人员的侵权行为直接造成无民事行为能力人或限制民事行为能力人人身损害的，直接侵权行为人承担侵权责任，幼儿园、学校或其他教育机构承担相应的补充责任。本条款中的“幼儿园、学校或者其他教育机构以外的第三人”主要是指校外人员。幼儿园、学校或者其他教育机构作为学生的安全保障义务人，应当采取措施保障学生安全。虽然无民事行为能力人或限制民事行为能力人受到的损害是由校外人员的侵权行为造成的，但是损害的发生时间为无民事行为能力人或限制民事行为能力人在幼儿园、学校或者其他教育机构学习、生活期间，若幼儿园、学校或者其他教育机构未尽到管理职责，也视为对损害的发生具有过错，应在过错范围内承担相应的补充责任。

第三人承担的侵权责任与幼儿园、学校或其他教育机构承担的补充责任存在先后顺序。在本案例中，小明的父亲应当首先要求小亮的父亲就医药费、营养费等费用承担赔偿责任。只有在小明的父亲无法与小亮的父亲取得联系，或小亮的父亲无力支付所有赔偿费用时，小明的父亲才能要求“阳光花苑”小学承担与其过错相适应的赔偿责任。“阳光花苑”小学先行承担赔偿责任后，有权对小亮的父亲进行追偿。

知识扩展

在本案例中，如果事故发生前，小明的父亲为小明办理了商业保险。事后，保险人向受害人小明履行了商业保险合同，给付了保险金。小明收到商业保险金后，是否仍然有权向侵权行为人小亮的父亲请求赔偿？

《保险法》第四十六条规定：“被保险人因第三者的行为而发生死亡、伤残或者疾病等保险事故的，保险人向被保险人或者受益人给付保险金后，不享有向第三者追偿的权利，但被保险人或者受益人仍有权向第三者请求赔偿。”在本案例中，保险人向小明给付保险金后，不得向小亮的父亲行使追偿权。但是，小明在接受保险金后，仍然有权要求小亮的父亲承担损害赔偿责任。

90 小明购买的台灯漏电，造成小明受伤，销售者以不知情为由拒绝承担责任，是否合理？

——产品责任

案例分析

小明在甲商场购买了一个台灯。在正常使用台灯的过程中，因台灯存在缺陷，导致小明的手部触电受伤。次日，小明前往甲商场进行索赔，但销售人员以不知道该台灯存在漏电问题为由拒绝承担赔偿责任。小明认为，台灯的生产者有责任保障产品质量，而销售者也有义务检查商品质量。于是，小明将甲商场以及该台灯的生产商乙公司诉至法院，请求赔偿损失。

法院审理后认为，本案例中，因该台灯自身存在缺陷导致小明触电受伤，属于产品责任纠纷。小明可以请求销售者甲商场与生产者乙公司承担损害赔偿责任。经查明，甲商场作为销售者，在进货过程中，审查了该批次台灯的合格证书，已尽到审查义务。乙公司作为生产商，在生产台灯的过程中，存在明显过错导致产品出现缺陷。乙公司的过错是导致小明触电受伤的根本原因。根据《民法典》第一千二百零二条、第一千二百零三条的规定，法院判决由乙公司向小明承担全部赔偿责任。[①]

本案例涉及三个民事主体，即小明、甲商场和乙公司。根据《民法典》第一千二百零二条、第一千二百零三条的规定，因产品的缺陷导致损害的，销售者与生产商无论是否有过错，对外都应承担责任。因此，小明可以向甲商场或者乙公司主张损害赔偿。本案例中，销售者甲商场对该损害的发生没有过错，因此，生产者乙公司应承担全部最终责任。若甲商场先行承担责任，则其有权向乙公司全额追偿。因此，本案例中，虽然小明同时将销售者甲商场、生产者乙公司诉至法院，但法院经查明事实，判决由生产者乙公司承担最终责任。

法条解析

上述案例主要涉及《民法典》的以下法条：

第一千二百零二条　因产品存在缺陷造成他人损害的，生产者应当承担侵权责任。

本条含义为，生产者加工、制作的产品存在缺陷，造成他人人身或财产损害的，生产者应承担相应的民事责任。“缺陷”指产品具有危及他人人身、财产安全的不合理危险。产品有既定的保障人体健康和人身、财产安全的国家标准、行业标准的，则“缺陷”是指不符合该标准。

产品责任作为特殊的侵权责任，需具备以下三个要件：

（1）产品存在缺陷，即产品具有危及人身、财产的不合理危险或产品不符合国家标准、行业标准。产品缺陷主要包括设计缺陷、制造缺陷、警示说明（标识或指示）缺陷等，这些缺陷主要产生于产品的生产环节。

（2）缺陷产品造成他人损害，即缺陷产品在使用过程中造成使用人或

① 本案例由编者编写。

者第三人人身损害或者财产损失。人身损害包括侵害了生命权、身体权、健康权。

（3）损害事实与产品缺陷具有因果关系，即损害事实是由产品缺陷造成的。

第一千二百零三条 因产品存在缺陷造成他人损害的，被侵权人可以向产品的生产者请求赔偿，也可以向产品的销售者请求赔偿。

产品缺陷由生产者造成的，销售者赔偿后，有权向生产者追偿。因销售者的过错使产品存在缺陷的，生产者赔偿后，有权向销售者追偿。

本条第一款的含义为，因产品缺陷造成损害的，生产者与销售者对外均承担无过错责任、不真正连带责任。即被侵权人具有选择权，可以要求生产者赔偿，也可以要求销售者赔偿。无论生产者、销售者是否有过错，都应向被侵权人承担赔偿责任。

本条第二款的含义为，因产品缺陷造成损害的，生产者与销售者在内部承担过错责任。即如果产品缺陷是因生产者的过错造成的，生产者承担全部最终责任，销售者承担责任后有权向生产者全额追偿。如果产品缺陷是因销售者的过错造成的，销售者承担全部最终责任，生产者承担责任后有权向销售者全额追偿。

知识扩展

在产品责任中，正确理解产品与损害两个概念是适用相关法条的关键。

（1）小明在甲商场购买了一个电饭煲，电饭煲在正常使用过程中发生爆炸，除产品本身外，并未造成其他人员与财产的损害，该情况是否能适用《民法典》第一千二百零二条、第一千二百零三条进行维权？

产品侵权中的“损害”指造成缺陷产品以外的其他财产或者人身损害，

因缺陷造成缺陷产品自身毁损的，不成立产品侵权。本案例中，电饭煲造成的损害，属于因缺陷造成的“缺陷产品自身的损害”，小明不能主张产品责任，而应对甲商场主张买卖合同的违约责任。

（2）小明在甲超市购买了一个芒果，因芒果储存时间过长已变质，导致小明食用芒果后肚子疼痛不止，该情形能否依据《民法典》第一千二百零二条、第一千二百零三条的规定，要求甲超市承担产品责任？

芒果属于天然食物，并未经加工、制作改变内在或外在品质，不属于“产品”，故不能主张产品责任。但小明可以依买卖合同主张违约责任或者主张侵权损害赔偿责任。

91 小明搭乘邻居的便车去上学，发生交通事故导致小明受伤，邻居是否应承担赔偿责任？

——非营运机动车发生交通事故致无偿搭乘人损害的责任承担

案例分析

小明与小亮居住在同一个小区。某日，小明搭乘小亮驾驶的汽车回家。途中，小亮驾驶的汽车与小凯驾驶的车辆相撞，致使小明伤残。经鉴定，小明的伤残程度属于八级伤残。小明遂将小亮与小凯诉至法院，要求二人赔偿损失。庭前，小明与小凯就赔偿问题达成和解协议，小明放弃对其主张权利。

法院审理后认为，本案交通事故已经没有原始现场，致使事故处理机关无法作出事故责任认定，小亮与小凯的过错程度也无法确定。根据公平原则，双方各承担 50% 的责任。但由于小亮是出于善意让小明无偿搭乘车辆，若要求小亮承担完全的赔偿责任，有违公平原则。根据《民法典》第一千二百一十七条，以及遵循公序良俗原则与公平原则，法院最终判决，小亮赔偿小明全部损失的 30%。①

① 本案例改编自“刘国庆诉刘足义健康权纠纷案”［河南省平顶山市汝州市人民法院（2012）汝民初字第 1540 号民事判决书］。

本案例涉及三个民事主体，即乘客小明、司机小亮和另一车辆驾驶人小凯。乘客小明与司机小亮之间的行为属于善意同乘。虽然，车辆在行驶过程中发生交通事故，导致搭乘人小明受损害，但小亮是出于善意让小明无偿搭乘车辆。因此，根据《民法典》第一千二百一十七条的规定，应当减轻小亮的赔偿责任。故，法院判决酌情减少小亮的赔偿数额。

法条解析

上述案例主要涉及《民法典》的以下法条：

第一千二百一十七条 非营运机动车发生交通事故造成无偿搭乘人损害，属于该机动车一方责任的，应当减轻其赔偿责任，但是机动车使用人有故意或者重大过失的除外。

本条含义为，驾驶人未收取乘车人任何费用，允许乘车人搭乘其驾驶的机动车的，若搭乘期间发生交通事故，导致无偿搭乘人受到损害的，应遵循公平原则，减轻驾驶人的赔偿责任。“机动车使用人有故意或者重大过失”为不减轻驾驶员赔偿责任的除外情形。驾驶人故意造成搭乘者损害，情节严重的，可能构成故意伤害罪或者故意杀人罪，不仅不能免除其民事责任，还将被依法追究刑事责任。驾驶人存在重大过失的，虽无损害搭乘者的故意，但同样违背了当事人间的信赖关系以及机动车使用人对搭乘者的安全保障义务，不可减轻其民事责任。

本法条的适用需具备以下要件：

（1）无偿搭乘的机动车必须是非营运的机动车。非营运机动车指不以客运为目的的机动车。以客运为目的的机动车，原则上是不存在无偿搭乘的。且根据《民法典》第八百二十三条的规定，即使旅客免票或持优惠票乘车，承运人也应当对运输过程中旅客受到的损害承担赔偿责任。

（2）无偿搭乘必须经机动车一方允许。无偿搭乘者和机动车一方需要存在搭乘的合意。一般包括两种情形，即搭乘者提出免费搭乘请求，或者机动车驾驶人主动邀请他人免费搭乘。如果搭乘人未经机动车一方允许私自搭乘，发生事故造成搭乘人受到损害的，机动车驾驶人不承担民事责任。

（3）搭乘必须无偿。无偿搭乘是本法条适用的前提条件。有偿搭乘发生损害，不适用本条规定。

（4）发生了属于机动车一方责任的交通事故。机动车驾驶人应当对交通事故的发生具有一定责任。除机动车驾驶人有故意或者重大过失外，应当在机动车驾驶人应承担的责任范围内减轻其赔偿责任。

（5）造成搭乘人损害。搭乘人受到的损害包括人身损害及财产损害。根据《民法典》第一千一百七十九条的规定，赔偿范围包括医疗费、护理费、交通费、营养费、住院伙食补助费等为治疗和康复支出的合理费用，以及因误工减少的收入；造成残疾的，还应当赔偿辅助器具费和残疾赔偿金；造成死亡的，还应当赔偿丧葬费和死亡赔偿金。

（6）机动车驾驶人的行为与搭乘人受损间具有因果关系，即搭乘人的损害是由机动车驾驶人的过错引起的。如果搭乘人受损完全是出于自己的过错，机动车驾驶人不承担赔偿责任。

知识扩展

无偿搭乘发生交通事故导致无偿搭乘人受到损害，若搭乘人自身有过错的，也应当适当减轻被搭乘方的责任。

《民法典》第一千一百七十三条规定：“被侵权人对同一损害的发生或者扩大有过错的，可以减轻侵权人的责任。”实践中主要表现为无偿搭乘人明知机动车存在超载或者驾驶人酒后驾驶、未取得驾驶资格等行驶风险，仍坚持搭乘。在上述情况下，如果发生交通事故，无偿搭乘人对自己受到的损害也具有一定程度的过错，应适当减轻驾驶人的责任。

92 小明被邻居家未拴绳的狗咬伤，他能否向邻居索赔？

——未对动物采取安全措施致害的责任承担

案例分析

小明在小区楼下散步时，遇到小亮在遛狗，但小亮并未按照规定给自家的牧羊犬拴绳。小明因为害怕，一路小跑，想躲开牧羊犬。该狗见状，上前咬住小明的小腿，导致小明的小腿多处被咬伤。腿伤康复后，小明要求小亮对其进行赔偿。但小亮认为，是小明奔跑使狗受到惊吓才导致其被咬伤，因此拒绝承担全部的医疗费用。小明遂将小亮诉至法院，请求其承担赔偿责任。

法院审理后认为，公民的人身权受法律保护。饲养的动物造成他人损害的，动物饲养人或者管理人应当承担侵权责任。小亮作为饲养人，因对自家饲养的动物管理不善，致使小明被咬伤。对小明受到的损失，小亮应当承担赔偿责任。本案中亦无证据证明小亮存在能减轻其责任的情形。因此，法院最终判决，小亮就小明的涉案损失承担全部赔偿责任。①

① 本案例改编自《欧丽珍诉高燕饲养动物损害责任纠纷案》，《最高人民法院公报》2019年第10期。

本案例涉及两个民事主体，即小明与小亮。根据《民法典》第一千二百四十五条、第一千二百四十六条的规定，饲养的动物造成他人损害或者违反管理规定，未对动物采取安全措施造成他人损害的，动物饲养人或者管理人应当承担侵权责任。如果被侵权人对损害的发生具有故意或者重大过失，动物饲养人或者管理人可以不承担责任或减轻责任。在本案例中，小亮作为动物的饲养人，未给自己的狗系绳且疏于看管，导致小明遭受损害，并且小明不存在故意或重大过失的情形。因此，小亮应依法承担全部赔偿责任。

法条解析

上述案例主要涉及《民法典》的以下法条：

第一千二百四十五条 饲养的动物造成他人损害的，动物饲养人或者管理人应当承担侵权责任；但是，能够证明损害是因被侵权人故意或者重大过失造成的，可以不承担或者减轻责任。

本条含义为，饲养动物造成他人损害，动物饲养人或者管理人一般承担无过错责任。即在该类侵权案件中，无论动物饲养人或管理人对动物造成的损害是否具有过错，都应当承担侵权责任。

饲养动物致人损害的侵权责任，其构成需具备以下三个要件：

（1）存在损害事实。损害事实的发生是承担损害责任的前提条件。饲养动物导致的损害包括身体上的损害、财产上的损失，同时也包括制造了危险状态，妨害他人正常的生活工作，例如恶犬挡在路中间，导致行人无法通过等。

（2）损害行为是动物独立的动作。“独立的动作”指侵害行为来源于动物本身天然的、本能的攻击，是其自身危险性的爆发，而非因他人的挑唆、逗弄才发生的危险。若动物是在他人的操纵下实施了侵权行为，则动物实际是作为一种侵权工具。此类情形实质为人与人之间的侵权。

（3）损害行为和损害结果之间具有因果关系。即动物的加害行为导致了被侵权人的损害。大多案件的因果关系容易判断，例如狗咬人，狗打碎他人花瓶等。但部分案件的因果关系需要具体分析。通常来说，客观上属于一般人的正常反应的，因果关系成立，例如，因被狗惊吓而摔倒受伤。

另外本条还规定了饲养人、管理人的抗辩事由——受害人过错。这主要包括受害人故意及重大过失两种情形。受害人故意是指受害人明知自己的行为可能造成自己的人身财产受到损害，依旧实行该行为或者放任结果的发生。受害人重大过失是指受害人应当预见自己的行为或已经预见但轻信事故不会发生而未采取措施。受害人的过错程度决定了饲养人或管理人的责任的减免程度。

第一千二百四十六条 违反管理规定，未对动物采取安全措施造成他人损害的，动物饲养人或者管理人应当承担侵权责任；但是，能够证明损害是因被侵权人故意造成的，可以减轻责任。

本条含义为，违反管理规定未对动物采取安全措施造成他人损害的，饲养人或管理人承担无过错责任。本条主要针对一些危险性较大的动物。饲养、管理具有危险性的动物，必须按照规定采取必要措施。若未按规定饲养、管理造成损害的，饲养人或管理人应当承担侵权责任。但动物饲养人或者管理人能够证明损害是由被侵权人故意造成的，可以相应减轻动物饲养人或者管理人的责任。

知识扩展

若饲养的动物被遗弃或逃逸后，造成他人损害的，应当由谁承担责任？

《民法典》第一千二百四十九条规定："遗弃、逃逸的动物在遗弃、逃逸期间造成他人损害的，由动物原饲养人或者管理人承担侵权责任。"若遗弃或逃逸的动物被新主人饲养的，则不再适用本条的规定，而是适用《民法典》第一千二百四十五条、第一千二百四十六条的规定。

93 小明因不听劝阻，投喂猴子被抓伤，其能否要求动物园承担责任？

——动物园动物致害的责任承担

案例分析

暑假期间，小明与家人一起到动物园游玩。一行人游览至灵长类动物展区时，小明将手穿过笼舍外设置的防护栏（笼舍2米处悬挂“禁止跨越栏杆”“禁止敲打”“禁止嬉弄”等图文并茂的警示牌），试图投喂猴子。工作人员见状，立即上前劝阻。但是，小明不听劝阻，执意向前给猴子喂食。在喂食过程中，小明的右手中指被猴子咬伤。由于情况紧急，小明的父母立即将其带到了附近的医院就医。事后，小明要求动物园对其损失进行赔偿。但动物园一方认为，动物园已经尽到了安全管理职责，拒绝小明的赔偿请求。小明遂将动物园诉至法院，请求损害赔偿。

法院审理后认为，动物园的管理职责应根据具体动物的种类和性质来确定。并且，根据《民法典》第一千二百四十八条的规定，动物园负有较严格的管理义务。动物园将警告牌挂于2米处的明显位置，有利于被游客从远处观察到。因此，其已尽到了告知义务。针对小明的危险行为，工作人员及时上前进行了劝阻。因此，动物园履行了管理职责。但是，小明能够将手伸入防护栏并与猴子直接接触，可见该防护栏的间隙存在游客接触动物的危险性。即动物园未采取一切可以防止危险发生的措施。动物园作为游客较多的公共场所，其应当预见此危险发生的可能性，但未采取必要的预防措施。因此，动物园未完全尽到管理职责，故其在小明被咬伤中存在过错。但是，小明不顾劝阻进行投喂是其受伤的主要原因，即小明自身对损害的发生存在重大过失。法院最终判决，小明应当承担主要责任，即承担本案确定赔偿总额的 60% 之责，动物园应承担次要责任，即承担本案确定赔偿总额的 40% 之责。[①]

本案例涉及两个民事主体，即小明与动物园。根据《民法典》第一千二百四十五条、第一千二百四十八条的规定，动物园的动物造成他人损害的，动物园应当承担侵权责任。但是，动物园能够证明自己尽到管理职责的，不承担侵权责任。并且，若损害是由被侵权人的故意或重大过失导致的，动物园可以不承担或者减轻责任。在本案例中，动物园已在显眼位置张贴了警示牌，并且有工作人员对小明的行为进行劝阻。但是，作为专业性较强的机构，动物园应该尽到更为严格的管理职责，即动物园设置的防护栏应当能杜绝游客接触到动物。因此，动物园不能主张免责。被侵权人小明的行为是导致损害发生的主要原因，因此，其应承担主要责任，并相应地减轻动物园的赔偿责任。

法条解析

上述案例主要涉及《民法典》的以下法条：

① 本案例改编自《谢某某诉上海动物园饲养动物致人损害纠纷案》，《最高人民法院公报》2013 年第 8 期。

第一千二百四十八条 动物园的动物造成他人损害的，动物园应当承担侵权责任；但是，能够证明尽到管理职责的，不承担侵权责任。

本条含义为，动物园饲养的动物致人损害的，动物园承担过错推定责任。即动物园的动物致害后，动物园应当承担赔偿责任。动物园能够证明自己对损害的发生没有过错的，才可免责。

动物园动物损害责任的构成要件包括：

（1）存在损害行为。即客观上发生了动物园饲养的动物致人损害的危险行为。

（2）造成损害后果。即动物园的动物的行为给受害人造成了损害。此处的损害，包括人身损害和财产损害两大类，在特定情况下还应包括精神损害。

（3）存在因果关系。在动物园的动物致人损害的侵权责任中，需具有两个因果关系：动物园的动物的致害行为与受害人所受损害之间存在因果关系；动物园未尽到管理职责与受害人所受损害之间有因果关系。

（4）存在过错。动物园的动物致害适用过错推定，即动物园只有证明自己无过错，才可免责。

知识扩展

上述案例主要涉及动物园的动物致害的责任承担。同时，法律也对私人饲养的危险动物致害进行了规制。

《民法典》第一千二百四十七条规定：“禁止饲养的烈性犬等危险动物造成他人损害的，动物饲养人或者管理人应当承担侵权责任。”未经批准饲养危险动物（如烈性犬、毒蛇、鳄鱼、老虎等）致人损害的，饲养人或者管理人承担无过错责任。由于此类行为具有严重危害性，法律未规定任何免责事由，即使受害人存在故意或者重大过失，也不能免除或者减轻饲养人、管理人的责任。

94 小明打狗，导致路过的小亮被咬伤，小亮应向谁索赔？

——因第三人过错致使动物造成他人损害的责任承担

案例分析

某日下午，小明在小区内玩耍。当时，小凯正牵着自家的小狗在小区内散步。小明觉得有趣，便询问自己能否牵着狗玩一下。小凯告诉他，小狗的性情并不温和，不喜欢和不熟悉的人一起。小明遭到拒绝后十分生气，就用石头扔小狗。小狗受到刺激，猛地挣脱了小凯手中的绳子。小亮正巧路过，被冲上前的小狗咬伤小腿。事后，小亮分别找到小明和小凯要求赔偿。小明以不是自家的狗伤人为由拒绝。而小凯称小狗是由于小明的挑逗才伤人，也拒绝承担赔偿责任。小亮遂将二人同时诉至法院，请求获得赔偿。

法院审理后认为，本案中，小狗虽然属于小凯，但小凯已经明确告知了小明小狗的习性并拒绝小明牵狗，并且小凯也对狗套了绳索。因此，小凯已经尽到了合理的注意义务，主观上没有过错。而小明在被告知小狗的性情并不温和的情况下，仍然用石头去挑逗小狗，导致小狗将小亮咬伤。小明的挑逗行为与小亮受损害的结果之间具有因果关系。小明在主观上对损伤的发生也存在过错。因此，根据《民法典》第一千二百五十条的规定，法院判决，由小明承担全部赔偿责任。[①]

本案例涉及三个民事主体，即小明、小凯和小亮。根据《民法典》第一千二百五十条的规定，因第三人的过错致使动物造成他人损害的，被侵权人可以向动物饲养人或者管理人请求赔偿，也可以向第三人请求赔偿。动物饲养人或者管理人赔偿后，有权向第三人追偿。在本案例中，小凯明确拒绝了小明的牵狗请求，其尽到了合理的管理和防护职责。而小明在被告知小狗的习性后，仍然用石头挑逗小狗，导致小凯的狗将路过的小亮咬伤。对于小亮而言，他可以要求第三人小明承担赔偿责任，也可以要求狗的主人小凯承担责任。由于小凯对损害的发生没有过错，他在承担赔偿责任后，可以向第三人小明全额追偿。

法条解析

上述案例主要涉及《民法典》的以下法条：

第一千二百五十条 因第三人的过错致使动物造成他人损害的，被侵权人可以向动物饲养人或者管理人请求赔偿，也可以向第三人请求赔偿。动物饲养人或者管理人赔偿后，有权向第三人追偿。

本条含义为，饲养的动物因第三人过错致人损害的，由动物饲养人（或管理人）与有过错的第三人对外承担无过错责任、不真正连带责任，即两人都可以作为赔偿的主体承担责任。而从动物饲养人（或管理人）与有过错的第三人内部来看，有过错的第三人应承担全部的最终责任，即虽然被侵权人有权要求任意一人进行赔偿，但若饲养人或管理人先承担赔偿责任，其有权向有过错的第三人全额追偿。

① 本案例由编者编写。

知识扩展

现实生活中，还存在第三人侵害他人债权的情况。例如，本案例中，如果小凯与小亮之间达成买卖小狗的合同，小凯在将小狗交付给小亮前，由于小明的挑逗，致使小狗挣脱绳子后失踪，导致小凯无法将小狗交给小亮，而构成买卖合同违约。此时，应当由谁承担不能交付小狗的责任呢？

《民法典》第五百九十三条规定："当事人一方因第三人的原因造成违约的，应当依法向对方承担违约责任。当事人一方和第三人之间的纠纷，依照法律规定或者按照约定处理。"即因第三人导致合同违约的，合同债权人可以请求合同债务人承担违约责任。在本案例中，小亮虽然由于小明的过错无法得到这只狗，但小亮应当根据其与小凯签订的买卖合同，要求小凯根据买卖合同承担不能交付小狗的违约责任。同时，根据《民法典》第一千一百七十五条规定："损害是因第三人造成的，第三人应当承担侵权责任。"即小凯在承担违约责任后，可以依据本条的规定，要求小明承担最终的赔偿责任。

95 小明被居民楼中扔出的易拉罐砸伤，小明应该向谁索赔？

——高空抛物致害的责任承担

案例分析

某日，正在上学途中的小明在经过一栋居民楼时，被楼上扔下的易拉罐砸中头部，流血不止。与小明同行的父母立即将其送至附近的医院进行紧急治疗。事后，小明的父母想找到肇事者，并要求其承担赔偿责任。但该居民区较为老旧，事发地点没有监控录像设备，所以不能确定易拉罐是从哪一户居民家中扔出的。于是，小明的父母将整栋楼的居民诉至法院，请求赔偿。

法院审理后认为，小明途径居民楼时被楼上扔下的易拉罐砸中，无法确定是从哪一户居民家中抛出。该栋居民楼共有十二户居民，除一楼的两家住户外，另有两户居民能够证明当时家中没有人以及宠物。本案不能确定具体侵权人，所以，根据《民法典》第一千二百五十四条第一款的规定，基于公平原则，小明的损失应由剩余不能证明自己不是侵权人的八家住户共同进行补偿。[①]

---

① 本案例由编者编写。

本案例主要涉及高空抛物致害的责任承担。根据《民法典》第一千二百五十四条第一款的规定，从建筑物中抛掷物品或者从建筑物上坠落的物品造成他人损害的，侵权人应当承担侵权责任。具体侵权人无法确定的，基于公平原则，除能够证明自己不是侵权人之外，应由可能加害的建筑物使用人共同对被侵权人的损失进行补偿。可能加害的建筑物使用人补偿后，有权向具体侵权的人追偿。本案例中，无人主动承认实施了抛物行为，并且也没有监控录像可以还原案件事实。因此，除了一楼的两家住户以及能够证明自己不是侵权人的两家住户以外，其余的八家住户都属于可能加害的建筑物使用人。故由他们共同对小明的损失进行补偿。

法条解析

上述案例主要涉及《民法典》的以下法条：

> **第一千二百五十四条第一款**　禁止从建筑物中抛掷物品。从建筑物中抛掷物品或者从建筑物上坠落的物品造成他人损害的，由侵权人依法承担侵权责任；经调查难以确定具体侵权人的，除能够证明自己不是侵权人的外，由可能加害的建筑物使用人给予补偿。可能加害的建筑物使用人补偿后，有权向侵权人追偿。

本条第一款的含义为，从建筑物中抛掷物品是法律所禁止的行为。高空抛物造成他人损害的，应承担赔偿责任。对于能够确定具体侵权人的，由具体侵权人承担相应的侵权责任。难以确定具体侵权人的，除能够证明自己不是侵权人的以外，其他可能加害的建筑物使用人需承担公平责任，共同对被侵权人的损失进行补偿。若事后确定了具体侵权人，已经承担补偿责任的建筑物使用人有权向该具体侵权人追偿。

在高空抛物致人损害案件中，可能加害的建筑物使用人承担责任需要具备以下条件：

（1）建筑物构成区分所有或者建筑物的不同部分归属于不同的民事

主体。

（2）出现从建筑物中抛掷物品或建筑物专有部分坠落致人损害的情况。

（3）无法确定该物品是由建筑物哪一个专有部分抛出或哪一个专有部分坠落。

（4）该建筑物使用人无法证明自己不是侵权人。

知识扩展

（1）上述案例中，小区物业公司是否需要承担责任呢？

《民法典》第一千二百五十四条第二款规定：“物业服务企业等建筑物管理人应当采取必要的安全保障措施防止前款规定情形的发生；未采取必要的安全保障措施的，应当依法承担未履行安全保障义务的侵权责任。”在物业服务企业等管理人不是具体侵权人时，根据本条第二款规定，若物业公司没有违反安全保障义务，则对损害情况的发生不承担责任。若其违反安全保障义务，应承担与其过错相适应的补充责任。上述案例中，小区物业公司并没有违反安全保障义务，故不应承担赔偿责任。

（2）若上述案例中，在法院判决生效一月后，小亮在朋友的劝说下，承认了该易拉罐是他从楼上丢下的，小亮应承担什么责任？

根据《民法典》第一千二百五十四条第一款的规定，该小区内已经支付给小明赔偿费的住户，有权向侵权人小亮进行追偿。

96 小明在景区游玩时，被断落的树枝砸伤，小明应该向谁索赔？

——林木折断致害的责任承担

案例分析

某日，小明在景区参观时突然刮起大风。此时，正好有一根折断的马尾松的树枝掉到小明头上，将其砸倒在地。同行人员立即将小明送往附近的医院进行治疗。经检查，小明右腿骨折。事后，小明要求该景区承担赔偿责任。但景区的负责人认为，马尾松折断是受大风影响，景区对马尾松的管理并无瑕疵。并且，事件发生是由不可抗力导致的。因此，景区仅愿意对小明进行适当补偿。小明遂将景区诉至法院，请求其承担赔偿责任。

法院审理后认为，小明受伤时的风力并不足以强劲到将马尾松折断，并且，该景区提供的证据不足以证明马尾松折断是由不可抗力直接导致的。该景区从事以林区观光为内容的经营性活动，因此，其既是旅游项目经营者，又是景区树木的管理者，负有保障游客安全的义务。景区对景区内的树木应当尽到更加谨慎的管理义务，并采取防护加固或修理砍伐等措施，防止危险的发生。景区没有履行好自己的管理义务，故其对损害的发生存在过错。最终，法院判决该景区对小明的损失承担赔偿责任。[1]

本案例涉及两个民事主体，即小明与景区。根据《民法典》第一千二百五十七条的规定，因林木折断造成他人损害的，林木的所有人或者管理人除非够能证明自己没有过错，否则应当承担侵权责任。本案例中，景区作为树木的管理人，负有对景区的树木进行管理的义务。虽然，其以不可抗力为由，主张自己对损害的发生没有过错，但法院经审理，认定其免责抗辩不能成立。因此景区对小明所受的损害，应当承担侵权责任。

法条解析

上述案例主要涉及《民法典》的以下法条：

第一千二百五十七条 因林木折断、倾倒或者果实坠落等造成他人损害，林木的所有人或者管理人不能证明自己没有过错的，应当承担侵权责任。

本条含义为，林木折断、倾倒或者果实坠落等致人损害的，林木的所有人或者管理者应适用过错推定责任。即发生林木折断、倾倒或者果实坠落等造成他人损害时，推定林木的所有人或者管理人对损害发生具有过错，且无需被侵权人进行证明。但林木的所有人或者管理人能够证明自身对损害的发生没有过错，已尽到维护、管理义务，或者损害结果的发生系因不可抗力或受害人自己的过错所致，则不承担侵权责任。

① 本案例改编自《吴文景、张恺逸、吴彩娟诉厦门市康健旅行社有限公司、福建省永春牛姆林旅游发展服务有限公司案》，《最高人民法院公报》2006 年第 6 期。

知识扩展

（1）上述案例发生在景区，如果小明走入森林或在乡间小路上因林木折断、倾倒或果实坠落受到损害时，应如何确定林木所有人？

关于林木所有人，《森林法》第二十条规定："国有企业事业单位、机关、团体、部队营造的林木，由营造单位管护并按照国家规定支配林木收益。农村居民在房前屋后、自留地、自留山种植的林木，归个人所有。城镇居民在自有房屋的庭院内种植的林木，归个人所有。集体或者个人承包国家所有和集体所有的宜林荒山荒地荒滩营造的林木，归承包的集体或者个人所有；合同另有约定的从其约定。其他组织或者个人营造的林木，依法由营造者所有并享有林木收益；合同另有约定的从其约定。"

（2）若表面上林木是因不可抗力折断的，但实际与林木的所有人或管理人的过错有关，所有人或管理人应承担赔偿责任。例如，大风将路边一棵有虫害的大树吹断，将路上的行人小明砸伤。大风和虫害虽然是自然因素，但是虫害的发生是由于林木的所有人、管理人没有尽到树木的维护和管理义务所致。林木的所有人、管理人存在过错，应当赔偿小明遭受的损失。

97 小明跌入窨井导致骨折，小明应该向谁索赔？

——地下设施致害的责任承担

案例分析

某日，小明放学后途经“阳光”小区时，由于小区拐角处下水道的井盖缺失，小明不慎跌落井中。小区的保安及时将小明救出并送往医院。经检查，小明右腿骨折。事后，小明的父母要求“阳光”小区物业公司赔偿小明的损失。物业公司认为，小明受伤是因为他自己不小心造成的，仅愿意赔偿部分损失。双方协商未果，小明的父母将“阳光”小区物业公司诉至法院，请求赔偿损失。

法院审理后认为，物业公司作为事发小区的管理人，理应维护小区公共设施安全。本案中，物业公司未及时发现小区下水道井盖缺失的安全隐患，导致小明跌入井中受伤。物业公司对损害的发生存在过错。小明正常行走于回家途中，未能发现拐角处的井盖缺失，故其对自身损害的发生不存在故意或重大过失。因此，法院认为“阳光”小区物业公司未尽到管理职责，应承担侵权责任，并判决其赔偿小明的全部损失。[①]

① 本案例由编者编写。

本案例涉及两个民事主体，即小明与“阳光”小区物业公司。根据《民法典》第一千二百五十八条第二款的规定，窨井等地下设施造成他人损害的，除非该地下设施的管理人能够证明自己已经尽到了管理职责，对损害的发生没有过错，否则，应承担侵权责任。本案例中，“阳光”小区物业公司作为小区公共设施的管理人，没有及时发现小区内下水道井盖缺失，是管理失职的表现。因此，“阳光”小区物业公司对小明不慎跌落井中存在过错，应承担侵权责任。

法条解析

上述案例主要涉及《民法典》的以下法条：

> **第一千二百五十八条第二款** 窨井等地下设施造成他人损害，管理人不能证明尽到管理职责的，应当承担侵权责任。

本条第二款的含义为，因窨井等地下设施致人损害的，地下设施的管理人承担过错推定责任，即损害发生后，无需被侵权人进行证明，法律推定管理人对损害的发生存在过错。而管理人只有证明自己尽到了管理职责，对损害的发生没有过错，才能免于承担责任。本条第二款适用于因下水道井盖、地下光纤的施工井盖等丢失、破损，导致行人、非机动车、机动车跌入、跌落、倾覆而造成的人身或财产损害。

知识扩展

除了窨井等地下设施致人损害以外，对地面施工、在公共道路上堆放障碍物致人损害如何承担侵权责任，法律也作出了规定。

（1）小明经过地下管道施工路段时，因此地无警示标志也未设置安全措施而落入施工管道受伤。应当由谁对小明受到的损害承担赔偿责任？

《民法典》第一千二百五十八条第一款规定：“在公共场所或者道路

上挖掘、修缮安装地下设施等造成他人损害，施工人不能证明已经设置明显标志和采取安全措施的，应当承担侵权责任。”本条第一款适用于在公共场所或者道路上挖掘、修缮安装地下设施等，造成施工人员以外的他人受损的侵权责任认定。地面施工致人损害，适用过错推定责任。即施工人需证明自己没有过错，才能免除其责任。施工人要证明自己没有过错，需同时证明其已经设置明显标志并采取安全措施，二者缺一不可。此外，不可抗力、第三人过错可以成为施工人减轻或免除侵权责任的事由。本案例中，小明经过的路段正在施工，但是施工人并没有在周围设置任何安全设施，也没有设置警示标志。因此，施工人对小明遭受的损失存在过错，应当承担侵权责任。

（2）小明经过某路段时，因路上有油污，不慎滑倒摔伤。应当由谁对小明受到的损害承担赔偿责任?

《民法典》第一千二百五十六条规定：“在公共道路上堆放、倾倒、遗撒妨碍通行的物品造成他人损害的，由行为人承担侵权责任。公共道路管理人不能证明已经尽到清理、防护、警示等义务的，应当承担相应的责任。”本条规定了公共道路上妨碍通行物品致害的侵权责任承担。在此情形下，侵权行为人承担过错责任，同时法律推定公共道路管理人对损害的发生存在过错，除非其能够证明自己已经尽到清理、防护、警示等义务，否则，侵权人与公共道路管理人需根据各自的过错程度，对被侵权人承担责任。本案例中，应当由在路上遗撒油污的侵权行为人对小明承担赔偿责任。若该段公共道路管理人不能证明其已进行巡回保洁和及时清理，则公共道路管理人应当在其过错范围内，对小明承担相应的赔偿责任。

98 小明在操场玩耍时，校园的围墙突然倒塌将其砸伤，他应该向谁索赔？

——建筑物倒塌、塌陷致害的责任承担

案例分析

小明是一名初中生。某日课间，小明在操场边的围墙下练习跳绳时，被突然倒塌的围墙砸伤。事发后，老师及时将小明送到医院进行了治疗。经医生诊断，小明的背部、腿部均受到不同程度的损伤。小明的父母认为，学校的围墙存在质量问题，学校作为学生在校期间的安全保障义务人，应当对小明的损伤承担侵权责任。然而，学校方认为，围墙倒塌是由“阳光花苑”建筑公司偷工减料造成的，且学校已经尽到了管理与救助义务，因此拒绝赔偿。协商无果之后，小明的父母将学校与“阳光花苑”建筑公司作为被告，起诉至法院。

法院审理后认为，根据《民法典》第一千二百五十二条第一款的规定，学校的围墙倒塌之后，倒塌的墙体将围墙旁边的小明砸伤，由此造成了小明的损害。学校作为倒塌围墙的建设单位，“阳光花苑”建筑公司作为施工单位，均无法举证证明该倒塌的围墙不存在质量缺陷问题。因此，学校与“阳光花苑”

建筑公司应当对小明承担连带赔偿责任。[①]

本案例涉及三个民事主体：小明、学校、“阳光花苑”建筑公司。学校作为围墙的建设单位，将围墙的修建工程委托给“阳光花苑”建筑公司。因此，学校与建筑公司之间形成了建设工程承包法律关系。一方面，围墙作为学校重要的附属设施之一，学校应当定期对围墙进行安全检查，排除隐患。另一方面，“阳光花苑”建筑公司作为围墙的施工单位，应当对围墙的施工质量负责。本案例中，围墙在没有受到外力作用的情况下，突然倒塌，且学校与“阳光花苑”建筑公司均无法证明该倒塌的围墙不存在质量缺陷。因此，根据《民法典》第一千二百五十二条第一款的规定，学校与“阳光花苑”建筑公司应当对小明承担连带责任。

法条解析

上述案例主要涉及《民法典》的以下法条：

第一千二百五十二条第一款 建筑物、构筑物或者其他设施倒塌、塌陷造成他人损害的，由建设单位与施工单位承担连带责任，但是建设单位与施工单位能够证明不存在质量缺陷的除外。建设单位、施工单位赔偿后，有其他责任人的，有权向其他责任人追偿。

本条第一款的含义为，建设单位与施工单位对建筑物、构筑物或者其他设施倒塌、塌陷致人损害的，承担连带责任。本款中的“连带责任”指，被侵权人可以要求建设单位和施工单位共同承担赔偿责任，也可以要求建设单位或施工单位就全部损害承担赔偿责任。建设单位或施工单位对被侵

① 本案例改编自王祥滨、张新芬：《学校院墙倒塌致人受伤责任由谁承担》，中国法院网，https://www.chinacourt.org/article/detail/2013/12/id/1168547.shtml。

权人进行了全部赔偿后，可以就超出其自身应当承担责任的部分，向另一责任主体追偿。

建设单位与施工单位承担的侵权责任可以视为过错推定责任。即民事主体因为建筑物、构筑物或者其他设施倒塌、塌陷受到损害时，除相关建设单位、施工单位能够举证证明该建筑物、构筑物或者其他设施不存在质量缺陷问题外，推定建设单位、施工单位存在过错。

本款中的“其他责任人”是指，除建设单位和施工单位以外，对建筑物、构筑物或者其他设施倒塌、塌陷负有责任的勘查、设计、验收等单位。这些单位作为其他责任人，虽然不需要直接对被侵权人承担侵权损害赔偿责任，但是当建设单位和施工单位对被侵权人承担了侵权赔偿责任之后，建设单位和施工单位对其他责任人享有追偿权。

知识扩展

建设单位和施工单位并非在任何情况下均对建筑物、构筑物或者其他设施倒塌、塌陷造成的损害承担侵权责任。建筑物、构筑物或者其他设施倒塌、塌陷的原因不同，会导致承担侵权责任的主体发生变化。在本案例中，如果是某施工单位在挖掘过程中，发生挖掘方位与挖掘宽度错误导致学校围墙垮塌而使小明被墙体砸伤，小明父母能否仍然要求学校以及“阳光花苑”建筑公司承担侵权责任？

《民法典》第一千二百五十二条第二款规定：“因所有人、管理人、使用人或者第三人的原因，建筑物、构筑物或者其他设施倒塌、塌陷造成他人损害的，由所有人、管理人、使用人或者第三人承担侵权责任。”因某施工单位施工不当导致围墙倒塌，从而造成小明受到损害。某施工单位作为第三人，应当对小明承担侵权责任。故小明父母无权要求学校以及“阳光花苑”建筑公司对小明承担侵权责任。

99 小明因被输入不合格的血液感染病毒，小明应该向谁索赔？

——医疗致害的责任承担

案例分析

某日，小明因在上学途中遭遇车祸，被紧急送往医院进行手术治疗。在手术过程中，医生向小明输入了由血站提供的血浆200毫升。一个月后，小明前往医院复查时，被确诊感染肝炎病毒。经过调查，感染源来自医院向小明输入的200毫升血浆。小明的父母认为，小明是在医院进行手术的过程中感染肝炎病毒，因此，医院应当对小明受到的损害承担侵权责任。然而，医院认为，医生在手术过程中不存在任何违规操作，且携带肝炎病毒的血浆是由血站提供的。因此，小明的父母应当要求血站对小明的损害承担侵权责任。双方协商未果后，小明的父母将医院与血站作为被告，诉至法院，请求其承担侵权损害赔偿责任。

法院审理后认为，小明感染的肝炎病毒来自医院输入的200毫升血浆，即医院输入不合格的血浆与小明感染肝炎病毒之间存在因果关系。因此，医院作为输入血浆的医疗机构，血站作为血浆的提供者，均应当对小明的损害承担侵权责任。经法院调解，血站对小明因治疗肝炎病毒所产生的各项费用进行了全额赔偿。[1]

本案例涉及三个民事主体：小明、医院、血站。根据《民法典》第一千二百二十三条的规定，被侵权人小明既可以要求作为医疗机构的医院承担侵权责任，也可以要求作为血液提供者的血站承担侵权责任。在本案例中，医院对血站提供的血液并无重新检验的义务，且无证据证明医院在输血过程中存在核查的过错。因此，医院在承担完全赔偿责任之后，对负有责任的血站享有追偿权。

法条解析

上述案例主要涉及《民法典》的以下法条：

第一千二百二十三条 因药品、消毒产品、医疗器械的缺陷，或者输入不合格的血液造成患者损害的，患者可以向药品上市许可持有人、生产者、血液提供机构请求赔偿，也可以向医疗机构请求赔偿。患者向医疗机构请求赔偿的，医疗机构赔偿后，有权向负有责任的药品上市许可持有人、生产者、血液提供机构追偿。

本条含义为，因药品、消毒产品、医疗器械的缺陷，或者输入不合格的血液造成患者损害的，被侵权人有权要求医疗机构、药品上市许可持有人、生产者以及血液提供机构承担侵权责任。被侵权人在起诉过程中，既可以将多个责任主体作为共同被告，也可以选择任一责任主体作为被告。在本案例中，若小明的父母要求医院就小明的全部损害承担侵权赔偿责任，医院作为无过错的医疗机构，在支付了全部赔偿费用之后，有权要求有过错的血浆提供者偿还该部分赔偿费用。

---

① 本案例改编自“扬州市红十字中心血站与李某医疗损害赔偿纠纷上诉案”［江苏省扬州市中级人民法院（2010）扬民终字第 0202 号民事调解书］。

本条中的“药品上市许可持有人”是指，药品研发机构、科研人员、药品生产企业等主体。该类主体通常拥有药品技术，且通过药品上市审批，因此，其应当对药品的质量问题承担主要责任。在本案例中，若小明在医院进行治疗的过程中，服用劣质药品后身体受到损害，事后查明，该药品的上市许可持有人为某研发机构，那么，小明既可以要求医院承担侵权责任，也可以要求该研发机构承担侵权责任。如果医院承担了赔偿责任，其有权向药品研发机构追偿。

知识扩展

在医患法律关系中，除医疗产品损害以外，医生违反告知义务也会对患者造成严重损害。

（1）小明因左眼视力模糊前往医院就诊。经诊断，小明需要在五日后进行手术。在手术过程中，小明的左眼后囊发生破裂。然而，医生在术后并未将该情况告知小明。数月后，小明左眼出现红肿、疼痛等症状。经检查后发现，小明的左眼视网膜已经脱落。小明能要求进行手术的医院承担责任吗？

《民法典》第一千二百一十九条规定：“医务人员在诊疗活动中应当向患者说明病情和医疗措施。需要实施手术、特殊检查、特殊治疗的，医务人员应当及时向患者具体说明医疗风险、替代医疗方案等情况，并取得其明确同意；不能或者不宜向患者说明的，应当向患者的近亲属说明，并取得其明确同意。医务人员未尽到前款义务，造成患者损害的，医疗机构应当承担赔偿责任。”该条明确规定，医务人员在诊疗过程中，对患者负有如实告知的义务。在本案例中，小明在手术过程中出现了左眼后囊破裂的情况，然而医院并未及时告知小明。因此，医院对小明未尽到相应的告知义务，应当对小明承担赔偿责任。

（2）小明在上学途中发生交通事故后，被紧急送往医院。医生诊断后认为，应当立即对小明进行手术，否则小明将会有生命危险。然而，医院无法与小明的近亲属取得联系。无奈之下，医生经过院长批准后，对小明进行了手术。医院是否违反了告知义务呢?

《民法典》第一千二百二十条规定："因抢救生命垂危的患者等紧急情况，不能取得患者或者其近亲属意见的，经医疗机构负责人或者授权的负责人批准，可以立即实施相应的医疗措施。"因此，医生为了抢救生命垂危的小明，在没有获得小明的近亲属同意的情况下，经院长批准后对小明进行手术治疗，并不违反告知义务。

100 工厂排放有毒气体，致使小明等多名同学中毒住院，小明及其他同学应该向谁索赔？

——污染环境致害的责任承担

案例分析

小明就读的学校旁新建了一家废油提炼厂。近几日，同学们时常闻到一股刺鼻的气味。数日后，小明等多名同学陆续出现咳嗽、呼吸困难等症状。班主任立即将小明等同学送往医院进行检查。医生经过诊断后认为，吸入大量有毒气体导致中毒是学生出现咳嗽、呼吸困难等症状的原因。随后，小明及其他同学的父母将该化工厂诉至法院，请求其停止侵害并赔偿损失。

法院审理后认为，学生的父母提供的气体检测报告载明，该废油提炼厂排放的有毒气体成分与导致学生中毒的有毒气体成分完全一致。因此，废油提炼厂排放有毒气体的侵权行为，与学生中毒的损害结果之间存在因果关系。根据《民法典》第一千二百二十九条的规定，废油提炼厂作为侵权人，应当立即停止侵害，并对受到损害的学生承担侵权赔偿责任。①

① 本案例改编自“陈秀敏与长春嘉路喜实业集团有限公司大气污染责任纠纷上诉案”［吉林省长春市中级人民法院（2016）吉01民终2975号民事判决书］。

本案例涉及多个民事主体，被侵权人小明及其同学、侵权人废油提炼厂。小明及其同学因吸入废油提炼厂排放的有毒气体，出现中毒症状，即废油提炼厂的侵权行为是造成他人损害的原因。同时，废油提炼厂无法根据《民法典》第一千二百三十条的规定，举证证明自己的行为与损害结果之间不存在因果关系，或证明自己存在不承担责任、减轻责任的情形。因此，根据《民法典》第一千二百二十九条的规定，废油提炼厂应对小明及其同学的损害承担赔偿责任。

法条解析

上述案例主要涉及《民法典》的以下法条：

第一千二百二十九条 因污染环境、破坏生态造成他人损害的，侵权人应当承担侵权责任。

本条含义为，因污染环境、破坏生态造成他人损害的，无论侵权人是否具有过错，均应承担侵权责任。环境侵权责任的构成要件主要包括：

（1）侵权人实施了污染环境或者破坏生态的加害行为。污染环境和破坏生态的行为一般具有复杂性、渐进性、多因性等特征。在本案例中，废油提炼厂排放有毒气体的行为就属于污染环境的加害行为。

（2）该加害行为造成其他民事主体受到损害。

（3）加害行为与损害后果之间具有因果关系。在实践中，环境污染与生态破坏行为具有复杂性，因此，其因果关系的判断通常需要借助环境监测、分析、化验、技术鉴定等手段进行。

环境侵权人承担的侵权责任主要包括：

（1）环境修复责任。在本案例中，废油提炼厂排放有毒气体造成生态环境损害，应在合理期限内承担修复责任。若废油提炼厂在合理期限内未对环境进行修复，国家有关机关或者法律规定的组织可以自行或者委托他人进行修复，所需费用由废油提炼厂负担。

（2）损害赔偿责任。侵权人应当赔偿的损失和费用包括生态环境受到损害至修复完成期间服务功能丧失导致的损失、生态环境功能永久性损害造成的损失以及防止损害的发生和扩大所支出的合理费用等。除此以外，若侵权人违反法律规定故意污染环境、破坏生态，且造成严重后果，被侵权人有权向侵权人请求惩罚性赔偿。

（3）侵权责任的一般承担方式，主要包括停止侵害、排除妨碍、消除危险、赔礼道歉等。

第一千二百三十条 因污染环境、破坏生态发生纠纷，行为人应当就法律规定的不承担责任或者减轻责任的情形及其行为与损害之间不存在因果关系承担举证责任。

本条含义为，在污染环境、破坏生态的案件中，行为人应当就抗辩事由以及行为与损害之间不存在因果关系承担举证责任。被侵权人只需要对行为人实施了侵权行为以及损害结果这两个基础事实进行证明。若行为人无法证明自己实施的侵权行为与损害结果之间不存在因果关系，则推定该侵权行为与损害结果之间具有因果关系。

知识扩展

在本案例中，废油提炼厂实施的侵权行为是造成小明及其同学中毒的直接原因。若因为第三人的过错，导致废油提炼厂内的有毒气体被释放出来，造成小明及其同学中毒的损害结果，废油提炼厂是否仍需承担侵权责任？

《民法典》第一千二百三十三条规定：“因第三人的过错污染环境、破坏生态的，被侵权人可以向侵权人请求赔偿，也可以向第三人请求赔偿。侵权人赔偿后，有权向第三人追偿。”本条中的“第三人”是指，除侵权人之外的，且与侵权人无意思联络的民事主体。在本案例中，废油提炼厂与第三人承担不真正连带责任。小明及同学们既可以要求废油提炼厂与第三人共同承担侵权责任，也可以要求任一责任主体承担全部侵权责任。废油提炼厂承担全部侵权责任之后，有权向过错第三人行使追偿权。